国立歴史民俗博物館研究叢書4

古代日本と朝鮮の石碑文化

小倉慈司・三上喜孝［編］

朝倉書店

編集者

小《お》倉《ぐら》慈《しげ》司《じ》　国立歴史民俗博物館研究部

三《み》上《かみ》喜《よし》孝《たか》　国立歴史民俗博物館研究部

執筆者

小《お》倉《ぐら》慈《しげ》司《じ》　国立歴史民俗博物館研究部

橋《はし》本《もと》繁《しげる》　早稲田大学等

三《み》上《かみ》喜《よし》孝《たか》　国立歴史民俗博物館研究部

仁《に》藤《とう》敦《あつ》史《し》　国立歴史民俗博物館研究部

尹《ユン》善《ソン》泰《テ》　東国大学校歴史教育科

稲《いな》田《だ》奈《な》津《つ》子《こ》　東京大学史料編纂所古代史料部門

（執筆順）

口絵 1　浦項中城里碑（韓国文化財庁ウェブサイト）〔本文 p.27，資料編 1 p.d13〕

口絵 2（左上） 磨雲嶺真興王巡狩碑（田中俊明氏撮影）［本文 p.31，資料編 1 p.d30］

口絵 3（右上） 明活山城碑（橋本繁撮影）［本文 p.38，資料編 1 p.d24］

口絵 4（右） 癸酉銘全氏阿弥陀仏碑像（韓国文化財庁ウェブサイト）［本文 p.45，資料編 1 p.d46］

口絵 5（左） 山上碑［本文 p.69, 資料編 2 p.d57］

口絵 6（左下） 多胡碑［本文 p.62, 資料編 2 p.d60］

口絵 7（右下） 金井沢碑［本文 p.72, 資料編 2 p.d63］

（口絵 5～7：高崎市教育委員会提供）

口絵 8　多賀城碑（東北歴史博物館提供）［本文 p.63，資料編 2 p.d71］

『国立歴史民俗博物館研究叢書』

刊行のことば

国立歴史民俗博物館（以下，歴博）は，日本の歴史と文化を総合的に研究する大学共同利用機関ですが，歴史資料を収蔵し，研究成果を歴史展示というかたちで公表する博物館機能をも有しています．その特徴は，歴史学，考古学，民俗学および分析科学を加えた関連諸科学による文理連携型の学際協業によって，最先端の歴史研究を開拓し推進するところにあります．そして，「歴博といえば共同研究」と研究者間で言われるように，1981（昭和56）年の機関設置以来一貫して，館内研究者はもとより多数の国内外の大学・研究機関などに所属する研究者と一緒に共同研究プロジェクトを組織して研究を進め，博物館機能を用いて，その研究過程・成果を可視化し，研究課題を高度化することで，学界コミュニティに貢献してまいりました．

たとえば，創設初期の1980～90年代は，外部の有識者による基幹研究検討委員会を設け，基層信仰，都市，環境，戦争などの大テーマを選定したうえで，実証的な研究を組織的に推進することによって学界をリードしてきました．2004（平成16）年の法人化後は，博物館を有する研究機関としての特性をさらにはっきりと活かすために，研究，資料，展示の循環を重視した「博物館型研究統合」という理念のもとに広義の歴史研究を推進するというミッションを定めました．そして，総合展示のリニューアルを構築するための学問的基盤作りなどを行なう基幹研究を新しく共同研究のテーマに加えることにいたしました．

このように共同研究の課題は，それぞれの時代の学問的要請と外部の有識者の意見を踏まえて選択してきたのですが，共同研究の成果を広く発信・公開しようという姿勢は一貫して変わることなく，『国立歴史民俗博物館研究報告』特集号（以下『研究報告』）に集約して発表してまいりました．これらは，各研究分野の主要な学会誌の研究動向においても取り上げられ，一定の評価を受けてきております．

しかし，共同研究の最新の研究成果が集約されているこの『研究報告』は，専門の研究者向けといった性格が強く，これから研究を始めようという大学院生・学生や日本の歴史と文化に関心をもつ一般の読者が手にとる機会は，残念ながら決して多いとは言えません．

現在，大学および大学共同利用機関においては，とくに人文科学分野の研究の可視化，研究成果の社会還元が強く求められています．そこで，第2期中期計画期間（2010～15年）内に推進された共同研究のなかから6件を選び，その後の研究成果を反映させるとともに，研究史全体での位置づけを明確にするということを意識して執筆を行ない，ここにあらためて『国立歴史民俗博物館研究叢書』として刊行する運びになりました．さらに，冒頭には，研究代表者による総論を設け，そこでは，それぞれ3年間におよぶ共同研究の成果の要点が読者に明確に伝わるようにいたしました．

本叢書は，朝倉書店の理解と協力を得て，第3期中期目標・中期計画期間の第一年目に当たる2016年度より刊行が実現することとなりましたが，歴博の創設に当たって学際協業による新しい歴史学の創成をめざした井上光貞初代館長の構想のなかには，すでにこのような研究叢書の刊行が含まれていたと伝えられています．創設三十周年を経た今，この本館設立時の初心に立ち帰り，本研究叢書の刊行に取り組みたいと思います．そして，本館の共同研究の水準を，あらためて広く社会に示すことで，研究史上の意義を再確認するとともに，新たな研究課題の発見に結びつけ，今後の共同研究として展開していく所存です．

読者のみなさまの忌憚のないご批判とご教示を賜りますよう，お願いいたします．

2017年2月吉日

国立歴史民俗博物館 館長　久留島　浩

はしがき

2017年10月，群馬県高崎市に所在する古代の石碑群である「上野三碑《こうずけさんぴ》」のユネスコ「世界の記憶」登録が決定した．「上野」とは古代の行政区分である上野国のことで，ほぼ現在の群馬県に相当する．「三碑」とは三つの石碑，すなわち山上《やまのうえ》碑，多胡《たご》碑，金井沢《かないざわ》碑のことである．これら3碑は，7世紀後半～8世紀初頭にかけて，相次いで建立された．

なぜこの「上野三碑」が「世界の記憶」に登録されることになったのか，その理由について，高崎市が制作した「上野三碑」の公式ウェブサイト（http://www.city.takasaki.gunma.jp/info/sanpi/）には「1300年前の東アジア文化交流を記す3つの石碑」と端的に説明されている．すなわち，単に古いというだけではなく，かつての東アジアにおける文化交流を物語る歴史資料であることが高く評価されたのである．

国立歴史民俗博物館（以下，歴博）では創設以来，文字文化を研究の柱の一つとしてきた．その研究の歩みについては序章を参照していただきたいが，とくに近年では東アジアの文字文化交流史に力を入れている．2010年度からは3年にわたって共同研究「古代における文字文化形成過程の総合的研究」を実施し，2014年度には国際企画展示「文字がつなぐ―古代の日本列島と朝鮮半島―」を開催した．この共同研究は対象地域としては日本列島・朝鮮半島のみならず中国も含めたものであり，対象資料としても木簡や金石文，文書・典籍，美術工芸品などさまざまな資料を取り扱ったものであったが，今回，その研究成果を国立歴史民俗博物館研究叢書のかたちで広く紹介するにあたっては，とくに石碑文化に焦点を絞り，また朝鮮半島と日本列島との交流に重点を置くこととした．それは1970年代以降，韓国で次々と新たな石碑が発見されているにもかかわらず，そのことについて一般向けにわかりやすく解説した書や日本の石碑文化との関わりを平易に紹介した書が存在していなかったからである．古代朝鮮半島では，中国の影響を受けつつ独自の石碑文化を築きあげた．これに対し，日本列島では石に文字を刻む文化は概して低調であったが，7～8世紀にかけてとくに新羅文化の影響を受けて開花し，9世紀にはまた収束することとなる．石碑は，古代東アジアにおける文字文化交流の一側面を鮮やかに描き出したものといえるのである．本書の刊行は，このような意図をもって進められたが，結果として偶然にも「上野三碑」の「世界の記憶」登録と重なることとなった．

最後に，本書の構成について簡単に紹介する．先述したように序章では歴博における古代文字文化研究の歩みを紹介している．第 1 章・第 2 章は本編として，それぞれ朝鮮半島と日本列島の石碑文化についての概説を行なった．そして第 3 章には個別石碑研究の一事例として宇治橋断碑に焦点を当てた論考を，第 4 章には韓国における最新の石碑研究を日本語に訳して収録している．後者に関しては，韓国の歴史研究が日本に紹介される機会はまだまだ少なく，研究者にとってもその意義は大きいと考えている．なお，以上の論考編において引用した資料については，一般読者のために，あえて原文ではなく書き下し文のみとした場合がある．

これに加えて本書が古代日韓石碑研究のハンドブックとして活用されることをめざし，古代石碑の釈文に簡潔な解説を加えた資料編を設けた．ただし，分量的な問題，また研究の進展状況，さらに利用の便宜などを考慮して，朝鮮編と日本編とで収録年代や収録対象資料の範囲，釈文翻刻方針などに若干の差異があることをおことわりしておきたい．

本書の刊行によって，東アジアの古代石碑，さらには文字文化への理解が深まることを期待するものである．

2018 年 2 月

小倉慈司・三上喜孝

目　次

資料編

序章　国立歴史民俗博物館の古代文字文化研究

小 倉 慈 司

本章では，国立歴史民俗博物館（以下，歴博）においてこれまでどのような古代文字文化に関する研究がなされてきたのかということについて，その歴史を紹介したい．

1．正倉院文書関連事業

歴博は創設以来，正倉院文書《しょうそういんもんじょ》の複製事業に携わってきた．正倉院文書とは東大寺に伝来した古代の文書・帳簿群である．東大寺に8世紀に置かれた皇后宮職系統の写経所における事務帳簿が主体をなしているが，そのなかには戸籍や正税帳などの公文書を反故紙にして再利用したものがあり，写経所研究のみならず8世紀の社会経済を知るうえでも大変重要な基本史料となっている．正倉院文書は，奈良時代の紙に記された文書資料のおよそ95%（東南院《とうなんいん》文書や丹裹《にづつみ》文書を含めれば，98%）を占めている[1)]．しかし毎年秋に奈良国立博物館にて開催される正倉院展において数巻ずつ展示される以外に正倉院文書の原本を目にすることは難しく，研究者であっても翻刻本（『大日本古文書』編年．1901～1940年にかけて刊行）や1954～1964年度[2)]にかけて撮影されたモノクロのマイクロフィルム（およびその紙焼写真）を利用する以外の手立てはほとんどなかった[3)]．

そこで1978年4月に「国立歴史民俗博物館（仮称）設立準備室」が設置されると，その室長に就任した井上光貞は，まもなくコロタイプによる正倉院文書の原寸大原色複製を制作する構想を立ち上げた[4)]．コロタイプとは19世紀半ばに生まれた，膠《にかわ》（ゼラチン）を塗布したガラス板を原板として使用する顔料による写真印画技法である．網点がなく連続階調によって表現されるために，原本の色彩の微妙なニュアンス，また筆線なども忠実に再現することができる．加えて顔料の含有率が高く耐候性の高い特色インキを利用することにより，ほかの印刷技術とは異なって，長期展示・長期保存が可能となるという利点も有している．コロタイプ印刷は元来単色印刷であったが，1960 年代に便利堂によって多色刷りのカラーコロタイプ技術が開発された[5]．

このカラーコロタイプ技術を用いて複製を制作することにより，正倉院文書を歴博の常設展示として広く公開することが可能となるだけでなく，その精度の高さから調査研究にも活用することができる．そして複製制作が進めば，現状では断簡として散在している一次文書[6] を配列しなおして復元することも可能となるのである．

井上はまず宮内庁書陵部編修課長の橋本義彦に相談し[7]，ついで宮内庁正倉院事務所長武部敏夫を訪れて話を進めた．最終的に 1981 年に宮内庁の許可を得ることができ，同年秋の正倉院開封時より事業が開始することとなる（宮内庁正倉院事務所，1983，p.86；虎尾，1997）．こうして 1983 年 3 月の開館時までに 17 巻を制作，以来，毎年秋の正倉院開封時に撮影，二度の色校正を経て，1 年後に完成させるという制作サイクルにより[8] 現在まで事業は継続し（2010 年よりデジタル撮影を導入），正倉院文書全 672 点（東南院文書は除く）のうち 2016 年度末までに約 400 点が完成している（このほかに御野国《みののくに》加毛郡《かもぐん》半布里《はにゅうり》戸籍など一次文書の配列を復元した復元制作が 8 点ある）．

歴博が行なったのは，複製制作と常設展示だけではない．開館 3 年目の 1985 年 10～11 月には企画展「正倉院文書展」を開催し，正倉院文書複製や正倉院文書の写本のほか，正倉院宝庫外に伝存する庫外正倉院文書の展示を行なった．幕末に正倉院文書の存在が知られるようになって以降，正倉院文書の一部が切り取られて好事家の手にわたったり，また写本が作成されるようになったが，各地に散在する多数の庫外正倉院文書が展示または図録で集成されるのはこれが初めてのことであった．このときの展示図録をもとに，1992 年 3 月には 75 点の庫外正倉院文書の図版・翻刻・解説を掲載した大型図録『正倉院文書拾遺』（便利堂）が刊行された．同書には資料の非破壊分析研究として永嶋正春「正倉院文書に使用された彩色料について」が収録されたこともここで言及しておきたい．

なお，歴博では庫外正倉院文書の収集や複製制作も進めており，2016 年度末時点までに 7 点の庫外文書を収蔵し，5 点の他機関所蔵庫外文書の複製を制作している．

2. 非文献資料研究

歴博における古代文字文化研究のもう一つの柱として非文献資料研究があげられる．1982 年に平川南が赴任したことにより，歴博は古代出土文字資料研究に関するセンター的役割を果たすこととなった．平川は前任地の宮城県多賀城跡調査研究所において多賀城跡の発掘調査に従事するなかで，それまで「皮製品」と認識されていた出土遺物に文字が読み取れることに気づいたことから，多賀城跡より出土した「皮製品」の再調査に取り組み，漆紙文書《うるしがみもんじょ》の発見解読に成功した．それ以降，漆紙文書は全国各地から検出例が報告されるようになり，新しい古代史資料として位置づけられることとなったのである（平川, 1994）．漆紙文書だけではなく，木簡《もっかん》や墨書土器《ぼくしょどき》といったそのほかの出土文字資料についても，平川は積極的に研究を推し進めた（平川，1989・2000a・2003）．

1988 年 1 月には千葉県市原市稲荷台《いなりだい》 1 号墳《ごうふん》出土の 5 世紀の鉄剣に「王賜」の銘文が存在することが発見公表されたが，これも平川，また白石太一郎や永嶋をはじめとする歴博の調査研究活動の成果である[9)]．公表後まもない同年 2～3 月にかけて，ほかの出土品や埼玉稲荷山古墳鉄剣《さいたまいなりやまこふんてっけん》・7～8 世紀墓誌複製とともに歴博において特別公開が実施された（市原市教育委員会・財団法人市原市文化財センター共催）．

こうしたことも背景にあり，歴博では，歴史学研究のうえで必ずしも十分に眼が向けられてこなかった歴史資料に焦点を当てることを目的として，1991 年度より「非文献資料の基礎的研究」プロジェクトを開始することとなった．初年度に取り上げられたのは「棟札」であったが，『正倉院文書拾遺』が刊行されて一段落した 1992 年度からは，第 2 期として 3 か年にわたり「古印《こいん》」研究を実施した（以下，平川，1999 参照）．

この研究で対象とされた「古印」とは，「大和古印」とも呼ばれる古代の印章をさす．「大和古印」はそれまで考古，また印章学の観点からの研究はあったものの，その多くは伝世の過程が十分に明らかになっておらず，出土印の場合であっても遺構との関係が不明確なことが多いため，必ずしも古代史の資料としては活用されてこなかった．そもそも年代比定の根拠，また印文の解釈も，個々人の恣意的解釈に委ねられていたのである．

そこでこのプロジェクトにおいては，出土印・伝世印および押捺された印影資料を関連させつつ総合的に研究することがめざされた．印影資料は多くの場合，押捺された時期を特定することができ，印文や書体も含めて絶対年代を伴うことが少ない出土印・伝世印を調査研究するうえでの比較資料となりうる．一方，出土印・伝世印からは，印影資料が持たない印の形状や彫り方，材質などの情報を得ることができる．両者を総合して研究することにより，古代印を古代史資料として位置づけていくことが可能となるのである．

具体的には，全国の出土・伝世印の悉皆調査に加え，現存印の蛍光X線分析およびX線透過検査，印影の収集調査，関連して古代印関係文献資料集成や近世から近代にかけての印譜調査などが進められた．印影に関しては，館蔵の正倉院文書複製を活用し，モノクロ実大写真の印影をトレース・合成することによって集成した．

研究成果はまず1996年3月に『「非文献資料の基礎的研究—古印—」報告書　日本古代印集成』として公表され，さらに論考も含めたかたちで『国立歴史民俗博物館研究報告』第79集「日本古代印の基礎的研究」が1999年3月に刊行された．その内容は多岐にわたるが，第1に，現物調査に基づく出土・伝世印のデータが集成されたことの意義が大きい．また永嶋正春による銅印の非破壊的調査は，その素材の実体を明らかにするのみならず，古代の鋳造技術の解明に役立ち，さらに印の製作年代を判定するうえでの指針を示すものである．近世に古印への関心が高まると，古印や印譜を参考にして摸古印や擬古印が制作されるようになったため，伝世印のなかにはそうした近世に製作された印も含まれている．摸古印・擬古印も重要な資料ではあるものの，古代印を研究するうえでは厳密に区別されなければならない．永嶋によって，古代印と近世印とでは素材元素や密度に相違のあることが明らかにされた．

これまで恣意的な判断に委ねられていた印文についても，そのパターンが解明され，解釈に一定の方向性を示すことができるようになった．そして印文の書体への関心も深められ，8世紀後半における郡印の書体変化が明らかにされたことにより，そこから導き出される政治史的意義が論じられるとともに，出土印の編年にも役立てられることとなったのである．

このようにして，本研究により，古印が古代史料として明確に位置づけられることになった[10)]．

3. 石碑の複製と企画展示「古代の碑」

古代の非文献文字資料には，木簡・漆紙文書・墨書土器・古印のほかに金石文があげられる．「王賜」銘鉄剣については先にふれたが，金石文もまた歴博開設当初から重視された資料の一つであった．初代館長の井上光貞は正倉院文書だけでなく，資料の複製が展示のみならず研究上も大きな意味を持つことを指摘し（井上，1980，pp.363-364），歴博では開設当初より正倉院文書だけでなく，木簡や墓誌や刀剣･鏡など古代金石文の複製を進めていた（井上，1981，p.379；同，1983，pp.384-385）．この一環として現存古代石碑の複製も制作されることになったのである．これは阿部義平を中心として1980年度より順次進められていった．

なお，多賀城跡に立てられている多賀城碑《たがじょうひ》については明治以来，偽作説が出されていた．しかし1969年に設立された宮城県多賀城跡調査研究所では，発掘調査によって判明した多賀城の時期変遷が多賀城碑の内容とほぼ合致していることから多賀城碑偽作説の再検討に取り組み，石材や碑の形状・彫り方・字配り・筆跡・書体なども含めた総合的研究を進めて，多賀城碑が8世紀の石碑と考えて問題ないことを証明した（宮城県多賀城跡調査研究所，1974；阿部･平川編，1989）が，このプロジェクトには，当初より平川が深く関わってもいた．歴博では1985年度に多賀城碑の複製を制作している．多賀城碑はその後，1998年6月に国の重要文化財に指定された．

偽作の疑いがかけられた石碑は多賀城碑だけではない．熊本県宇城《うき》市豊野町《とよのまち》下郷に所在する浄水寺碑《じょうすいじひ》（延暦9（790）年南大門碑，延暦20（801）年灯籠竿石，天長3（826）年寺領碑，康平7（1064）年如法経塔の4基）もまた判読に困難な箇所が存したこともあって，古代史研究に活用されることがほとんどなかった．そこで複製制作にあたり，熊本県文化財課との共同調査が実施され，釈文のみならず石材調査や歴史地理学的研究などが進められた．これらの調査はその後，2冊の報告書の刊行（熊本県豊野町教育委員会，2004；熊本県宇城市教育委員会，2012）や2015年3月の国の重要文化財指定につながっていった．

こうした歴博の石碑複製事業を総括し，今後の金石文資料複製収集の方向づけを検討するために1995年2月に金石文資料研究会が開催され，石碑を中心とした企画展示の実施が計画されることとなった（国立歴史民俗博物館編，1995，p.29）．それが1997年9～11月にかけて開催された企画展示「古代の碑―石に刻まれたメッセージ―」である.

同展では1997年度までに歴博にて制作した石碑複製13点に加えて，他機関所蔵石碑複製3点，また古代墓誌・骨蔵器・買地券複製などが展示された．また1995年度に歴博に寄贈された水谷悌二郎旧蔵高句麗《コグリョ》広開土王《クヮンゲトワン》碑《ひ》拓本もこのとき初めて展示されることとなった.

展示構成はつぎのようなものであった.

Ⅰ　日本列島に石碑が出現するまで／Ⅱ　東アジアの古碑と日本の古碑／Ⅲ　碑とそのメッセージを探る／Ⅳ　古碑の研究と復元／Ⅴ　古代の碑の周辺

ここではとくにⅡについて述べておきたい．このコーナーはパネル展示であったが，戦国時代中山王国の遺物である守丘刻石や後漢延熹8（165）年雁門太守鮮于熜碑，崗山磨崖刻石などの「中国の古碑」と冷水里《ネンスリ》碑や戊戌塢作《ぼじゅつうさく》碑，砂宅智《サテクチ》積《ジョク》碑などの「朝鮮の古碑」から構成され，古代東アジア世界の石碑文化のなかで古代日本の石碑をとらえようとする見方が示された．展示図録には論考編として9本の論考が収録されている.

石碑複製については，その後，2009年4月に歴博中庭の回廊に「碑《いしぶみ》の小径《こみち》」を開設し，複製のうち10基が展示されるようになった（阿部，2009参照）．一般に石碑は至近距離で観察することが難しいため，これは研究のうえからも意味のあることであった[11].

4.「古代日本　文字のある風景」

「古代の碑―石に刻まれたメッセージ―」の後，歴博と直接関わるものではないが，1998年11月に大修館書店創業80周年記念事業として古代史・考古学・国文学シンポジウム「古代日本の文字世界」が開催されたことを述べておきたい．このシンポジウムは，第1部が基調講演で水野正好「日本に文字が来たころ」，犬飼隆「木簡から万葉集へ」の2本，第2部が「古代日本の文字世界」というタイトルで司会が平川，パネリストが稲岡耕二・犬飼・水野正好・和田萃《あつむ》という顔ぶれで，古代史・考古学のみならず，国語学や国文学の研究者も加わった学際的シンポジウムであった．シンポジウムの内容は平川編（2000b）『古代日本の文字世界』として刊行されているが，それによれば，なかでも1990年代後半に相次いで発見されるようになった2～4世紀の刻書・墨書土器，また朝鮮半島の文字文化の日本への影響といった点が大きく取り上げられている．後者については，これより2

年ほど前の1996年12月の木簡学会研究集会では田中俊明と李成市によって韓国出土木簡の報告がなされ，韓国出土木簡への関心が高まりつつあったこと，また日本国内でも7世紀木簡の出土事例が増加しつつあったことが，背景にあげられるであろう．

以上をうけて[12]，2002年3~6月にかけて，歴博創設20周年記念展示として「古代日本　文字のある風景―金印から正倉院文書まで―」が開催されることになった[13]．

展示構成は以下の3部構成である．

第1部　文字のはじまりとひろがり

1　日本列島に文字が来た頃

1　中国から来た文字資料／2　銅鐸や土器に描かれた絵画／3　2~4世紀の倭国で書かれた文字

2　古代朝鮮の文字文化

3　内政に文字を使いはじめる

4　文字を使いこなす

1　古代日本語と木簡／2　文書・付札木簡／3　生産と文字・記号／4　則天文字

第2部　役所と村の中の文字

5　文書による行政

1　役人の世界／2　村の世界

6　まじないと文字

1　物忌札／2　蘇民将来札／3　さまざまなまじない／4　人面を描く

7　土器に文字を記す

1　都の役所で書く／2　地方の役所で書く／3　村で書く

8　南と北の文字

1　南島・九州南部の文字資料／2　北海道・東北北部の文字資料

第3部　正倉院文書の世界

9　正倉院文書の世界

1　お経を写す／2　諸国の行政文書／3　書を眺める

そしてとくにつぎの4点に主眼が置かれた．

①文字を持たなかった日本が，どのようにして中国からの文字を受け入れ，古

代朝鮮の多大な影響を受けながら日本語表記を可能にしていったのか，8世紀に入り“正倉院文書の世界”として結実するまでを明らかにする．

②古代日本においては，文字そのものが政治の道具あるいは呪力を持ったものとして大きな社会的役割を果たした．そのような「文字の生態」を“文字と人と場”という視点から具体的に描く．

③日本の古代社会は，広範な“無文字的世界”を内包し，独自の文字文化を形成していったという見通しのもとで展示を展開する．

④近年の膨大な出土文字資料の発見により，古代朝鮮と日本の文字文化の密接な関係が明確になってきた．韓国より資料を借用し，韓国出土の古代文字資料と日本の資料との比較を行なう．

とくに④については慶州月池《キョンジュウォルチ》（雁鴨池《アナプチ》）などの木簡，石碑複製・拓本など，19件32点からなる韓国の古代資料が出陳されたことの意義が大きい．会期中には歴博フォーラム「古代日本　文字のある風景―金印から正倉院文書へ―」が開催され，後に書籍としてまとめられた（国立歴史民俗博物館・平川編，2005）．

5. 日本列島と朝鮮半島との文字文化交流

1970年代末以降，韓国では5～6世紀の石碑が相次いで発見されるようになり，また木簡も徐々に出土するようになった．とくに1998年には咸安《ハマン》の城山山城《ソンサンサンソン》木簡の報告書が刊行され，学界の関心が集まるようになる．2007年1月には韓国木簡学会が正式に発足した．

こうした流れのなかで，日本の古代史学界においても韓国の出土文字資料に関心が高まっていった．なかでも李を中心とする早稲田大学朝鮮文化研究所が，韓国国立昌原《チャンウォン》文化財研究所（後に加耶文化財研究所と改称）と共同研究を進め，『韓国の古代木簡』の刊行（2004年）や『咸安城山山城木簡』日本語版の刊行（2009年）に協力したことは重要である[14)]．

以上のようにして，朝鮮半島の資料と日本列島の資料を相互比較する研究環境が徐々に整っていった．そこで歴博では古代文字文化研究の総合化を目標として，2009年度より韓国国立中央博物館と国際交流協定を結び，また準備研究「古代における文字文化の形成過程の基礎的研究―古代中国・朝鮮からの伝播―」（研究代表平川南）を経て，2010年度より科学研究費補助金（基盤研究A）「古代における文字文化形成過程の総合的研究」（研究代表者平川南）および歴博共同研究「古代における文字文化形成過程の総合的研究」(研究代表小倉慈司）を開始した.

科研・共同研究では，日本古代史・朝鮮古代史・中国古代史・国文学・国語学など多分野にわたる研究者の参加により，朝鮮半島の新出石碑・木簡や日本の新出7世紀木簡などを素材として東アジア世界における文字文化の伝播の実態や形成過程の解明に力を注ぐ一方，朝鮮と日本の文字文化の共通性と差異性，文字文化を媒介とした交流についても検討が進められた．新出史料のなかでとくに重視されるのは，2007年以降，朝鮮半島南西部泰安《テアン》沖の水中発掘によって沈没船から大量発見された12～13世紀にかけての時期の高麗木簡（竹札を含む）である（橋本，2016)．これは，これまで資料の少なかった高麗時代の生活文化を研究するうえでの貴重な資料であるだけでなく，日韓の文字文化研究の観点からも，古代から中世にいたるまでの長期にわたる比較研究を可能にするという大きな意義を有していた.

研究成果はおもに『国立歴史民俗博物館研究報告』第194集（小倉編，2015）および2014年歴博国際企画展示「文字がつなぐ―古代の日本列島と朝鮮半島―」として公表した[15] ほか，2012年12月開催の歴博国際シンポジウムを書籍化した『古代日本と古代朝鮮の文字文化』(国立歴史民俗博物館・平川編，2014)，企画展示開催中の歴博フォーラムを書籍化した『古代東アジアと文字文化』(国立歴史民俗博物館・小倉編，2016）を刊行した．また2011年韓国国立中央博物館特別展示「文字，それ以後―韓国古代文字展」，2014年名古屋市博物館特別展「文字のチカラ―古代東海の文字世界―」などへの協力といったかたちでも発信を行なった.

ここではこれらのうち，「文字がつなぐ―古代の日本列島と朝鮮半島―」を紹介することによって，研究の概要を振り返ることとしたい．同展の構成は次のようなものであった.

プロローグ　文字が来た―中国から朝鮮半島，そして日本列島へ―

Ⅰ　文字による支配

1　権威と王命の伝達／2　時の支配―暦の導入／3　ヒトの支配―戸籍の導入／4　土地を占める／5　印の権威／6「政の要は軍事」／7　生産と貢納／8　クラの出納／9　帳簿による管理／10　文書に埋もれて―多様化と形式化

Ⅱ　信仰と文字

1　ホトケの教え／2　弔いと文字／3　経を写す／4　仏教をめぐる交流／5　カミホトケへの祈り／6　カミホトケへの誓い

特設コーナー１　歴博の正倉院文書コロタイプ複製

Ⅲ　文字と生活文化

１　書物の伝来／２　宮廷文化の開花／３　地方の生活

Ⅳ　文字を使いこなす

１　漢字を学ぶ／２　漢字で表す／３　漢字を創る／４　木簡のカタチと素材

Ⅴ　それぞれの道

１　漢字文化の新段階／２　かなと印刷

特設コーナー２　中世の木簡―高麗船水中発掘

エピローグ　文字文化交流の担い手

この展示の第１の特徴は，韓国国立中央博物館・韓国国立文化財研究所・韓国国立海洋文化財研究所という韓国を代表する３研究機関との長年にわたる学術交流の成果として，その全面的協力を得，国際企画展示として開催することができたことである．これにより新羅石碑や木簡･刻書土器など，約80点にのぼる資料を韓国13機関より借用して展示することが可能となった．日本国内にいながらにして，かつ国内資料と比較しつつ，韓国の主要な古代文字資料が一覧できる場となったのである．

第２には，文字の機能面を重視したことである．たとえばⅠでは，王命伝達，時の支配，人身支配，土地支配，生産管理，出納帳簿管理などといった視点からコーナーを設けた．紙・木・土器・金属・布といった素材の違いはもちろん重要である（Ⅳ-4では，木簡の形状と素材に注目した）が，あえて並べて扱うことによって見えてくるものもあると考えたのである．

第３としてⅣを中心に漢字の学習や表記，書体，さらに遊戯的側面にも着目し，国語学や国文学の研究成果を発信したことがあげられる．中国周辺においては，漢字と漢文の受容がある程度進むと，自己の言語と文化に合わせて，文字体系と用法に改造を施すということが行なわれた．これを犬飼隆は漢字の「飼い慣らし」と表現する．朝鮮半島における漢字の飼い慣らしは，日本列島において飼い慣らしがなされる際にも参考とされた．近年，新羅から日本に伝来した経巻に省画仮名が用いられていたことが発見されており，これがカタカナの源流になったと想定されている．また万葉仮名も，朝鮮半島の固有語を書き表わす方法の影響を受けて成立したと考えられる．さらに日本に伝来した新羅仏典『判《はん》比《ぴ》量《りょう》論《ろん》』（大谷大学博物館蔵）により新羅における漢文訓読の存在が確認され，訓点の発達の背景に新羅の影響があったことが確認された．

8 世紀初頭を画期とし，それまで主として朝鮮半島を経由して漢字文化を受容してきた日本列島の文字文化は，直接唐を手本とする方向へと転換する．やがて 9 世紀にはひらがなが誕生した．一方，朝鮮半島では印刷文化が主流を占めていく．一見，両地域の文字文化は袂を分かったかのようにみえるが，しかし，新羅の仏教文化は 8 世紀以降も日本仏教に影響を与え続けたし，11 世紀初頭に版行された高麗大蔵経は日本にも大量に輸入され，その後の東アジア世界に大きな影響を与えた．また朝鮮半島の金属活字技術は 16 世紀末にいたって日本にもたらされ，古活字版に影響を与えることになる．高麗木簡については今後，日本の中世木簡と比較していくことも必要であろう．

この展示では文字文化交流の担い手にも着目し，エピローグにおいて新羅誓幢《せいどう》和上碑《わじょうひ》を取り上げた．『判比量論』の著者である元暁は 8 世紀の日本仏教界に多大な影響を与えたが，その孫の薛仲業《ベクチュンオプ》は宝亀 10（779）年に新羅使の一員として日本を訪れた．その際，元暁の著作『金剛三昧経論』を読んでいた淡海三船は元暁の孫に出会えたことを喜び，詩を贈ったという．元暁を追慕して立てられた新羅誓幢和上碑にはこの 2 人の交歓が記されている．交流はいうまでもなくヒトとヒトによってなされるものである．文字文化研究においてはこの視点を欠くことはできないであろう．

本研究を通じて，朝鮮半島と日本列島の文字文化交流の過程はかなり具体的に明らかになってきたが，今後もさらに関係資料は増加することが見込まれる．それらを踏まえつつ，さらに交流の具体像を精緻に描いていくことが求められよう．

また日本列島への伝播の前段階となる中国と朝鮮半島との文字文化交流については，現状ではまだ資料が限られており，明らかにされていない点が多い．2012 年に集安高句麗碑が発見されてはいる[16]ものの，さらに新たな資料の発掘が期待される．加えて東アジアのみならず，さらにその周辺地域にも視野を広げた文字文化研究も必要となるであろう．ちなみに韓国では 2014 年に国立ハングル博物館が開館しており，同館と歴博は 2016 年に国際交流協定を締結している．

以上，40 年近くにおよぶ歴博の古代文字文化研究を概観してきた．その特徴としては，複製の活用と非文献資料へのまなざし，また分析科学も含めた学際性を指摘できるが，近年はそれに国際性が加えられた．一方で，正倉院文書複製事業は予算面の問題から進行速度を落とさざるをえない状況にあり，そのほかの木簡・

金石文などの複製についても新たな制作は限られている．研究の国際化と対応させるならば，海外資料の複製も進めるべきであろうが，現時点では韓国火旺山城《ファワンサンソン》出土「龍王開祭」木簡複製（国立歴史民俗博物館編，2014，p.127）の制作にとどまっている．これらについては今後の課題である．

また人文情報学的研究も進めていく必要がある．これに関しては，これまでに企画展示においていくつかの試みがなされているが，2015年には来館利用に限定されているものの，正倉院文書複製のうち公文を中心として表裏の画像閲覧を容易にした「正倉院文書自在閲覧システム（公文編）」を公開した[17]．これについては複製制作済みの巻全巻の画像閲覧，また使い勝手の向上などといった課題が残されている．さらにこれからは，古代史研究者のみならずほかの時代の研究者，また異分野の研究者の利用も視野に入れたシステム開発を考えていかなければならない．抱える課題は少なくないが，一歩一歩前進させていくことをめざしていきたい．

注

1）典籍や経典類は含めない．『大日本古文書』編年のページ数から換算した割合（重複翻刻や付録は除く）である．

2）東南院文書を除くと1963年度まで．

3）現在は，続々修以外の部分についてモノクロの影印本が八木書店より刊行されている．

4）江上波夫や梅沢忠夫とレプリカの話を交わしたことがきっかけとなったという（井上，1982）．

5）コロタイプ印刷については，便利堂（2016）時を超えた伝統の技―文化を未来に手渡すコロタイプによる文化財複製―，便利堂，など参照．

6）一次文書を反故紙として再利用する際に，切断がしばしば行なわれた．さらに江戸時代末期から明治にかけての正倉院文書整理の際にも切断が行なわれることがあった．

7）米田雄介による．ちなみに橋本が編修課長となったのは1979年3月31日なので，それ以降のことであろう．

8）初期には制作速度を上げるために，年2回撮影することもあった．

9）調査および公開のプロジェクトチームは，市原市教育委員会，財団法人市原市文化財センター，上総国分寺台遺跡調査団，白石太一郎，平川南，永嶋正春，杉山晋作，西澤（古瀬）奈津子，栗本佳弘，滝口宏，須田勉，市毛勲，清藤一順，田中新史（国立歴史民俗博物館，1991，pp.205–206）．

10）なお，その後に刊行された非破壊分析についてのわかりやすい紹介に，永嶋，2005，がある．

11）公開時の紹介文「碑の小径の開設について」には「碑の小径は，一般来館者の皆さまにご覧いただくだけでなく，今まで収蔵庫に保管していたこれらの精巧な複製資料を，屋外展示という形で常設展示することにより，研究者や学生の方々にも，研究素材として利用していただけるものと考えております」とある．https://www.rekihaku.ac.jp/information/pdf/monument.pdf/

12）この間，2000 年 6 月には石川県津幡町加茂遺跡から加賀郡司が人びとに命令を下した平安前期の牓示札木簡が出土している．

13）なお，同展示には 1994 ～ 1996 年度共同研究「古代荘園絵図と在地社会についての史的研究—「額田寺伽藍並条里図」の分析—」（研究代表仁藤敦史）の成果も合わせ反映された．

14）このほか，シンポジウムもたびたび開催され，2007 年には『韓国出土木簡の世界』（朝鮮文化研究所，2007）が，2009 年には『東アジア古代出土文字資料の研究』（工藤・李，2009）が刊行された．なお，この共同研究には歴博より平川が加わり，韓国内の木簡・石碑調査を実施した．

15）なお本展示には 2010 ～ 2014 年度機構関連共同研究「正倉院文書の高度情報化研究」（研究代表仁藤敦史）の成果報告も加えられており，また 2005 ～ 2008 年度機構連携研究「中世近世の禁裏の蔵書と古典学の研究—高松宮家伝来禁裏本を中心として—」（研究代表吉岡眞之），2007 ～ 2008 年度「「高松宮家伝来禁裏本」の総合的研究」（研究代表吉岡眞之）の研究成果も反映している．「正倉院文書の高度情報化研究」については，仁藤編（2014 年）国立歴史民俗博物館研究報告，第 192 集，が刊行されているので，参照されたい．

16）わかりやすい紹介として早稲田大学総合研究機構『プロジェクト研究』9（2014 年）がある．「文字がつなぐ—古代の日本列島と朝鮮半島—」においても期間限定で同碑拓本複写を展示した．

17）https://www.rekihaku.ac.jp/education_research/gallery/material/shousouinmonjo.html/ このほかに記録類全文データベースとしていくつかの古代文献資料データベースを公開しており，2016 年には藤原資房の日記である『春記』のネット公開を開始した．

参考文献

阿部辰夫・平川南編（1989）多賀城碑—その謎を解く—，雄山閣出版．

阿部義平（2009）碑の小径—歴博中庭への古代碑展示—．歴博，155．

井上光貞（1980）歴史民俗博物館をつくる．井上光貞著作集 巻 11 私と古代史学，岩波書店（1986）所収．

井上光貞（1981）共同利用機関としての歴史民俗博物館．井上光貞著作集 巻 11 私と古代史学，岩波書店（1986）所収．

井上光貞（1982）正倉院文書の複製．（千葉県教育委員会）教育広報，330．

井上光貞（1983）国立歴史民俗博物館開館に当たって．井上光貞著作集 巻 11 私と古代史学，岩波書店（1986）所収．

小倉慈司編（2015）国立歴史民俗博物館研究報告，第 194 集，国立歴史民俗博物館．

工藤元男・李成市編（2009）東アジア古代出土文字資料の研究，アジア研究機構宋書人文学篇第 1 巻，雄山閣．

宮内庁正倉院事務所（1983）年次報告．正倉院年報，5．

熊本県宇城市教育委員会（2012）肥後国浄水寺古碑群Ⅱ，熊本県宇城市教育委員会．

熊本県豊野町教育委員会（2004）肥後国浄水寺古碑群，熊本県豊野町教育委員会．

国立昌原文化財研究所編（2004）韓国の木簡，国立昌原文化財研究所．

国立歴史民俗博物館編（1991）国立歴史民俗博物館十年史，国立歴史民俗博物館．

国立歴史民俗博物館編（1995）国立歴史民俗博物館研究年報，3（1994 年度），国立歴史民俗博物館．

国立歴史民俗博物館編（2014）国際企画展示　文字がつなぐ―古代の日本列島と朝鮮半島―（展示図録），国立歴史民俗博物館．

国立歴史民俗博物館・小倉慈司編（2016）古代東アジアと文字文化，同成社．

国立歴史民俗博物館・平川南編（2005）古代日本　文字の来た道―古代中国・朝鮮から列島へ―，大修館書店．

国立歴史民俗博物館・平川南編（2014）古代日本と古代朝鮮の文字文化，大修館書店．

朝鮮文化研究所編（2007）韓国出土木簡の世界，アジア地域文化学叢書Ⅳ，雄山閣．

虎尾俊哉（1997）正倉院文書複製事業とその思い出．正倉院文書研究，5．

永嶋正春（2005）在銘鉄剣・銅印―その調査と保存活用について―．歴史研究の最前線，4．

橋本繁（2016）沈没船木簡からみる高麗の社会と文化．国立歴史民俗博物館・小倉慈司編，古代東アジアと文字文化，同成社．

平川南（1994）よみがえる古代文書，岩波書店．

平川南（1989）漆紙文書の研究，吉川弘文館．

平川南（1999）古印調査の経緯と概要，国立歴史民俗博物館研究報告，79．

平川南（2000a）墨書土器の研究，吉川弘文館．

平川南編（2000b）古代日本の文字世界，大修館書店．

平川南（2003）古代地方木簡の研究，吉川弘文館．

宮城県多賀城跡調査研究所（1974）宮城県多賀城跡調査研究所研究紀要，Ⅰ（多賀城碑特集）．

早稲田大学朝鮮文化研究所・大韓民国国立加耶文化財研究所編（2009）日韓共同研究資料集　咸安城山山城木簡，アジア研究機構叢書人文学篇第 3 巻，雄山閣．

第1章　朝鮮半島古代の石碑文化

橋本　繁

本章は，朝鮮半島古代の石碑について，当時の歴史や文字文化との関わりから概観していく．なかでも盛んに石碑が作られたのは6世紀の新羅《シルラ》であるので，新羅碑にはどのようなことが書かれていたのか，そして，そこから何がわかるのかを中心にして，その後どのように変容していったのかを8世紀初めまでの石碑を検討対象としてみていく．

なお，当該時期の石碑としては，7世紀後半に百済《ベクチェ》・高句麗《コグリョ》が滅亡した後に唐に移り住んだ人びとの墓誌が残されている．近年，新たな発見も相次いでおり，高句麗遺民墓誌が25点，百済遺民墓誌が12点に達しているという．それらは，古代の朝鮮史においても重要な史料ではあるが，石碑としては唐の墓誌文化のなかで位置づけられるべきものであるため，本章では対象としない．

1.1　石碑研究の歴史

古代朝鮮に関する文献史料は，高麗《コリョ》時代に編纂された『三国史記』(1145年成立)・『三国遺事』(1280年頃) および中国の正史や『日本書紀』『続日本紀』などの外国史料しか残されていない．古文書もほとんど残されていないため，石碑をはじめとする金石文は，同時代史料として貴重である．近年，韓国の古代木簡の出土点数が増えて新たな史料として注目されてはいるものの，まとまった内容を持つ石碑は依然として第一級の史料である．

そのため，古代朝鮮史の研究は，石碑の発見とともに進められてきたといっても過言ではない．1816年，朝鮮後期の著名な書家であり金石学者である金正喜《キムジョンヒ》が，ソウル北方の北漢山《プカンサン》において新羅・真興王《チヌンワン》の碑を発見した．このことについて，戦前から戦後における朝鮮史研究の基礎を築いた末松保和は，「(金正喜は) 三国史記によって碑文をよみ，碑文によって三国史記をよんだ」「新羅史の研究は，

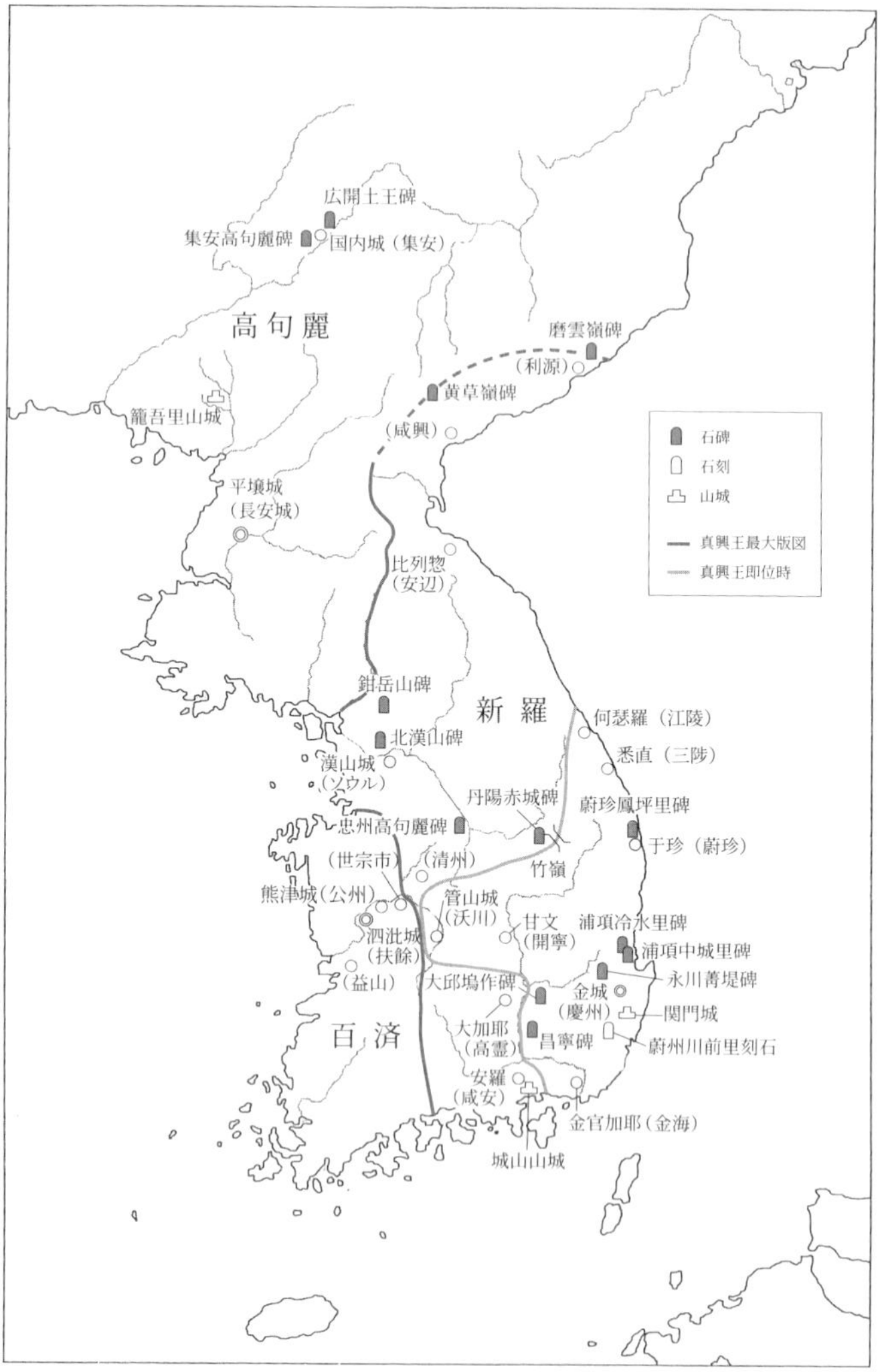

図 1.1　6世紀の朝鮮半島（名古屋大学出版会，2011 をもとに作成）

真興王碑から，金正喜から始まつたといふも，あながち言ひすぎではないであらう」と評している（末松，1995）．また，1880 年に高句麗・広開土王碑が発見され，その墨本が 1883 年に招来されたことは，近代日本において古代朝鮮史研究が始まる大きな契機となった．

このような古代史研究における重要性から，また，後述するように現在にいた

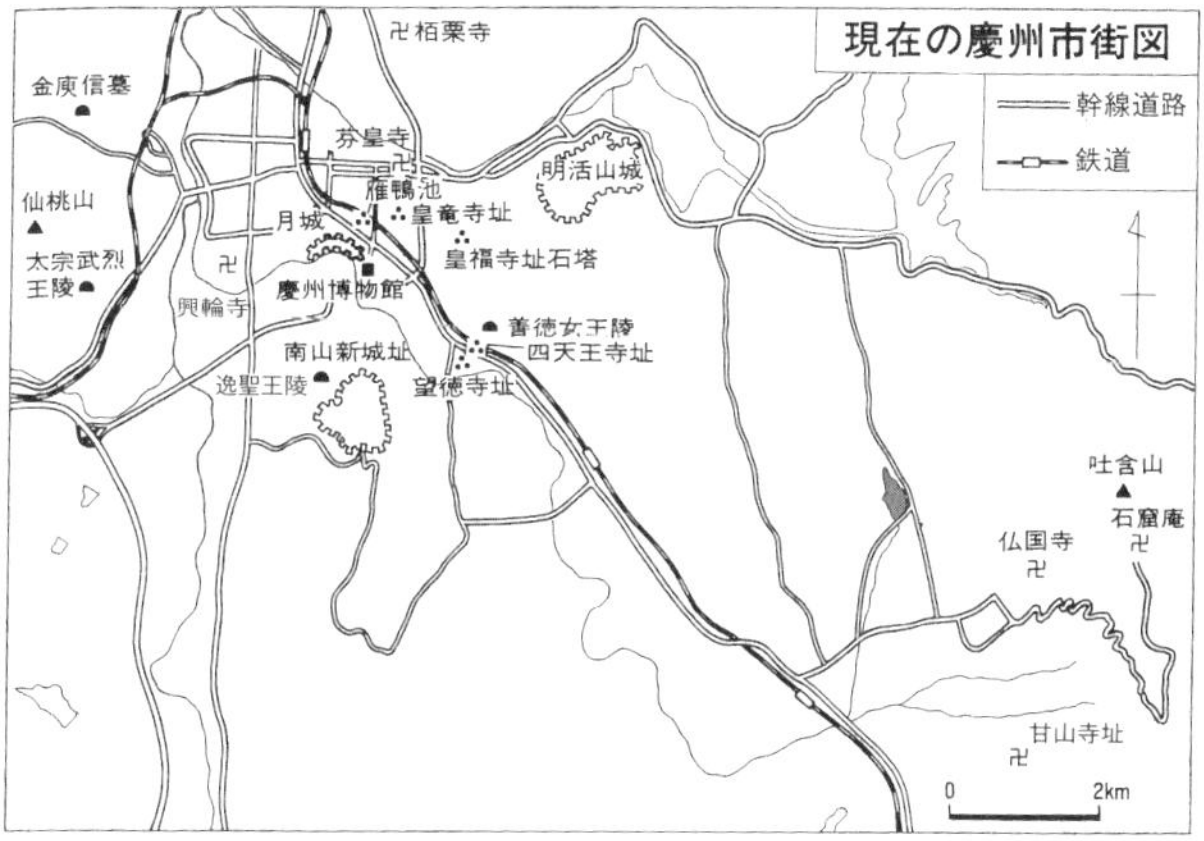

図 1.2　現在の慶州市街地（中央公論社，1997 を一部改変）

るまで新たな石碑の発見が続いていることから，これまでに石碑資料の集成がたびたび行なわれている．

金石文が蒐集･整理され資料集として刊行されたのは，植民地期の 1919 年，朝鮮総督府による『朝鮮金石総覧』が最初である．同書には，古代から朝鮮時代にいたるまでの金石文 545 種が収録されている（朝鮮総督府，1971）．この時点では，三国までの金石文は 15 点にすぎなかったが，日本における朝鮮古代史研究の開拓者である今西龍によって，真興王の巡狩碑や文武王陵碑などの研究が行なわれている（今西，1970）．また，葛城末治は 1935 年に『朝鮮金石攷《こう》』を発表し，古代から高麗時代にいたる朝鮮金石文の概説，個々の金石文の検討，金石文に基づく論考が収められている（葛城，1974）．

解放後の朝鮮半島では，表 1.1 にみられるように多くの金石文が新たに発見されており，そうした新出資料を集成する資料集がたびたび編纂されている．おもなものを年代順に列挙すると，下記のとおりである．

1968　李蘭暎『韓国金石文追補』中央大学校出版部

1976　黄寿永『韓国金石遺文』一志社

1979～1998　趙東元『韓国金石文大系』円光《ウォンガン》大学校出版部

1984　許興植『韓国金石全文』亜細亜文化社

1992　韓国古代社会研究所編『訳註韓国古代金石文』Ⅰ～Ⅲ　駕洛《カラ》国史蹟開発研究所

1995・1996　国史編纂委員会『韓国古代金石文資料集』国史編纂委員会

表 1.1　おもな石碑の発見年代（○数字は，資料編1に対応）

年　代	碑　名
1816	⑩北漢山真興王巡狩碑
1835	⑪黄草嶺真興王巡狩碑
1880	広開土王碑
1914	⑨昌寧真興王拓境碑
1915	⑲四天王寺碑片
1916	㉖甘山寺石造弥勒菩薩・㉗阿弥陀仏立像造像記
1929	⑫磨雲嶺真興王巡狩碑
1931	⑱金仁問墓碑
1934	⑭南山新城第1碑
1935	㉘壬申誓記石
1946	⑬大邱戊戌塢作碑
1948	砂宅智積碑
1956	⑭南山新城第2碑（下半）
1960	⑭南山新城第2（上半）・3・4碑，⑳癸酉銘全氏阿弥陀仏碑像，㉔己丑銘阿弥陀仏碑像
1961	⑰文武王陵碑（下部），㉒世宗市蓮花寺戊寅銘仏碑像
1969	⑤永川菁堤碑
1970	④蔚州川前里刻石
1971	武寧王誌石
1972	⑭南山新城第5碑
1974	⑭南山新城第6碑
1975	⑧雁鴨池出土碑
1978	⑥丹陽赤城碑
1978	忠州高句麗碑
1980	⑮関門城石刻
1982	㉓清州雲泉洞寺蹟碑
1985	⑭南山新城第7・8碑
1988	③蔚珍鳳坪里碑，⑦明活山城碑
1989	②浦項冷水里碑
1994	⑭南山新城第9碑
2000	⑭南山新城第10碑
2009	①浦項中城里碑，⑰文武王陵碑（上部）
2012	集安高句麗碑
2015	㉙蔚珍聖留窟巌刻銘文

2002　国立慶州博物館『文字でみた新羅』藝脈出版社

2002～2014　任世権ほか『韓国金石文集成』韓国国学振興院

最も早い『韓国金石文追補』は，『朝鮮金石総覧』以降に発見された金石文のうち，高麗末以前のものを網羅している．また，『韓国金石遺文』も，新たに発見された朝鮮時代初期までの金石文を蒐集して刊行しており，1976年の初版は334点の資料を収録する．その後，新たに発見された金石文を増補して版を重ね，1994年の第5版では452点に達している．また，『韓国金石全文』も古代から高麗末までの金石文649点を収録している．これらの集成では，釈文のほか所在，法量，参照文献などの基礎データは示されているものの，釈文の異同や内容についての解説などはつけられておらず，石碑の写真や拓本もごく一部を掲載するにとどまっていた．

これに対して『韓国金石文大系』は，古代から朝鮮時代末にかけての石碑拓本の全点を地域別に集成している．また，『訳注韓国古代金石文』は，判読の分かれる釈文については注釈がつけられ，さらに，現代韓国語訳や語句の解釈も示されるなど総合的な資料集となっている．『韓国古代金石文資料集』は，これまでに論文や著作によって示された釈文を網羅的に収録しており，碑文釈文を比較検討するために便利である．こうした成果は，インターネット上で『韓国金石文総合映像情報システム』（http://gsm.nricp.go.kr/_third/user/main.jsp）として公開されており，各種の検索が可能である．『文字でみた新羅』は，国立慶州《キョンジュ》博物館で開催された特別展の図録であるが，5 世紀の古墳で出土した文字資料から 10 世紀に滅亡するまでの新羅の金石文や木簡などを網羅している．石碑は，拓本ではなくカラー写真で示されているので碑石の形状を知ることができる．そして，『韓国金石文集成』は，最も総合的な資料集であり，釈文・現代語訳・注釈などがあり，拓本や碑面の写真が収録されている．

日本における資料集成としては，斎藤忠編著になる『古代朝鮮・日本金石文資料集成』が 924 年までの日本・朝鮮の金石文を年表として整理し，所在，参考文献などを掲げている（斎藤，1983）．単行本として刊行された資料集ではないが，田中俊明は，高句麗および新羅の金石文について研究状況をふまえた基礎的な集成を行なっている（田中，1981 および 1983～85）．

1.2　朝鮮半島への漢字文化の伝播と石碑

朝鮮半島へいつ頃漢字文化が伝播したのか，はっきりとしたことはわからない．朝鮮半島で発見されている最古の金石文は，平壌の石巌里《ソガムニ》古墳で出土した「廿五年上郡守」などの銘文の刻まれた銅戈《どうか》であろう．「廿五年」は秦始皇帝 25（紀元前 222）年と推定される．しかし，中国と朝鮮半島の政治的な交渉は，これよりも早く紀元前 4 世紀には戦国時代の燕との間でなされていたことが記録にあり，朝鮮半島北部では燕国の明刀銭も出土する．こうしたさまざまな交渉の過程で漢字が使用されていた可能性は十分にある．また，紀元前 195 年，漢から朝鮮に逃れてきた衛満が衛氏朝鮮を建国した．衛満の配下には，多くの中国系移住者がいた．同時期に中国南方からベトナム北部にかけて存在した南越でも，やはり中国系移住者が建国に関わっており，南越では木簡や石碑など漢字の使用が確認されている．したがって，衛氏朝鮮においても漢字が使用されていた可能性は十分にある（安部，2016）．

だが，朝鮮半島で文字が広く使用されたことが確かめられるのは，漢の武帝によって衛氏朝鮮が滅ぼされ，楽浪《ナンナン》郡をはじめとする郡県が設置されてからのことである．

楽浪郡における文字使用については，近年，平壌《ピョンヤン》・貞柏洞《チョンベクトン》364号墓で発見された「初元四年戸口統計簿」木簡や『論語』竹簡から知ることができる．「初元四年」は紀元前45年にあたり，楽浪郡の各県における戸・口数と前年からの増減が記録されている．中国の内地と同じように毎年の戸籍調査が楽浪郡でも行なわれていたことが明らかである．また，『論語』竹簡は，現地出身の人物が楽浪郡の属吏として登用されるために学習していたものとされる（李，2015）．

朝鮮半島最古の石碑も，楽浪郡時代のものである．1913年に平安南《ピョンアンナム》道《ド》龍岡郡《リョンガングン》海雲面《ヘウンミョン》で発見された秥蟬県神祠碑には，

□□□年四月戊午秥蟬長□□
□建丞属国会□□□□□
□神祠刻石辞曰
□平山君徳配代嵩承天□□
□佑秥蟬興甘風雨恵閏土田
□□寿考五穀豊成盗賊不起
□□蟄臧出入吉利咸受神光

と記されている．石碑は，高さ152 cm，幅110 cmほどの大きさである．内容は，楽浪郡に属する秥蟬県において山神を祀って五穀の豊饒などを祈ったというものである．冒頭の部分が欠損しているため年代は明確ではなく，元和2（85）年，建武8（32）年，光和元（178）年の諸説が出されている．

つぎに古い石碑も，やはり中国人の手によって建立された毌《ぶ》丘倹《きゅうけん》紀行碑である．1906年に吉林《きつりん》省集安《しゅうあん》市小板岔嶺で発見され，現在は遼寧《りょうねい》省博物館が所蔵する．下部が欠損しており，残存の高さ26.6 cm，幅26.3 cmである．

正始三年高句驪反
督七牙門討句驪五
復遣寇六年五月旋
討寇将軍巍烏丸単于□
威寇将軍都亭侯□
行裨将軍領□
□裨将軍

毌丘倹は，魏の幽州刺史として高句麗遠征の指揮を執った将軍であり，本碑はその功績を記した石碑である．魏と高句麗の対立は，正始3（242）年に高句麗が西安平を攻めたことに端を発し，正始5（244）年，魏は毌丘倹を派遣して本格的に高句麗に侵攻し，正始6（245）年には高句麗の都である国内城を陥落させた．逃げる東川王を追って，魏の軍勢は東海岸の沃沮を蹂躙して挹婁《ゆうろう》（粛慎《しゅくしん》）の地にまでいたったが，王を捕えることができないままに凱旋した．その際に「粛慎氏の南界」「丸都の山」「不耐の城」の3か所に功績を記す石碑を残したという．本碑は，このうち「丸都の山」に残した碑ということになる（田中，2008）．

このように，古代朝鮮の初期の石碑は，中国の王朝によって作られたものであった．古代朝鮮の人びと自身の手によって石碑が作られるまでには，さらに年月が必要であった．

1.3 高句麗の石碑

魏の後を継いだ晋は，280年に呉を滅ぼして中国を統一した．しかし，八王の乱（291〜306年）が起こると，華北に移住していた匈奴などの異民族が各地で蜂起して自立し，混乱のなかで晋は滅亡した（316年）．その後，華北では異民族の国々が激しい攻防を繰り広げる五胡十六国時代となる．

こうしたなか，高句麗は313年に楽浪郡を，翌314年に帯方郡を相次いで攻略して，400年間にわたる中国王朝の郡県支配は終わりを迎えた．高句麗が平壌地域を支配すると，そのまま留まる土着漢人や官吏もおり，あるいは混乱する中国から逃れて新たに移り住む者もいた．現在の黄海道《ファンヘド》地域の古墳から出土した東晋の年号を使用した塼《せん》や，また，平壌周辺の安岳《アナク》3号墳（357年），徳興里《トクンニ》古墳（408年）の壁に墨書されている墓誌は，いずれもこのような漢人系社会の文化を背景に作られたものである．

高句麗人自身の手による漢字文化が本格化するのは，4世紀末以降のことであ

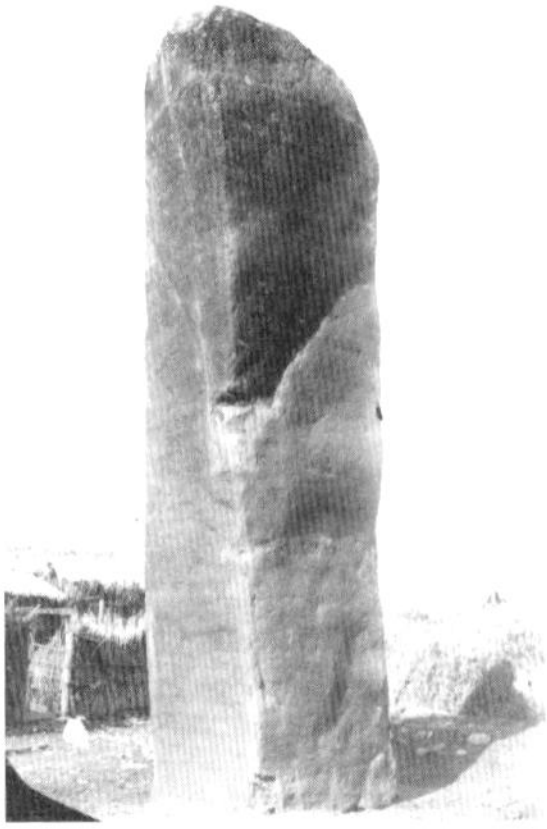

図 1.3　広開土王碑（国立中央博物館，2010）

図 1.4　忠州碑（韓国文化財庁ウェブサイト）

る．4 世紀の高句麗は，相次いで対外的な試練を迎えていた．342 年，前燕の慕容《ぼよう》皝《こう》により王都が破壊され，王母・王妃が捕えられた．371 年には，南方で新たに勃興した百済が北進してきたため，故国原王《コググォヌァン》が平壌で迎え撃ったものの，流れ矢に当たって戦死してしまった．こうした危機のなかで後を継いだ小獣林王《ソスリムァン》は内政の立て直しに力を注ぎ，教育機関である太学を設け，「律令」を制定した．また，中国の前秦から仏教が伝わり，375 年に肖門寺《チョムンサ》や伊弗蘭寺《イブルランサ》を創建している．

こうした内政の充実を背景に，領土を拡大して高句麗の最盛期をもたらしたのが広開土王《クァンゲトワン》（在位 391〜412 年）と長寿王《チャンスワン》（在位 413〜491 年）である．そして，現存する 3 点の高句麗の石碑，広開土王碑（図 1.3）・忠州《チュンジュ》碑（図 1.4）・集安碑は，いずれもこの両王の時代に建立されたものである．

まず，広開土王碑は，3 段落に分かれ，序論では始祖鄒牟王《チュモワン》の建国から広開土王にいたるまで，第 2 段では周辺諸国との戦い，第 3 段では守墓人《しゅぼにん》についての規定が記される．発見以来 100 年以上の研究史で注目されてきたのは，さまざまな国や民族の登場する第 2 段であり，高句麗史にとどまらず東アジア史の一級史料となってきた．そのなかで，とくに関心を集めてきたのが，第 1 面第 8〜9 行にかけての「百残新羅旧是属民由来朝貢，而倭以辛卯年来渡海破百残□□新羅以為臣民（百残・新羅は旧是れ属民，由来朝貢す．而して倭，辛卯年を以て来たり，海を渡って百残・□□・新羅を破り以て臣民と為す）」といういわゆる〈辛卯年条〉である．倭が百済や新羅などを破ったとあることから，日本が朝鮮半島に進出して百済や新羅を服属させていた証拠であるとされた．

ところが，1970年代以降の研究により，紀年記事には広開土王みずからの軍事行動を記す「躬率《きゅうそつ》」や「巡下《じゅんか》」と，部下を派遣する「教遣《きょうけん》」で始まる2つの類型があることが明らかにされた．そして，王の行動である躬率の場合には，必ず高句麗に不利な状況を示す「前置文」が置かれることが指摘された．問題の辛卯年条もこの前置文の一種であり，全体の前置きとなる「大前置文」であると理解される．そして，前置文は，文飾であり虚偽や誇張が含まれているため，その内容を単純に史実とすることはできないのである（濱田，2013）．

石碑は，同時代史料とはいえ，なんらかの意図に基づいて作られた編纂物という性格をもっている．そのため，石碑に書かれていることがそのまま事実であるとは限らない．さまざまな誇張や虚偽の主張がなされることが十分にありうる．一次史料である石碑についても，厳密な史料批判が必要である．

さて，近年，広開土王碑は，守墓人の規定を記した「石刻文書」という側面からも注目されている．

第3段の守墓人についての規定は，いくつかの部分からなっている．すなわち，広開土王は新たに獲得した地域の韓《かん》・濊《わい》の人びとを守墓人とするよう教言を出したが，彼らだけでは墓を守る方法がわからないために，旧来の高句麗人も加えて330家の守墓戸として歴代の王陵に置き，さらに各王陵に石碑を立てた．そして，制令を下して守墓人の売買を禁じ，それを破った場合の刑罰を定めた．広開土王の命令である「教」が守墓役体制として法制化されていくこうした一連の過程全体が，いわば高句麗の公文書であり，それがそのまま碑文として刻まれているのである．このように，決定事項だけでなく決定にいたるまでの審議の段階を含めて命令が構成されるというあり方は，漢代の詔書にみることができ，また，こうした詔書を石碑に刻んでいる事例も乙瑛《いつえい》碑などがある．高句麗における王命の出し方や石碑の構成は，漢の影響を受けた可能性が高い（李，2011）．

2012年に新たに発見された集安碑においても，広開土王碑文と同様の守墓人についての規定が記されていた．形状は，圭頭の板状であり，中国的な石碑といえる．なお，中国的な特徴が強いために，年代が広開土王碑よりさかのぼると推定する見解もある．しかし，新羅のように同時期にさまざまな形状の石碑が作られることもあり，碑形は単線的に変化していったとは限らない．そのため，年代を推定する根拠とはなりがたい．

こうした，「教」に基づいた王命や王権の意思決定，制度の実施などを石碑に刻むという文化は，後述するように新羅の石碑文化に強い影響を与えたとみられる．新羅は，広開土王の時代から高句麗との政治的に従属関係にあり，広開土王碑文には，新羅が「朝貢」したことがみられる．こうした両国関係は，忠州碑には，「高麗太王」に対して新羅を「東夷」とする上下関係として明記されている．そのほか，慶州の古墳から広開土王の名を記した壺《こ》杅《う》（415年）や，長寿王の年号と推定される「延寿元年」と記された銀合《ぎんごう》杅《う》（451年）が出土していることからもうかがえる．こうした従属関係を背景に，新羅は高句麗から政治的，文化的に大きな影響を受けた．

1.4 百済の漢字文化

高句麗，新羅とは対照的に，百済ではほとんど石碑が作られなかった．百済の石碑は，扶《プ》餘《ヨ》で発見された砂《サ》宅《テク》智《チ》積《ジョク》碑（図1.5）のみであり，公州《コンジュ》の武《ム》寧《ニョン》王《ワン》陵で発見された王と王妃の誌石を含めてもわずか3点にすぎない．このほかに，「前部」「上卩前卩／川自此以」などの銘文が刻まれた石も出土しているが，点数としてはやはりかなり限られている．また，新羅や高句麗では王命を伝える政治的な内容の石碑がおもであるのに対して，百済ではそうした石碑がまったく作られていない点も大きく異なる．

しかし，百済において漢字文化が遅れていたというわけでは決してない．むしろ，他の諸国と比較して先進的であったことが，近年発見された文字資料によって明らかになっている．

一つは，百済寺院の塔心礎から相次いで発見されている仏舎利埋納に関する文字資料である．扶餘・陵山《ヌンサン》里《ニ》寺址の石造舎《しゃ》利《り》龕《がん》には，「昌王」すなわち威徳《ウィドグァン》王13（567）年に「妹兄公主」が舎利を供養したと記されていた．王興《ワンフン》寺《サ》址では，木塔の心礎の舎利孔から2007年に金・銀・銅の舎利容器が発見され，銅の容器の表面に「丁酉《ていゆう》年（577）に威徳王が亡き王子のために寺院を建立し，本来2枚だった舎利が葬るときに神異により3枚となった」と記されている（鈴木編，2010）．益《イク》山《サン》・弥勒《ミルク》寺《サ》では，西塔の心柱石に開けられた舎利孔から，金の板の表裏に刻まれた193字におよぶ舎利奉安記が2009年に発見された．銘文には，佐平沙《サ》乇《タク》積《チョク》徳《トク》の娘である百済王后が己《き》亥《がい》年（639）に建立したとある（新川編，2013）．

また，百済の木簡もこれまでに200点ほど出土しており，戸籍制度などを背景とする文書行政の存在が明らかになっている．扶餘の陵山里遺跡で出土した4面の木簡は，冒頭に「支薬児食米記」とあり，「初日食四斗，二日食米四斗小升一」などと支給した米の量を日ごとに記録している．扶餘·双北里《サンブンニ》で出土した「佐官貸食記」(戊寅《ぼいん》年(618))は，「素麻一石五斗，上一石五斗，未七斗半」など【人名，数量，「上」数量，「未」数量】という記載内容を持ち，最初の数量は貸し出した穀物，「上」はこれまでに返済したもの，「未」は未返済のものと推定される．古代日本で行なわれていた出《すい》挙《こ》とよく似た，穀物を貸し出して利息を課す制度が百済にも存在したことが明らかになったのである（三上，2013)．扶餘·宮南池《クンナムジ》木簡に「西卩後巷」という王都の五部五巷制と「中口四　小口二」という記載があり，羅州《ナジュ》・伏岩里《ポガムニ》の木簡にも「兄将除公丁」「婦中口二」「妹中口一」などの表記があって，丁—中口—小口という年齢区分による戸籍制度の存在が裏付けられる．百済の制度については，官庁名が記録に残る程度でほとんどわからなかったが，木簡によって具体的な運営まで明らかになってきている．

図 1.5　砂宅智積碑（韓国文化財庁ウェブサイト）

このように百済は，古代朝鮮諸国のなかでもかなり進んだ漢字文化を持っていたにもかかわらず，石碑はほとんど作られていない．数十万点の木簡が出土している古代日本においても石碑が非常に数少ないということとの共通点として注目される．

1.5 新羅の石碑

新羅は5世紀後半になると次第に高句麗の従属から脱するようになった．6世紀に入ると，内政においては兵部の設置にはじまる官僚制度の整備，仏教の公認，律令の頒布，独自年号の制定など国家の制度が次第に整えられていく．また，同時に，それまで朝鮮半島の東南隅を占めるにすぎなかった領域が，金官《クムグァン》加耶《ガヤ》国をあわせ大加耶を滅ぼすとともに，高句麗・百済に対抗して小白《ソベク》山脈を越えて領土を拡大し，ソウル地方を確保して西海岸にまで達している．そして，6世紀は，新羅が最も盛んに石碑を作った時期でもあった（表 1.2)．現存最古である 501 年建立の浦項中城里《チュンソンニ》碑から，591 年建立の南山新城碑にいたるまで，20 基以上の石碑が発見されている．新羅内外の飛躍的な発展を具体的に明らかにするために，石

表 1.2　6世紀新羅年表（○数字は，資料編1に対応）

年　代	石　碑	おもな出来事
500		※智証王即位（～514）
501	①浦項中城里碑	
503	②浦項冷水里碑	「新羅国王」を称する
514		※法興王即位（～540）
516		兵部を設置
520		「律令」を頒布
521		百済使に伴われて梁に遣使
524	③蔚珍鳳坪里碑	
525	④蔚州川前里刻石（原銘）	
527		仏教を公認
531		上大等を設置
532		金官国が来降
536	⑤永川菁堤碑（丙辰銘）	初の年号「建元」
539	④蔚州川前里刻石（追銘）	
540		※真興王即位（～576）
545頃	⑥丹陽赤城碑	
551	⑦明活山城碑・⑧雁鴨池出土碑	年号「開国」
552		百済から漢山城地域を奪取
554		管山城の戦いで百済聖王を殺害
560頃		咸安　城山山城木簡
561	⑨昌寧真興王拓境碑	
562		大加耶を滅ぼす（加耶諸国滅亡）
564		北斉に遣使
568	⑪黄草嶺・⑫磨雲嶺真興王巡狩碑	陳に遣使．年号「大昌」
568頃	⑩北漢山真興王巡狩碑	
576		※真智王即位（～579）
578	⑬大邱戊戌塢作碑	
579		※真平王即位（～632）
581		位和府設置
584		調府・乗府設置
591	⑭南山新城碑（全10碑）	
594		隋に遣使

碑は欠かすことのできない第一級の史料である．

新羅碑の年代は，戦前までは561年の昌寧《チャンニョン》碑が最古のものであった．それが，解放後には，1969年の菁堤《チョンジェ》碑以降，6世紀の前半にさかのぼるものが続々と発見されている．とくに，1988年と1989年に相次いで発見された蔚珍鳳坪《ウルチンポンピョン》里《ニ》碑（図1.6）と浦項冷水里《ポハンネンスリ》碑（図1.7）が6世紀の初頭にまでさかのぼったことで，新羅の王権や社会について多くの知見をもたらした．

本節では，石碑をいくつかの類型に分け，内容および研究成果について概観していきたい．

(1) 教事碑①—六部と官位制

図 1.6　鳳坪里碑（筆者撮影）

教事碑とは，王の命令である教事を記した石碑であり，中城里《チュンソンリ》碑（口絵 1），冷水里碑，鳳坪里碑，丹《タ》陽《ニャン》赤《チョク》城《ソン》碑（図 1.8）などがこれにあたる．これらによって，新羅の王京六部や官位制，王権の成長過程に関する実証的な研究が進んだ．

王京の六部は，新羅王権を直接支える社会的，政治的な基盤として重要視されていたものの，その歴史的な展開については十分に明らかになっていなかった．末松保和の「新羅六部考」（末松, 1995）では，段階的に六部が形成されていったと推定している．原著の出された 1954 年の時点では，6 世紀の前半にさかのぼる石碑はいまだ発見されておらず，昌寧碑（561 年），真興王《チヌンワン》巡《じゅん》狩《しゅ》碑《ひ》，南山新城碑を検討材料とするほかなかった．これらの碑文には喙・沙喙・本彼の三部しかみられないため，6 世紀には三部しか存在しなかったと推定している．そして，六部の成立過程について，本来の新羅（斯盧）である喙部が周辺諸国を征服するにつれて各部を加えていき，6 世紀前半には三部，7 世紀にいたって六部として完成したと描き出している．

このように段階的に六部が成立していくという説は，6 世紀前半にさかのぼる石碑が発見されたことによって成立しがたいことが明白となった．鳳坪里碑に「新羅六部」と明記されていることによって，遅くとも 524 年以前に六部が存在していたことは疑いようがない．また，実際に人名が帯びている部名としても，中城里碑に喙・沙喙・牟旦伐喙・本波・金評がみられ，冷水里碑には喙・沙喙・本波・斯彼がみられる．牟旦伐喙は牟喙部，金評と斯彼は習比部をさすと考えられる．残る漢岐部の確実な事例は，雁鴨池《アナプチ》で出土した調露 2（680）年の銘がある「漢只伐部」と記された塼《せん》しかないとはいえ，六部の成立が 5 世紀にさかのぼることは確実である．

六部の性格を考えるうえで問題となるのが，鳳坪里碑にみえる「喙部·牟即智·寐錦王」と「沙喙部・従夫智・葛文王」の二人である．前者は法興王《ポプンワン》，後者はその弟である立宗《イプチョン》に比定される．「従夫智・葛文王」は，川前里刻石にもみられる．この二人は兄弟でありながらそれぞれ喙部，沙喙部という別の部に属している．それだけではない．冷水里碑の「沙喙・至都盧・葛文王」すなわち智証王《チジュンワン》は二人

図 1.7　冷水里碑（筆者撮影）

図 1.8　赤城碑（韓国文化財庁ウェブサイト）

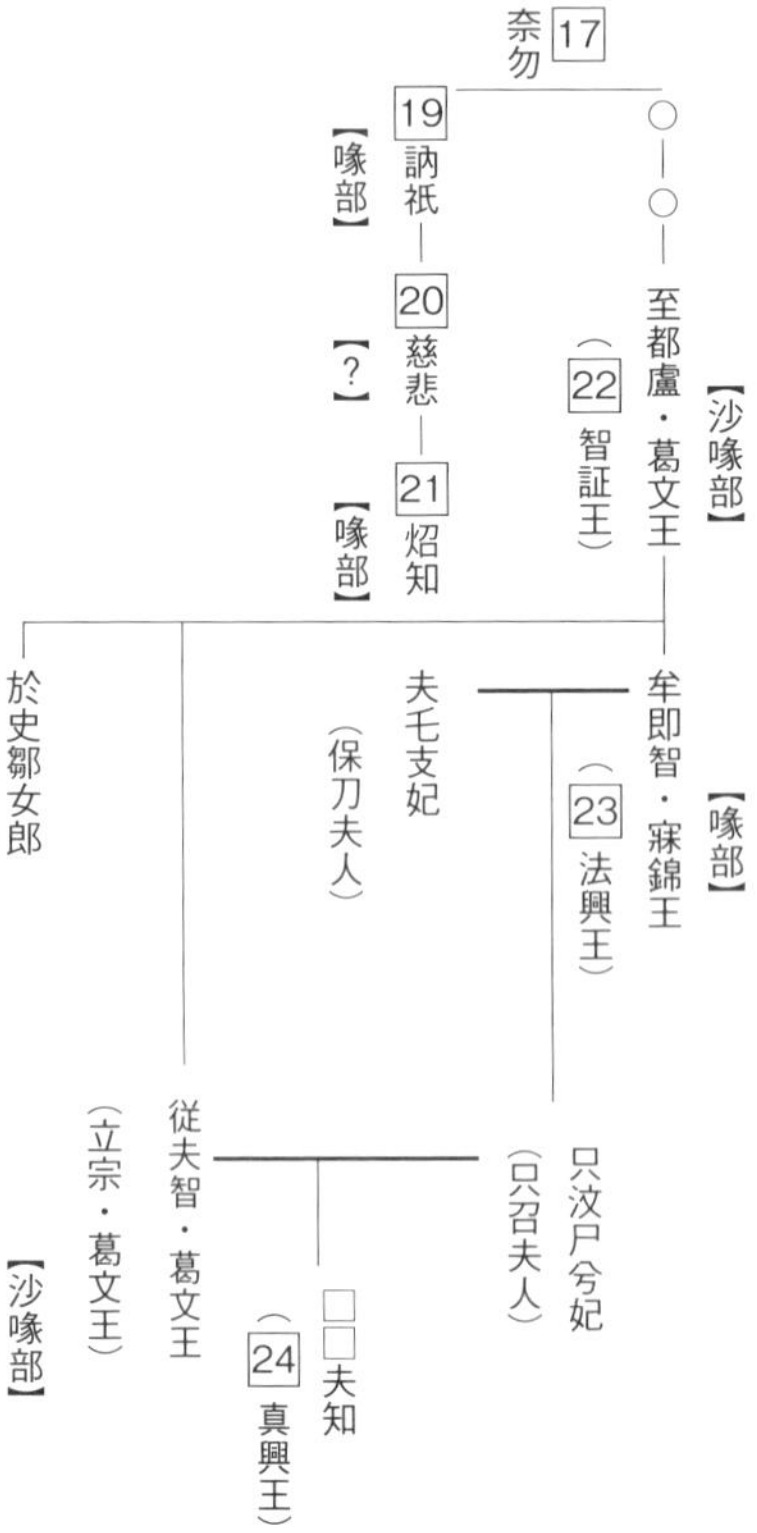

図 1.9　新羅王系図（数字は王代数）

の父親であるので，親子でも所属部の異なることがあるということになる（図 1.9）．したがって，部は父子の血縁関係のみによるものと考えることはできず，母子関係や居住関係などの条件を加味したものと考えざるをえない．

また，532 年に新羅に降服した金官加耶国の王子であった金武力は，赤城碑に「沙喙部・武力智・阿干支」，昌寧碑に「沙喙・武力智・迊干」，北漢山碑に「沙喙・另力智・迊干」とたびたびその姿が記されており，沙喙部であったことがわかる．新たに服属した国の王族が加えられているように，六部は完全に閉鎖的な集団ではなかったのである（武田，1991）．

官位制についても金石文によって大きく研究が進展した．

新羅の官位（表 1.3）には，17 等からなる王京人の京位と，11 等からなる地方人の外位がある．京位について，中国側の史料である『梁書』には 6 等のみ記され隋代の記録にいたって 17 等の全体系が確認されることと，金石文にみられる京位によって，段階的に成立するという考えが主流であった．ところが，やはり 6 世紀初めの碑文が出現することにより，こうした説の成り立たないことが明らかとなった.

それに代わって新たに判明した事実は，喙部・沙喙部の中心性である．中城里碑・冷水里碑において，喙部・沙喙部は京位をすでに帯びているのに対して，この2部以外の本波などの有力者は，「干《かん》支《き》」を称している．この干支という位は，地方の有力者も称しており，京位と外位の区別がいまだ判然としていなかったとみられる．ただ，干支の下の官位については，喙部・沙喙部以外の部では「干支―壹伐」であるのに対して，地方では「干支―壹金（今）知」という組合せとなっており，王京と地方での官位の区別がすでに存在していた可能性もある．鳳坪里碑においても喙部・沙喙部以外の部ではやはり干支を称しているが，地方民は外位を称するようになっている．六部全体で例外なく京位をもつようになるのは，赤城碑以降である．

このように段階的に京位・外位が新羅社会に広げられていったとみられるが，大きな画期があったのは，中城里碑・冷水里碑と鳳坪里碑の間と考えられる．

表 1.3 新羅の官位

京位	外位
［太大角干］	
［大角干］	
1 伊伐飡	
2 伊尺飡	
3 迊飡	
4 波珍飡	
5 大阿飡	
6 阿飡	
7 一吉飡	① 嶽干
8 沙飡	② 述干
9 級伐飡	③ 高干
10 大奈麻	④ 貴干
11 奈麻	⑤ 選干
12 大舎	⑥ 上干
13 舎知	⑦ 下干
14 吉士	⑧ 一伐
15 大烏	⑨ 一尺
16 小烏	⑩ 彼日
17 造位	⑪ 阿尺

それは，前者では部のほうが重視されており，同じ職名のなかでの官位順が一定しないということである．たとえば，中城里碑の争人の歴名をみると，本波部の干支→壹伐，金評部の干支→壹伐という順に記され，地方民でも古利村の干支→壹金知，那音支村の干支→壹金知となっている．また，冷水里碑でも，沙喙部の阿干支6→居伐干支9，喙部の壹干支2→居伐干支9という順に記され（数字は表1.3に対応），官位よりも部や出身地が重視されていることがわかる．ところが，鳳坪里碑では，官位の順が前後で逆転することなく並ぶようになっている．つまり，冷水里碑までは六部が優先されていたが，鳳坪里碑以降は官位が優先されるようになったのである．

このような画期が生まれた背景については，520年の「律令」頒布があるとみられる．この律令については，隋唐代に完成されたような律令法典と考えることは難しく，なんらかの新羅古法を意味するとみられ，京位と外位からなる官位制もその頃に定められたと考えられる．

(2) 教事碑②—王権の伸長

教事碑を通時的にみることで，6世紀における新羅王権の急速な伸長を跡づけることができる．

教事を下した主体としてみえるのは，6世紀前半では王一人ではなかった．中城里碑では，「(沙喙部ヵ)・□折盧・(葛文王ヵ)，喙部・習智・阿干支，沙喙・斯徳智・阿干支」の3人が教を下している．冷水里碑では「沙喙・至都盧・葛文王」をはじめとして沙喙部3人，喙部3人，本波部1人，斯彼部1人の合計7人が「共論して教す」とある．また，鳳坪里碑でも，「喙部・牟即智・寐錦王，沙喙部・従夫智・葛文王」をはじめとする喙部6人，沙喙部6人，本波部1人，岑喙部1人の合計14人が教事の主体となっている．6世紀初頭の段階では，王をはじめとする有力者の集団によって，中央権力の意思は決定されていたのである．

注目されるのは，寐錦《びきん》王と葛文《かつぶん》王という王号である．中城里碑と冷水里碑で葛文王が教事主体としてみられるだけでなく，鳳坪里碑では寐錦王と葛文王という二人の王が併存して教事の主体となっている．

寐錦王は『三国史記』『三国遺事』など朝鮮側の文献史料にはまったくみられない．新羅ではわずかに，893年に崔致遠《チェチウォン》が撰した鳳巖寺智証大師《ポンアムサチジュンデサ》塔碑（建立は924年）に「寐錦」がみられるのみであった．高句麗の広開土王碑文には「新羅寐錦」が第3面にみられ，中原碑にも「新羅寐錦」「東夷寐錦」などとみられるほか，『日本書紀』神功皇后摂政前紀にも「新羅王波沙寐錦」と記されている．

一方，葛文王は，『三国史記』『三国遺事』に18人の記録が残っており，早くから研究者の注目を集めてきたものの，その実態については明らかではなかった．葛文王に任命されている人物をみると，王の父，王の外舅，王の外祖，女王の匹《ひつ》（夫）などであり，王の尊属および王に準ずる格の人物がもつ称号であることがわかる．『三国史記』の編者は，これを死後の追封であるとしていて，これにしたがう研究もあるが，生前の称号の場合もあるとも主張される．ところが，6世紀前半の碑文において，葛文王が教事の主体として登場しているのである．

寐錦王と葛文王が併存していたことは明らかであるが，どのような役割分担を果たしていたのかは不明である．ただ，事例はわずかとはいえ，寐錦王は喙部，葛文王は沙喙部で例外がない．このような寐錦王と葛文王について，武田幸男はこれを新羅独自の二重王権体制として，寐錦王は喙部を直接の基盤とする外交権を行使した外向けの王者，葛文王は沙喙部を基盤として寐錦王を支えた内向けの王者であったと推測している（武田，2008）．

そして，6世紀半ばの赤城碑においては，寐錦王・葛文王はいずれもみられなくなり，単に「王教事」とのみ記されている．ただし，王単独による意思決定というよりは，「大衆等・喙部・伊史夫智・伊干支」以下9名の高官が「節教事」とあることから，王と高官の2階層が教事に関わっていたとみられる．さらに，真興王巡狩碑にいたると，「真興太王」が主体となり，「朕」を自称とし，また，「帝王建号」などの字句から，新羅王が皇帝のごとき強力な王権を志向していたことが知られる．6世紀の新羅では，首長層の連合の段階から急速に国王への権力集中が進んだといえる（木村，2004）．

(3) 真興王の領土拡大と巡狩碑

法興王代に内政の基盤を整えるとともに，金官加耶国が新羅に降服するなど，新羅は飛躍の時を迎えていた．後を継いだ真興王（在位540～576年）の即位時，新羅の領土は朝鮮半島の東南部を占めるにすぎなかったが，551年に高句麗から竹嶺《チュンニョン》以北の10郡を奪い，553年には百済が高句麗から奪還したばかりの漢山城《ハンサンソン》（ソウル）地域を奪って新州を設置し，西海岸への進出を果たした．554年には百済の聖明王《ソンミョンワン》を管山城の戦いで殺害し，562年に加耶諸国の盟主であった大加耶（高霊《コリョン》）を滅ぼすなど，真興王の治世は対外戦争における華々しい戦果に彩られている．

真興王はまた各地に石碑を建立しており，その最初となる赤城碑が建立された545年頃はこうした領土拡大の直前の時期にあたる．561年の昌寧碑にはおもな軍事指揮官，地方官が集結しており，翌年なされる大加耶への遠征を前に軍事的な示威を兼ねたものであろう．

こうした真興王の領土拡大を今に伝えるのが，新たに獲得した地に王が巡狩して建立させた磨雲嶺《マウルリョン》碑（口絵2），黄草嶺《ファンチョリョン》碑，北漢山《プカンサン》碑（図1.10）である．なお，摩滅によって文字はまったく読めなくなっているが，北漢山碑と形状が酷似する京畿道坡州《キョンギドパジュ》市に所在する鉗岳山碑も，やはり真興王の巡狩碑であるとされる．磨雲嶺碑・黄草嶺碑が建立されたのは，日本海側のかなり北方である．日本海側における高句麗との勢力争いは史書にしばしば記されているところであるが，真興王代にここまで北方に勢力を拡大したことはみられない．統一新羅時代の領域は，東北方面では元山《ウォンサン》湾付近にとどまっており，一時的とはいえかなり北方に新羅の勢力が及んだことは，この両碑によってのみ知りうる事実である．

さて，これら巡狩碑は，6世紀の新羅碑のなかで内容，形状ともに非常に特徴的である（李，2005）．

内容では，ほかの石碑では変体漢文すなわち新羅の言葉に影響された文体が使用されているのに対して，巡狩碑の文章は駢儷体の正格漢文で書かれているのが特徴である．このような相違は，想定する読み手の違いによるものとみられる．自然石に変体漢文によって書かれたほかの石碑は，あくまでも新羅人に向けて書かれたものであった．ところが，巡狩碑の読み手として想定されるのは，新たに新羅領土に編入された人びとであった．そのため，新羅的な変体漢文ではなく，普遍的な正格漢文によって書かれたものとみられる．

図 1.10　北漢山碑（韓国文化財庁ウェブサイト）

内容でもう一つ特徴的なのは，新羅年号が使用されている点であり，磨雲嶺碑の冒頭に「太昌元年」と記されている．ほかの巡狩碑では碑面の摩滅や欠損によって確認できないが，同様に記されていたものと考えられる．

新羅では，法興王 23（536）年に「建元」を称して以来，650 年に唐の年号を使用するまでの 100 年の間に 7 つの年号を使用したことが史書に記されている．年号は王の即位年とは関係なく定められており，真興王代では 12（551）年に「開国」，29（568）年に「大昌」，33（572）年に「鴻済」の年号を定めている．ところが，昌寧碑などほかの金石文や木簡などの同時代資料ではいずれも干支年で表記されていて，新羅年号が確かめられるのは巡狩碑のみである．磨雲嶺碑の大昌年号は，新羅年号が確かに同時代に使用されていたことを示す貴重な事例といえる．また，大昌への改元は，まさに磨雲嶺・黄草嶺という北方への巡狩を記念するために行なわれたものである可能性が高い．巡狩碑における新羅年号の使用は，積極的な意図によるものであったと考えられる．

形状については，現存最古の中城里碑から南山新城碑にいたる同時代の新羅碑をみると，表面を多少整える程度で自然石の形をそのままにして文字を刻んでいるものが多い．真興王代の赤城碑，昌寧碑においても，文字面を比較的平滑に整えているとはいえ，やはり全体的には自然の岩そのままの形を残している．ところが，巡狩碑は，いずれも直方体の碑身を持ち，その上に装飾性のない蓋石（笠石）を載せているという共通点がある．

ところで，このような直方体の碑身に装飾性の少ない蓋石（笠石）を載せる巡狩碑の形状は，古代日本の多胡碑《たごひ》・那須国造碑《なすこくぞうひ》との共通性が指摘される（東野，2004）．ただし，巡狩碑の形状は一様ではなく，二つのグループに分けることができる．北漢山碑は，高さ 155 cm，幅 71.5 cm に対して厚さが 16.6 cm と板状であり，鉗岳山碑も，高さ 170 cm，幅 70～79 cm，厚さ 15～19 cm とほぼ同様の形状である．それに対して，黄草嶺碑は，高さ 138 cm，幅 50 cm に対して厚さ 32 cm，磨雲嶺碑は高さ 147 cm，幅 44.2 cm に対して厚さ 30 cm とかなり厚みのあるのが特徴である．多胡碑の碑身は高さ 129 cm，幅 69 cm，厚さ 62 cm，那須国造碑の碑身は高さ 120 cm，幅 48・5 cm，厚さ 40 cm と角柱状をしていることから，黄草嶺碑・磨雲嶺碑との共通性をみることができよう．ただし，これら 2 碑は，先述のように東海岸の北辺にあり，新羅がその地を確保し続けたとは考えにくく，間もなく高句麗に奪取されたとみられる．もし，古代日本の石碑との間に影響関係があるとした場合，どのような経路で伝わったのかについては改めて考える必要があろう．

(4) 地方制度①―昌寧碑と州

新羅は拡大した領土をどのように支配したのであろうか．

新羅が朝鮮三国を統一した後に完成した地方制度は，九州五京制と呼ばれる．全国は九つの州に分けられるとともに，五つの小京を配置し，州のなかには郡・県が置かれたほか，郷・部曲も設置された．そして，地方官として州には都督―州助―長史，小京には仕臣―仕大舎，郡には郡大守，県には少守や県令，郷には郷守が派遣された．

このような新羅郡県制の淵源は，6 世紀初頭にさかのぼる．『三国史記』には智証王 6（505）年に「王，親ら国内の州郡県を定め，悉直《シルジク》州を置き，異斯夫を以て軍主と為す．軍主の名は此に始まる」という州設置の記事がある．小京についても，同 15（514）年には「小京を阿戸《アシ》村に置く」とあり，真興王 18（557）年に国原京が設置されて後の五京の先駆けとなっている．

このころの新羅の地方制度は，州や郡は置かれていたものの県はまだ置かれていなかったため州郡制と呼ばれる．郡の下には，さらに城・村が存在した．ただし，地方制度に関する統一以前のまとまった史料は存在しないため，同時代史料である石碑の研究を通して復元していくほかない．以下，州については昌寧碑（図 1.11）から，郡および城・村については築城碑からみていきたい．

図1.11　昌寧碑（筆者撮影）

統一以前の州は，狭義と広義の二つの類型があったと理解されている．〈狭義の州〉は，軍主の派遣された地方支配の拠点となる城邑を意味し，〈広義の州〉は，そうした州邑をはじめ，ほかの城邑をも含む一定の領域を示す（今西，1970；李，1998）．

〈狭義の州〉の長官が，軍主（のち総管･都督）であった．碑文で確かめられる最初の軍主は，鳳坪里碑の悉支軍主である．軍主の派遣される州は支配の拠点であるため，その時々の情勢によってしばしば改廃，移動されている．この軍主についての最もまとまった資料が昌寧碑であり，「四方軍主」として比子伐軍主・漢城軍主・碑利城軍主・甘文軍主があげられている．比子伐は碑の所在地である昌寧地域であり，真興王16（555）年に州が設置された．漢城は現在のソウル地域であり，553年に設置された新州が557年に北漢川州となった．碑利城は現在の江原《カンウォン》道《ド》（北朝鮮．1946年までは咸鏡南道）安辺《アンビョン》郡地域であり，真興王17（556）年に設置された比列忽州である．甘文は慶尚北《キョンサンブク》道《ド》金泉《キムチョン》市開寧面地域であり，法興王12（525）年に設置された沙伐州が真興王18（557）年に廃止されて設置された．

これに対して，同じ昌寧碑にみえる「上州行使大等」「下州行使大等」の州は，〈広義の州〉である．上州は真興王13（552）年，下州は真興王16（555）年に置かれ，当時の新羅領域を南北に両分して北を上，南を下として名づけられた．この広義の州には，軍主ではなく使大等が派遣された．使大等は，州だけでなく「于抽悉□□西阿郡」にも派遣されている．「于抽」は慶尚北道蔚珍，「悉□」は悉直と推定され江原道三陟《サムチョク》,「□西阿」は河西阿と推定され江原道江陵《カンヌン》であり,日本海沿岸地域である.使大等には喙部,沙喙部から一人ずつ任命されているのが特徴である.この使大等の役割について,軍主が軍政を,使大等が民政を担当するという説もあるが,上・下州や于抽悉□□西阿郡は監察区域であり,使大等は臨時に派遣される検察官であったと考えられる(武田,2000).

図1.12 南山新城第1碑(筆者撮影)

(5) 地方制度②—築城碑と郡,城・村

つぎに,郡および城・村について,築城碑である南山新城碑と明活山城《ミョンファルサンソン》碑からみていきたい.どちらも王京を守るために築かれた山城であり,築城にあたって王京および地方の人々を動員している.碑文の歴名部分には築城の力役動員に関与した地方官および地方民が多数記されていることから,当時の地方支配の実態にせまる格好の史料となっている.

歴名は,A～Dの4つの集団に分けて考えることができる.A集団は,王京から地方に派遣された地方官,B集団は郡(王京では部)レベルの責任者,C集団は城・村(王京では里)の責任者,D集団は城・村(・里)の技術者である.A集団が京位を持つ王京人であるのに対して,B～D集団は外位を持つ地方民である.

まず,南山新城碑(図1.12,表1.4)についてみていく.

A集団は,邏頭と道使の2種類がみられる.両者の違いについては明らかでないが,道使は城・村の地方官,邏頭は郡の長官であるという説もある.

B集団の郡レベルの責任者は,碑文によって「郡上」「郡上人」「郡中上人」など若干表記が異なる.C集団の城・村レベルの責任者は,「城徒上人」「村作上人」などと表記される.「匠尺」は築城に関する技術を,「文尺」「書尺」は碑文の作成を担当したと考えられる.匠尺は,新羅の軍団である六停や九誓幢の部隊名「大匠尺幢」に関わる可能性がある.

さて,B・C集団の郡上人・村作上人は〈役名〉,匠尺・文尺は〈職名〉と理解される.役名は,教事の執行や碑文の建立など碑文に記された事態に限って果たした役割のことであり,職名は,碑文に記された事態と直接関わりなく各人の就

表 1.4　南山新城碑歴名表（□は不明字．○は欠損箇所）
等級の漢数字は京位，丸数字は外位である．

碑	区分	役名	職名	出身	人名	官位	等級
（第一碑）	A		阿良邏頭	沙喙	音乃古	大舎	一二
	A		奴含道使	沙喙	合親	大舎	一二
	A		營坫道使	沙喙	□□倣知	大舎	一二
	B	郡上	村主	阿良村	今知	撰干	⑤
	B			柒吐□	□知尓利	上干	⑥
	B		匠尺	阿良村	末丁次	干	⑦
	B			奴含村	次□叱礼	干	⑦
	B		文尺		□文知	阿尺	⑪
	C	城徒上		阿良	沒奈生	上干	⑥
	C		工尺		阿叱兮次	干	⑦
	C		文尺		竹生次	一伐	⑧
	D	面捉上			珎巾□		
	D	胸捉上			知礼次		
	D	不捉上			首尓次		
	D	小石捉上			辱兮次		
（第二碑）	A		阿旦兮村道使	沙喙	勿生次	小舎	一三
	A		仇利城道使	沙喙	級知	小舎	一三
	A		答大支村道使	牟喙	所叱□知	大烏	一五
	B	郡中上人		沙戸城	本西利之	貴干	④
	B			久利城	首□利之	撰干	⑤
	B		匠尺	沙戸城	可沙里知	上干	⑥
	B		文尺		美叱□之	一伐	⑧
	C	阿大兮村作上人			所本之	上干	⑥
	C		工尺		可尸□之	一伐	⑧
	C		文尺		得毛□之	一尺	⑨
	D	面石捉人			仁尓之	一伐	⑧
	D	胸石捉人			□□叱兮之	一尺	⑨
	D	不石捉人			□安尓之	彼日	⑩
	D	小石捉人			兮利之	彼日	⑩
（第三碑）（喙部主刀里）	B	部監			□□次	大舎	一二
	B				仇生次	大舎	一二
	B		文尺		仇□	小舎	一三
	C	里作上人			只冬	大舎	一二
	C				文□知	小舎	一三
	C		文尺		久匠	吉士	一四
	D	面石捉人			□□□	□□	
	D				□□□	大烏	一五
	D	胸石捉人			□下次	大烏	一五
	D	小石捉上人			□□	小烏	一六
（第四碑）	A		○○邏頭	沙喙	弩○○	○○	
	A		○○○○	○○	○□	大舎	一二
	A		一善支○○	○○	○○	○○	
	B	○○○		古生村	珎○○○	○○	
	B			○○○	○○○利	上干	⑥
	B		匠尺	○○○	○○	○○	
	B		（書尺）		○○古	一伐	⑧
	C	古生□上○			○○○	○○	
	C		○○		○○○只	一尺	⑨
	C		書尺		夫○○	○○	
	D	○○○○			○○次	□	
	D	不石捉上人			○○	○	
	D	○○○○○			○○次	□	
	D	小石捉上人			冂		
（第五碑）	A		○○道使□□	喙部	□文	□○	
	A		○○○○	○○	○○	○	
	B	○○		○向村	□□	上干	⑥
	B			同□○	○○	○○	
	B	（文尺）		○○	○○	○○	
	C	城徒上人		□○○	○○○○	○○	
	C		○○		○○○	○○	
	C		文尺		一利	上干	⑥
	D	○○○			○○○	?	
	D	○○○			○○○	?	
	D	○○○			另□○	?	
	D	○○○			○○○		
（第九碑）（仇伐郡中伊同城徒）	B	郡上人			曳安知	撰干	⑤
	B			生伐	□文	上干	⑥
	B		工尺	同村	内丁	上干	⑥
	B			□答村	另利支	一尺	⑨
	B		文尺	生伐	只次支	一伐	⑧
	C	城徒上人		伊同村	□尸兮	上干	⑥
	C		工尺	指大公村	入夫□	一伐	⑧
	C		文尺	伊同村	□次兮	阿尺	⑪
	D	面捉		伯干支村	支刀	一尺	⑨
	D	□捉		同村	西□	阿尺	⑪
	D	不捉人		伊同村	□□		
	D	小石捉人		伯干支村	戌七	□□	

いている官職のことである．役名と職名とは，新羅石碑を解釈するうえで厳密に区別すべきであり，一人の人物が役名と職名を同時に持ちうる点が，碑文を解釈していくうえで重要となる．たとえば，第1碑歴名の6番目に登場する末丁次は，「匠尺」という官職についており，築城に際して郡レベルの責任者である「郡上」の役目を担ったということになる．本書で掲げる歴名表では，両者を明確に区分して作成している．ただし，役名であるか職名であるか区分しがたい場合には「役職名」としている．

この役名と職名の区別により，従来の村主についての理解が大きく変わる．これまで第1碑の「郡上村主」と第2碑の「郡中上人」，第9碑の「郡上人」は同義語ととらえられ，村主が全国各地に存在したと想定されてきた．そして，すべての城・村もしくは郡内の有力な城・村の在地首長が村主に任命されて，郡の統制を受けつつ道使とともに地方統治にあたったと考えられてきた．しかし，第1碑の「郡上村主」は，「郡上（役名）である村主（職名）」と理解するべきである．そして，第2碑の郡中上人や第9碑の郡上人は，村主ではなかったと考えられる．そうなると，村主と明記された碑文は，南山新城碑では第1碑のみとなり，それ以外の同時代の碑文でも冷水里碑と昌寧碑にしかみられないことになる．地方の在地有力者はほかの碑文にも多数登場するが，彼らは「村主」という職名を持ってはいないのである．つまり，村主は，全国的に広範に存在した官職ではなく，より限定的にしか存在しなかったと考えられる．村主が地方支配で果たした具体的役割については今後の大きな課題であるが，その一端については後述する．

さて，D集団は直接築城を担当した人びとであり，いずれも「～石捉上人」と表現されている．城を築くために使用する石の加工・調達を担当したと思われ，面石・胸石・不石・小石の4種類がある．それぞれの意味するところは明確ではないが，面石と胸石は，城壁表面に出る石と内側に込める石の違いか．不は，大きいを意味する丕《ひ》に通じて，小石に対する大石の意であろう．D集団の人数は例外なく4人で一定している．ただし，内訳をみると第1・2・9碑は4種の石それぞれに1人ずつであるのに対して，第3碑は面石が2人で不石がいないという違いがある．第3碑はほかの碑に比べて受作距離が長い（平均11歩3尺5寸に対して21歩1寸）ので，工事内容の違いが反映されているのであろう．

また，A・B集団の人数には碑によってばらつきがあるが，C集団は3人，D集団は4人の合計7人で例外はない．このことは，新羅王権が，城・村のレベルに画一的に力役を課していたことを意味する．

表 1.5　明活山城碑歴名表（上段．下段は雁鴨池出土碑）

	A	B		C			
役名	上人	郡中上人					書写人
職名	邏頭	匠人					
出身	本波部	烏大谷					
人名	伊皮尓利	仇智支	比智休	抽兮	立叱兮	為尖利	須欣利
官位	吉之	下干支	波日	下干支	一伐	波日	阿尺
等級	一四	⑦	⑩	⑦	⑧	⑩	⑪
役名	（上人？）	（郡中上人？）					（書写人？）
職名	×村道使	大工尺					
出身	喙部						
人名	／×	×	侊兮之	豆婁知			
官位		干支	／×	干支	一伐		
等級				⑥	⑧		

それでは，南山新城碑より 40 年早く立てられた明活山城碑（口絵 3）の力役動員はどのようになされたであろうか．

表 1.5 冒頭の A 集団で，邏頭と道使がそれぞれみられる．B 集団の「郡中上人」という役名は，南山新城碑と共通している．そして，抽兮・下干支，立叱兮・一伐，為尖利・波日の 3 人は，役・職名は記されていないものの，C 集団に相当する郡の責任者と考えられる．すなわち，南山新城碑と比較すると，人数は少ないとはいえ A～C 集団が対応している．残る D 集団すなわち直接工事を担当した各城･村の人物については，明活山城碑には人名が明記されていない．ただし，C 集団の人名のすぐあとに共通して記される「徒」がこれに該当すると考えられる．碑文の該当部分を抜き出すとつぎのとおりである．

明活山城碑

抽兮・下干支の徒，作受長四歩五尺一寸
立叱兮・一伐の徒，作受長四歩五尺一寸
為尖利・波日の徒，受長四歩五尺一寸

雁鴨池出土碑

（……の徒，十四歩）□尺
豆婁知・干支（の徒，十四歩□尺）
（…）・一伐の徒，十四歩（□尺）

抽兮･下干支をはじめとする郡の有力者が，各自 D 集団に対応する「徒」を動員して築城に従事したと考えられる．つまり，明活山城碑の段階では，郡を単位に人びとが動員されて，郡単位で担当する城壁の距離が割り振られた．そして，その郡の担当距離が，郡内の有力者に均等に割り振られたと推測される．つまり，この段階では，郡のなかの城・村にまで新羅王権の支配はおよんでいなかったとみられる.

南山新城碑と明活山城碑を比較すると，明活山城碑の段階では各郡に派遣される地方官は一人のみで，郡内の力役動員は在地有力者に委ねざるを得なかった．それが，40年後の南山新城碑の段階では，各郡に3人程度の地方官を派遣するようになり，力役動員も城･村を単位に7人ずつ動員することが可能になっている．それだけ新羅王権による地方支配が貫徹していたのである（橋本，2013）.

(6) 築堤碑

人びとを動員して何らかの施設を築造したことを記録した石碑として，築城碑のほかに，貯水池などの堤防を築いた際の記録である築堤碑がある．菁堤碑の丙《へい》辰《しん》銘（図1.13）および貞元《ていげん》銘，そして塢作《うさく》碑（図1.14）の3点である．本項では，築堤の規模と，動員された人びとについてみていきたい.

まず，それぞれの堤防の大きさを整理する（図1.15）.

菁堤碑の丙辰銘には，「弘六十一潯，鄧九十二潯，□広卅二潯，高八潯，上三潯」とある．「弘」は堤防底部の長さ，「鄧《とう》」は漢字義からは不明であるが堤防上部の長さと推定され，「広」は底部の幅，「高」は高さ，「上」は堤防上部の幅と考えられる．堤防上部の長さ鄧92尋＝220mは，現在，菁《チョン》池《ジ》にある堤防の長さとほぼ一致している.

また，貞元銘で修理した範囲について，「弘長卅五歩，岸立弘至深六歩三尺，上排堀里十二歩」と記されている．「弘長」は堤防の修理した箇所の底部の長さ，「岸立弘至深」は岸に立って弘すなわち底部にいたる高さと考えられる．「上排堀里」については，水門の機能を持つ排水管とする説に基づいて図示した.

塢作碑には，「広廿歩，高五歩四尺，長五十歩」とあり，それぞれ堤防底部の幅，高さ，長さと考えられる.

では，それぞれどのようにして作られたのだろうか.

まず，菁堤碑については，王室との密接な関係があったと考えられている．それは，貞元碑において，堤防を修理するために派遣された「所内使」が，王・王室に関連する官吏とみられるためである．所内についての記録として，百済・高句麗を滅ぼした直後の『三国史記』文武王9（669）年条に，174か所の馬阹（放牧地）を分配して，「官」に10か所，統一に最も功績のあった金庾信には6か所与えているのに対して，「所内」には22か所も分配したとある．また，同書・職官志には「所内学生．聖徳王20（721）年に置く」という記事がある．これらの

図 1.13　菁堤碑丙辰銘（筆者撮影）

図 1.14　塢作碑（韓国文化財庁ウェブサイト）

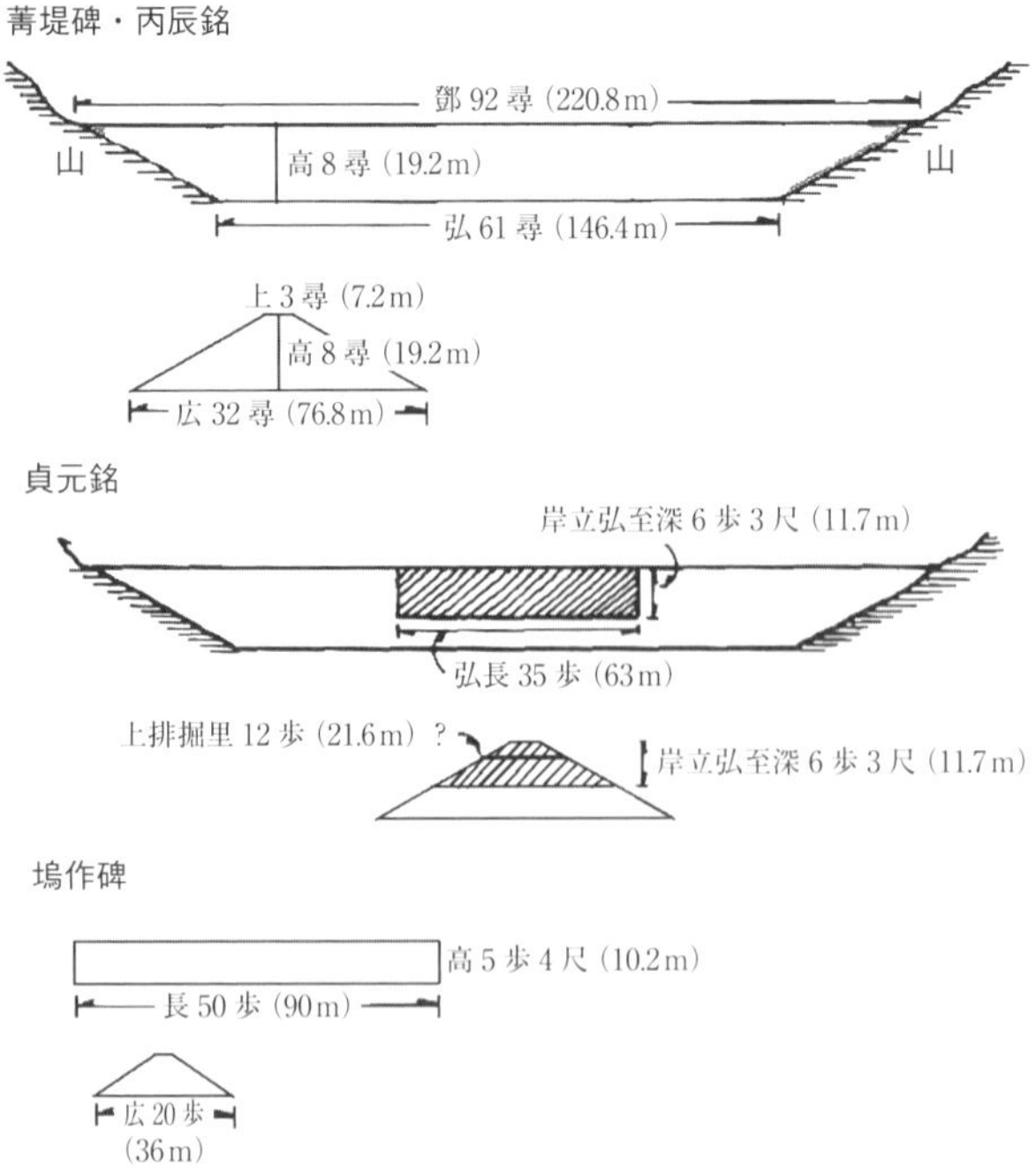

図 1.15　築堤碑にみえる堤防規模

記録から，所内は王室・王宮を意味すると推測されている．したがって，所内使を派遣して菁堤の修理を行なっているのは，この周辺が王室・王宮の所有地であったためであろう．

そして，修理のために動員された人びとについては，斧尺136人・法功夫1万4140人と記されている．これを動員人数であるとする解釈もあるが，あまりに多すぎる．工事規模で大差のない塢作碑の動員数については，312人・13日間と明記されており，計算すると延べで4056人となる．したがって，貞元銘の1万4000人は，延べ人数とするべきであろう．そして，この動員について，従来，おもに動員対象となったのは現地の人びとであって，碑文にみえる切火（永川《ヨンチョン》）・押梁（慶山《キョンサン》）の2郡が「助役」として動員されたと考えられてきた．しかし，切火・押梁両郡から100人ずつを61日間動員したのであり，これだけで延べ人数は1万2200人となる．つまり，王室所有地の貯水池を修理するために，行政を統轄する執事部の次官である典大等によって，切火・押梁の2郡から100人ずつ動員して工事がなされたのである．このように郡県を単位に力役を動員する体制は，南山新城碑や関門城石刻と共通する．

では，堤防を最初に築いたときの丙辰銘ではどうだろうか．動員規模について，「作人七千人□二百八十□」と記されている．工事規模が貞元銘よりも大きいのに延べ人数が7000人とは考えにくいので，この場合は動員人数と考えられよう．ところで，この7000人を280で割ると25になることから，一つの村から25人ずつを単位として全国280の聚落から力役動員がなされたとする見解もある．しかし，536年の段階で全国規模でそのような動員が可能であったとは考えにくい．また，もしそうであったならば，明活山城碑や南山新城碑のように関連する地方民が多く碑文に記されたはずであるが，丙辰銘に記された人物をみると，地方民は11人中二人にすぎず，王京の人物が多数を占めている．そのため，築造に際して動員されたのは，おもに王京人であったと考えられる．

一方，塢作碑は，地方の人びとが主体となって作られたという点で菁堤碑とはまったく異なる．従来，碑文冒頭の二人の「都唯那」が京位を帯びた中央の僧官であり，この地は王京の寺院に与えられた禄邑であったとする理解もあった．だが，碑文を再検討した結果，僧の京位は読み取れず，在地の寺院もしくは在地有力者が主体となって作られたものとみられる．そして，動員された312人は，碑文にみえる7つの村の人びとであったと考えられる．この堤防の所在地である另冬里村の人びとがおもに動員されたとする見方もある．ただ，歴名（資料編1・

表1.6）をみると，小工尺の3人と碑文を書いた文作人はいずれも烏珎叱只村の人物と推定され，合計で5人が同村出身となって最も多いため，烏珎叱只村の人びとがおもに動員されたのであろう．

そして，文字文化を考えるうえで重要なのは，石碑を記した人物が地方民であることである．塢作碑の段階では，地方の人びとが主体となって事業を行ない，それを石碑に残しうるだけの文字文化が地方に存在していたのである．次項では，こうした石碑の書き手に焦点を当ててみていきたい．

(7)　碑文の書き手

6世紀の新羅において，碑文はどのような人びとによって書かれたのだろうか．

6世紀前半では中城里碑・鳳坪里碑・赤城碑に，後半では明活山城碑・塢作碑・南山新城碑に碑文の作成を担当した人物が明記されている．表1.6から明らかなように，6世紀前半の碑文の書き手はすべて王京六部の人間である．しかし，王京でしか漢字が受容されていなかったわけではないだろう．なぜなら，これらの石碑はいずれも地方に所在しており，直接の読み手として想定されているのは地方民と考えられるからである．

とはいえ，漢字・漢文を理解できる人びとが広範に存在したとも考えにくい．中城里碑では，王京から派遣された「使人」が「もし，今後ふたたび争いを起こしたら重罪を与えるぞ」という命令を現地の人びとに「白口」して伝えている．冷水里碑においても，「典事人」の7人が判決内容を「白して事を了えた」と記されている．両碑に共通する「白」は，口頭による伝達を意味するとみられる．紛争をめぐる判決を石碑に刻みながらも口頭で伝えているのは，現地で実際にそれを読める人間が限られていたためであろう．

こうした状況は，6世紀後半になると明らかに変化している．明活山城碑の「書写人」，塢作碑の「文作人」，南山新城碑の「文尺」や「書尺」などの石碑の書き手は，いずれも外位をもつ地方民である．

まず，明活山城碑の「書写人」の出身地は「烏大谷（郡）」であったとみられる．前述したように，明活山城を築いた段階では郡を単位として人びとを動員しており，碑文の書写を担当しうるような識字能力を持つ人が，他の郡にも同じように存在したと考えられよう．したがって，6世紀半ばに，少なくとも全国の郡レベルに文字の書き手が存在していたと考えられる．それが，南山新城碑では，文字を書くことを担当したと推定される「文尺」が，郡レベルだけでなく城・村

表 1.6 新羅碑文の書き手

年代	資料名	役名	職名	出身地	人名	官位	等級
501	中城里碑	典書		(牟旦伐喙)	与牟豆		
524	鳳坪里碑		悉支軍主	喙部	□夫智	奈麻	11
		節書人			牟珎斯利公	吉之智	14
				沙喙部	□文	吉之智	14
		新　人		喙部	述刀	小烏帝智	16
				沙喙部	牟利智	小烏帝智	16
		立石碑人		喙部	博士		
545？	赤城碑	書人		喙部	□□□	□□	?
		石書立人		非今皆里村	□□	□□	○
				□□	□□智	大烏	15
551	明活山城碑	書写人		(烏大谷)	須欣利	阿尺	⑪
578	塢作碑	文作人		(烏珎叱只村)	壹利兮	一尺	⑨
591	南山新城碑						
	第 1 碑	(郡上)	文尺	(奴含村)	□文知	阿尺	⑪
		(城徒上)	文尺	(阿良城)	竹生次	一伐	⑧
	第 2 碑	(郡中上人)	文尺	(沙戸城)	美叱□之	一伐	⑧
		(作上人)	文尺	(阿大兮村)	得毛□之	一尺	⑨
	第 3 碑	(部監)	文尺	(喙部)	仇□	小舎	13
		(里作上人)	文尺	(喙部)	久匠	吉士	14
	第 4 碑	[　]	[　]	[　]	[　] 古	一伐	⑧
		(□上□)	書尺	(古生村)	夫 [　]	[　]	
	第 5 碑	[　]	[　]	[　]	[　]	[　]	
		(城徒上人)	文尺	(？)	一利	上干	⑥
	第 9 碑	(郡上人)	文尺	生伐	只次支	一伐	⑧
		(城徒上人)	文尺	伊同村	□次兮	阿尺	⑪

レベルにも存在する．40 年の間に，文字を書きうる人びとが，郡レベルから城・村レベルにまで広がったのである．

さらに，明活山城碑の書写人は，碑文を書く際に担当したという意味の役名であるとみられるのに対して，南山新城碑の郡や城・村レベルの「文尺」は，築城とは関わりなく普段からの職名と考えられる．つまり，南山新城碑の「文尺」は，日常的に文書行政を担っていたと想定される．6 世紀の後半，新羅の地方社会における漢字の書き手は，郡から城・村レベルへと広がりをみせ，さらに，日常的な行政を担うまでになっていったのである．

このように地方民が日常的に文書行政を担っていたことを具体的に物語るのが，咸安《ハマン》・城山山城《ソンサンサンソン》で出土した木簡である．城山山城木簡の大部分は，新羅が咸安にあった安羅加耶《アルラガヤ》国を滅ぼした後，560 年前後に城を築いた際に地方から食糧として運ばれてきた稗や米，麦に付けられた荷札である．これら荷札木簡は，記載様式や内容に郡ごとの特徴が認められ，さらに，一つの郡のなかでも，複数の文字の筆跡が確認できる．これらのことから，城山山城の荷札木簡は各地の郡で作成された可能性が高い．城山山城木簡にみられる地名は，慶尚北道から忠清北道の上州一円に広がっている．これらの地域から城山山城まで遠距離の物資輸送に伴う文書行政が，6世紀半ばの新羅においては，地方民によって担われていたのである（橋本，2014）．

もう1点注目されるのは，村主がやりとりした文書木簡である．

河南《ハナム》·二聖山城《イソンサンソン》出土の戊辰年（608年推定）木簡の第2面「須城道使村主前」の「前」は文書の宛所を意味する語句であり，第1面の「南漢城道使」が「須城道使」と「村主」に宛てた文書木簡であると考えられる．さらに，近年報告された城山山城221号木簡には，第1面に「村主敬白」とある．宛所は不明であるが，村主がなんらかの報告を行なっているとみられる．2015年に新たに出土した木簡にも「三月中真乃滅村主憹怖白」(3月に真乃滅村主が憹怖《おそ》れながら白しあげます）とある．これらの木簡から村主は，中央から派遣されてきた道使などの地方官とともに地方における文書行政に携わっていたことが確かめられる．

1.6　統一新羅以後の石碑

591年の南山新城碑の後，しばらくの間，石碑は作られなくなり，7世紀前半の石碑は1点も発見されていない．ふたたび石碑が作られるようになるのは，7世紀後半のことである．

この間，中国では，300年以上におよぶ分裂が終息し，隋・唐の統一王朝が成立した．隋・唐は相次いで高句麗遠征を行ない，また，朝鮮三国同士の争いも激しさを増していった．こうしたなかで新羅は，642年に旧加耶地域の40城あまりを百済に奪われ，外交的にも孤立を深めるなど危機に陥った．唐と結ぶことによって事態を打開しようとした新羅は，従来の独自の年号や衣冠制などを改め，唐の制度や文化を積極的に導入する．そして，唐の援軍を得て660年に百済を，668年に高句麗を相次いで滅ぼすと，唐の勢力を朝鮮半島から排除して676年に統一をなしとげた．

統一を前後して，ふたたび武烈王《ムヨルァン》陵碑や文武王《ムンムワン》陵碑（図1.16）などが立てられるようになる．しかし，それらは，6世紀の新羅碑とはまったく異なるものであった．内容は，王や王族を顕彰するもので，墓陵のかたわらに立てられた．文章

図 1.16　文武王陵碑（韓国文化財庁ウェブサイト）

図 1.17　月光寺円朗禅師塔碑（韓国文化財庁ウェブサイト）

は，新羅語の影響を受けた変体漢文ではなく正格漢文であり，字体も，同時代の唐で流行していた楷書体で書かれている．碑石の形態は，6 世紀の碑文で主流となっていた自然石の形ではなく，碑身が長方形に加工され表面も平滑に整えられ，亀趺《きふ》・螭首《ちしゅ》を持ったものも立てられている．要するに，唐の石碑文化をそのまま受容したものであった．その後も，亀趺を持つ中国的な石碑は，統一新羅時代を通じて作られ続け，王陵碑としては聖徳王《ソンドグァン》陵碑（737 年頃）や興徳王《フンドグァン》陵碑（836 年頃）がある．また，元暁を追慕するための高仙寺誓幢和上碑（新羅誓幢和上碑，800 年頃）をはじめとして，9 世紀以降は禅師塔碑が盛んに立てられており，月光《ウォルグァン》寺《サ》円朗禅師塔碑（図 1.17）など 13 基が知られている．

また，7 世紀後半の石碑として，癸酉銘全氏阿弥陀仏碑像《きゆうめいぜんしあみだぶつひぞう》（口絵 4）をはじめとする新羅統一後に百済の故地で作られた造像碑がある．これらは，仏教結社である「知識」「香徒」として「五十人」や「二百五十人」という多数の百済遺民が結集して作られたものである．癸酉銘全氏阿弥陀碑像の冒頭に記された人物が百済官位第 2 等の達率を称している以外は，乃末・大舎・小舎などの新羅京位を称し

図 1.18　甘山寺弥勒菩薩立像

ている．新羅は，670 年以降，旧百済領を唐の熊津都督府から奪取すると，達率だったものには京位第10等の大奈麻か外位第4等の貴干を与えるなど，百済官人を新羅官位制に編入し包摂していく．百済遺民が新羅の官位を持っているのはそのためである．彼らは，次第に新羅の政治秩序に組み込まれていく状況のなかで，仏教を通じて結束を保とうとしたのではないだろうか．

そして，新羅王京の人びとにとっても，統一は大きな社会的変動をもたらした．旧百済・高句麗民が来投するとともに，六部人が各州や小京へ転出するなど，大規模な人の移動が行なわれた．一方で，674 年に外位は廃止されて京位に一本化され，6 世紀の碑文で必ず称されていた六部の部名も，680 年頃を境にみられなくなる．このように，統一と前後して王京六部人の優越性を示していた官位と部名が消滅するという大きな変化が生じた．こうしたなかで，それらに代わる王京人優位の新たな身分制度として創出されたのが，骨品制であるとする見方が有力である（李，2004）．骨品制は，王族である真骨と，その下に六頭品・五頭品・四頭品の頭品階層が存在する身分制である．真骨が官位上位 5 等および中央官庁の長官職を独占し，六頭品以下は中下級官僚となった．甘山《カムサン》寺《サ》の弥勒菩薩立像（719 年，図 1.18）・阿弥陀仏立像（720 年）は，六頭品貴族が国王と王族，そして両親のために作ったものである．建立した金《キム》志《ジ》誠《ソン》（全《ジョン》）は，唐に使臣として派遣されたり，執事省の次官にまでいたった人物であるが，官位は重阿飡となっている．六頭品では第 6 等の阿飡までしか上がれないため，重阿飡から四重阿飡の 4 階層が設けられていたのである．

統一新羅時代には，こうした仏教関連の石碑・石刻が数多く作られた．石碑以外にも，仏像や石塔に直接記した造営についての記録，塔に奉安される塔誌，舎利容器の銘文，梵鐘の鋳造に関する記録など，数多くの金石文が残されている．こうした金石文を作成したのは，王をはじめとする王京の有力者だけではなく，地方民を含むより広い階層の人びとが主体となったことに特徴がある（本書第 4 章参照）．6 世紀までは政治的支配のために使用されていた漢字が，統一新羅以降は王や王京の貴族だけでなく地方の有力者まで，社会のさまざまな階層の人びとによって宗教による社会的な紐帯を目的として使用されるようになったのである．

また，これまでみてきたように，新羅では6世紀においてのみ，王権との密接な関係のなかで多様な内容を持つ石碑が盛んに作られた．高句麗においても王命を伝える石碑は，広開土王および長寿王の時期に限られている．百済においては，木簡による進んだ文書行政は行なわれる一方で，王命を伝えるような石碑はまったく作られなかった．それは，古代日本においても同様であった．そうであれば，ある国のある特定の時代においてのみ，石碑が作られたということになる．では，それはなぜだったのであろうか．その背景には，文字文化の広がりや，中央権力と地方との関係など，その社会の特徴と密接に関わりあうさまざまな要因があると考えられる．この問いについては，文字文化や政治制度との関わりで，広く東アジアのなかで考えていく必要があるだろう．

参考文献

安部聡一郎（2016）中国秦漢・魏晋南北朝期の出土文字史料と東アジア．古代東アジアと文字文化（国立歴史民俗博物館編），同成社．

今西龍（1970〈1933〉）新羅史研究，国書刊行会．

葛城末治（1974〈1935〉）朝鮮金石攷，国書刊行会．

韓国文化財庁ウェブサイト 文化財検索［http://www.cha.go.kr/］

木村誠（2004）朝鮮における古代国家の形成．古代朝鮮の国家と社会，吉川弘文館．

国立中央博物館（2010）金石文資料1 三国時代，国立中央博物館（韓国）．

斎藤忠（1983）古代朝鮮・日本金石文資料集成，吉川弘文館．

新川登亀男編（2013）『仏教』文明の東方移動―百済弥勒寺西塔の舎利荘厳―，汲古書院．

末松保和（1995〈1954〉）新羅の政治と社会　上・下，吉川弘文館．

鈴木靖民編（2010）古代東アジアの仏教と王権―王興寺から飛鳥寺へ―，勉誠出版．

武田幸男（1991）新羅六部とその展開．朝鮮史研究会論文集，28．

武田幸男（2000）新羅の二人派遣官と外司正―新羅地方検察官の系譜―．東アジア史の展開と日本（西嶋定生博士追悼論文集編集委員会編），山川出版社．

武田幸男（2013）広開土王碑の真意をたずねて．広開土王碑拓本の新研究（古瀬奈津子編），同成社．

田中俊明（1981）高句麗の金石文―研究の現状と課題―．朝鮮史研究会論文集，18．

田中俊明（1983～85）新羅の金石文（全13回）．韓国文化，5（1）～7（5）．

田中俊明（2008）魏の東方経略をめぐる問題点．古代武器研究，9．

朝鮮史研究会編（2011）朝鮮史研究入門．名古屋大学出版会．

朝鮮総督府（1971〈1919〉）朝鮮金石総覧，国書刊行会．

東野治之（2004）日本古代金石文の研究，岩波書店．

礪波護・武田幸男（2008〈1997〉）隋唐帝国と古代朝鮮（世界の歴史6），中央公論新社．

橋本繁（2013）中古新羅築城碑の研究．韓国朝鮮文化研究，12．

橋本繁（2014）韓国古代木簡の研究，吉川弘文館.
濱田耕策（2013）朝鮮古代史料研究，吉川弘文館.
三上喜孝（2013）日本古代の文字と地方社会，吉川弘文館.
李成市（1998）新羅六停の研究．古代東アジアの民族と国家，岩波書店.
李成市（2004）新羅文武・神文王代の集権政策と骨品制．日本史研究，500.
李成市（2005）文体と形態から読む石碑―六世紀の新羅碑をめぐって―．古代日本　文字の来た道（平川南編），大修館書店.
李成市（2011）石刻文書としての広開土王碑文．東アジア出土資料と情報伝達（藤田勝久，松原弘宣編），汲古書院.
李成市（2015）平壌楽浪地区出土『論語』竹簡の歴史的性格．国立歴史民俗博物館研究報告，194.

第2章　古代日本における石碑文化の受容と展開

三 上 喜 孝

本章では，古代日本における石碑文化の特質について述べる．これまで，古代の石碑については膨大な研究があり，すでに多くの論点が提示されている．そうしたなかにあって本章でめざすのは，朝鮮半島の古代の石碑を念頭に置きながら，古代日本の石碑文化の特質を考えるという視点の提示である．

古代日本の文字文化は，中国の漢字文化をそのまま取り入れて内在化したわけではなく，朝鮮半島でいったん内在化された漢字文化が日本列島に伝わったということが，最近ではいわれるようになってきた．そうした視点でみた場合，石碑文化もまた，同様のことがいえるのではないだろうか．そこで，近年の古代朝鮮の石碑についての研究の蓄積もふまえて，あらためて，古代日本の石碑文化の特質を考えてみることにしたい．なお，ここに取り上げた石碑の釈文や内容，参考文献などについては，付録の資料編2を参照いただきたい．

2.1　発見され続ける古代朝鮮の石碑

最初に，個人的な体験を語ることをお許しいただきたい．筆者は2008年11月末から2010年2月末までの約1年3か月間，韓国の大邱《テグ》にある国立慶北《キョンブク》大学校で研究員として滞在していた．筆者が滞在中の2009年，慶尚北道《キョンサンブクド》の浦項《ポハン》市で，道路の拡幅工事にともなって，土中から1つの石碑が発見された．

のちに「中城里《チュンソンリ》碑」と呼ばれるこの石碑には，辛巳《しんし》年（501）の年紀が記されており，現在までのところ，新羅《シルラ》の石碑のなかで最古の年紀が書かれたものとなった．

石碑発見のニュースが公表された数日後，まことに幸運なことに，韓国古代史の研究者の方々に混じって，石碑を実見する機会を得た．発見されたばかりの，しかも新羅のなかで最古の年紀を持つ石碑を目の前で見たときは，このような機会はめったにないことだと，いささか興奮したことを覚えている．

ひるがえってみると，新羅の6世紀の石碑のなかには，比較的最近になって発見されたものが多い．同じ浦項市から発見された，癸未《きび》年（503）の年紀を持つ浦項（迎日《ヨンニル》）冷水里《ネンスリ》碑は，1989年に発見されたものだし，甲辰《こうしん》年（524）の年紀を持つ蔚珍鳳坪里《ウルチンポンピョンリ》碑は，その前年の1988年に慶尚北道の蔚珍郡で発見された．さらにその10年ほど前の1978年には，忠清北道丹陽《チュンチョンブクドタニャン》郡で，545年頃建立されたと推定される丹陽赤城《チョクソン》碑が発見されている．新羅史上の重要な位置を占める石碑は，この40年ほどの間に，つぎつぎと発見されているのである．

新羅の石碑だけではない．高句麗《コグリョ》の石碑もまた然りである．高句麗の石碑といえば，中華人民共和国吉林省集安市に所在する広開土王《クァンゲトワン》碑が有名だが，韓国では，1978年に忠清北道中原《チュンウォン》郡で忠州《チュンジュ》（中原）高句麗碑が発見されている．高さ2mあまりのこの碑は，摩耗が激しく，釈読が困難な部分が多いが，4面にわたって文字が記されていたと考えられ，年代は5世紀前半のものと推定されている．内容は，高句麗が敵対する新羅の領域内に立てた碑で，新羅人に対して高句麗が優位に立つことを表明した内容を持つ．

さらに2012年，広開土王碑と同様の性格を持つと思われる石碑が，高句麗の都が置かれていた中国吉林省集安市で発見された．集安《しゅうあん》高句麗碑と呼ばれるもので，高さ173cm，幅が65cm前後の花崗岩の両面に，218文字が刻まれていたと推定されている．釈読が困難な部分も多いが，興味深いのは，碑文のなかに「守墓」「烟戸」「富足」「転売」「立碑銘其烟戸」など，広開土王碑と共通の語句や表現がみられることである．立碑の時期は5世紀前半と考えられ，広開土王碑と同様，「守墓人烟戸制」の維持を目的とした同様の石碑が作られていたことを示す資料として貴重である．

このように，古代朝鮮の石碑は現在も陸続と発見されているわけであるが，では日本の場合はどうだろうか．日本では，戦後，実に多くの土地開発や，それに伴う発掘調査が行なわれているにもかかわらず，古代の石碑は1点も発見されていない．この点が，中国や朝鮮半島との大きな違いである．いままで日本列島で確認されている古代の石碑の現存数は，11世紀のものまで含めても，わずか18基にすぎない（図2.1）．おそらく今後も，古代の石碑が爆発的に増えるということはないであろう．古代の日本では，石碑を建立するという行為がほとんど行なわれていなかったと考えたほうがよい．同時代の中国や朝鮮の石碑文化と古代日本の石碑文化との間には，大きな断絶があると考えざるをえないのである．

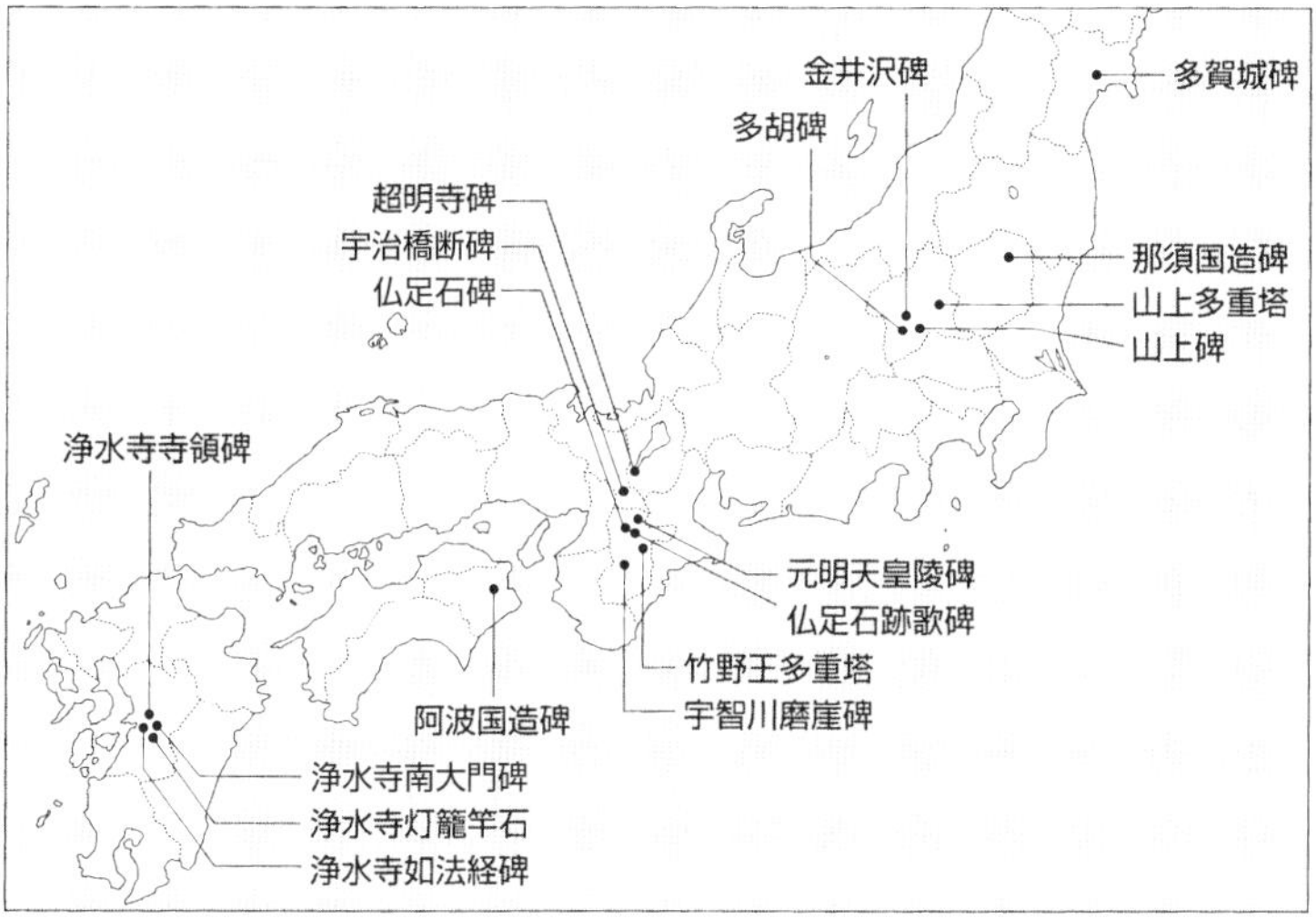

●―石碑・石塔の所在地

●―古代日本の石碑・石塔

NO.	名　　称	所在地または由来地	年　　代	種 類 区 分
1	宇治橋断碑	京都府宇治市	大化2(646)年以降	架橋記念碑
2	山上碑	群馬県高崎市	辛巳(681)年	追善供養碑(僧)
3	那須国造碑	栃木県大田原市	庚子(700)年	墓碑・顕彰碑(評督)
4	多胡碑	群馬県高崎市	和銅4(711)年	建郡碑
5	超明寺碑	滋賀県大津市	養老元(717)年	記念碑(僧)
6	元明天皇陵碑	奈良県奈良市	養老5(721)年	墓碑
7	阿波国造碑	徳島県石井町	養老7(723)年	墓碑
8	金井沢碑	群馬県高崎市	神亀3(726)年	供養碑(知識結縁)
9	竹野王多重塔	奈良県明日香村	天平勝宝3(751)年	記念銘(造塔)
10	仏足石碑	奈良県奈良市	天平勝宝5(753)年	仏足石
11	仏足石跡歌碑	奈良県奈良市	天平勝宝5(753)年ヵ	歌碑
12	多賀城碑	宮城県多賀城市	天平宝字6(762)年	記念碑(修造)
13	宇智川磨崖碑	奈良県五條市	宝亀9(778)年	磨崖碑(偈文)
14	浄水寺南大門碑	熊本県宇城市	延暦9(790)年	造寺碑
15	浄水寺灯籠竿石	熊本県宇城市	延暦20(801)年	寄進碑(僧)
16	山上多重塔	群馬県桐生市	延暦20(801)年	造塔銘(如法経)
17	浄水寺寺領碑	熊本県宇城市	天長3(826)年	寺領碑
18	浄水寺如法経碑	熊本県宇城市	康平7(1064)年	如法經塔
a	伊予道後温湯碑	(愛媛県松山市)	法興6(596)年	記念碑(温泉)
b	藤原鎌足碑		天智8(669)年	墓碑
c	釆女氏塋域碑	(大阪府太子町)	己丑(689)年	塋域碑
d	南天竺波羅門僧正碑	(奈良県奈良市)	神護景雲4(770)年	造像碑
e	大安寺碑	(奈良県奈良市)	宝亀元(775)年	造寺碑
f	沙門勝道歴山水宝玄碑	(栃木県日光市)	弘仁11(814)年	顕彰碑
g	益田池碑	(奈良県)	天長2(825)年	記念碑(造池)

1～18＝現存するもの，a～g＝滅失したもの。

図2.1　古代日本の石碑とその所在地（前沢，2008を一部改変）

2.2 亀趺碑文化の断絶
—古代日本の墓碑文化—

もう一つ，不思議なことがある．それは，「亀《き》趺《ふ》碑」が古代日本にはみられないことである（平勢，2004）．

亀趺碑とは，石碑の台座となる石が亀の形をしている碑のことである．その亀の台石の部分を亀趺という．台座の意匠は亀の姿のものと，耳と牙を持った龍の顔に亀の胴体を持つものがある．中国では後漢代から，朝鮮半島では統一新羅の時代から登場し，おもに皇帝・王・品階高位者・僧侶の墓碑や顕彰碑として立てられた（図2.2）．

ちなみに朝鮮半島で最古の亀趺碑は，統一新羅初期の「太宗武烈王碑」で，文武王代（661～681）に建立されたと推定されている．少なくとも7世紀後半の段階で，亀趺碑は新羅に受容されていたのである．ほかに同時期の亀趺碑としては，先人顕彰碑の「劉仁願紀功碑」，寺院顕彰碑の「四天王寺碑」があげられる．いずれも，唐の亀趺碑の様式の影響を受けたものである．

ところが同時代の日本で亀趺碑が建てられることはなかった．日本で亀趺碑が盛んに建立されるようになるのは，江戸時代以降なのである．新羅まで受容された亀趺碑が，海を渡って古代日本に受容されることはなかった．

この点は，当時の法制史料からも確かめられる．古代日本の律令の母法である唐令には，墓碑について次のような規定があった．

○復原唐喪葬令20（『唐令拾遺』）

諸碑碣，其文須実録，不得濫有褒飾．五品以上立碑，螭首亀趺，趺上高不得過九尺．七品以上立碣，圭首方趺，趺上高四尺，若隠淪道素孝義著聞，雖不仕亦立碣．石人石獣之類，三品以上六，五品以上四．

（およそ碑碣（石碑）に書く文は，実録を重んじて，みだりに褒めたり飾りたてたりしてはならない．五品以上の位階を持つ者の碑については，螭首・亀趺を原則とし，台石の上は，高さが9尺を過ぎてはならない，六品と七品の位階を持つ者の碣《けつ》については，圭首・方趺を原則とし，台石の上の高さは4尺を超えてはならない．身分はなくてもまことを述べ，孝義が世間に知れ渡った者は，官位についていなくとも碣を立ててよい．墓前に並べる石人・石獣の類は，三品以上は六つ，五品以上は四つまでとせよ．）

これによれば，品階に応じて墓碑の規格が細かく定められており，五品以上の墓碑については，螭首・亀趺が原則となっていた．

これに対して日本はどうだっただろうか．対応する日本令をみてみよう．

○養老喪葬令 12 立碑条

凡墓，皆立碑，記具官姓名之墓．

（およそ墓にはみな碑を立てよ．「具官（帯びている官のすべて）・姓名の墓」と記せ．）

唐令と比べると，実にシンプルな条文である．法制史料からみても，古代日本には亀趺碑は受容されなかったことは明らかである．そもそも，墓碑自体が古代の日本でどれほど作られていたかも，現物がほとんど残っていないため不明である．

図 2.2　北京・明十三陵のうち長陵の亀趺碑（筆者撮影）

古代日本で確実な墓碑として確認されるのは，養老 5（721）年の元明天皇陵碑と，養老 7（723）年の阿波国造碑《あわこくぞうひ》である．

元明天皇陵碑は，現在元明天皇陵に治定されている奈保山東陵《なほやまひがしのみささぎ》付近で江戸時代に見つかったものである．高さ 94 cm ほどの直方体をした花崗岩で，摩滅が激しく原碑はほとんど判読できないが，院政期に成立した『東大寺要録』に碑文の文字がおこされている．それによると「大倭国添上郡平城之宮馭宇八洲太上天皇之陵是其所也．養老五年歳次辛酉冬十二月癸酉朔十三日乙酉葬」（元明天皇の御陵である．養老 5 年 12 月 13 日に埋葬した）というごく簡潔な内容である．形状も，亀趺碑のような装飾性はいっさいなく，陵碑にしてはきわめてシンプルな形である．

阿波国造碑（図 2.3）は，徳島県名西《みょうざい》郡石井《いしい》町の中王子《なかおうじ》神社の宮司によって，神社周辺から発見されたと伝えられるもので，現在はこの神社のご神体となっている．正確にいえば石碑ではなく，須恵器《すえき》質に焼いた土製である．総高約 29 cm，幅約 13 cm，厚さ 10 cm 前後で，四角柱状の身正面と左側面に銘文を刻んでおり，その内容は，「阿波国造名方郡大領正□位下粟凡直弟臣墓．養老七年歳次癸亥年立」（阿波国造である名方《なかた》郡の大領・正□位下の粟凡直弟臣《あわのおおしのあたいおとおみ》の墓．養老 7 年に立てた）と，やはりごく簡潔な内容である．

ただ，そもそも喪葬令の規定では「具官・姓名の墓と記せ」とだけあることか

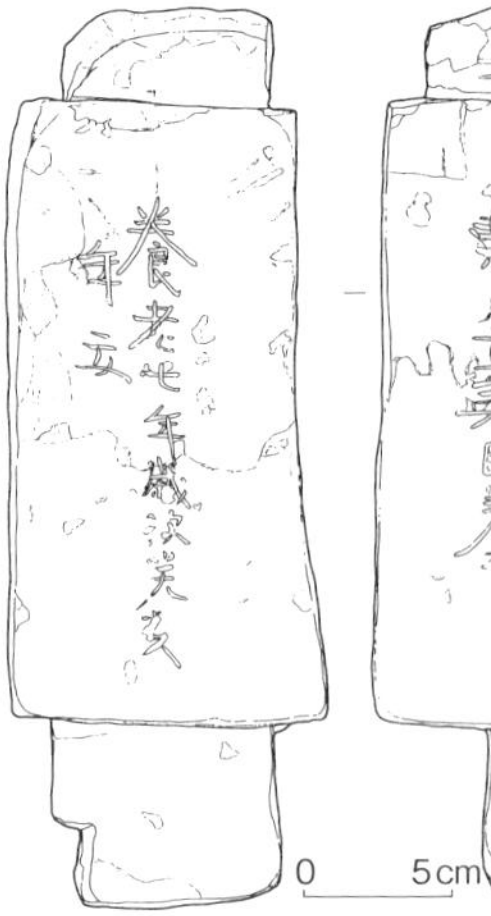

図 2.3　阿波国造碑実測図（国立歴史民俗博物館編，1997）

図 2.4　阿波国造碑復元複製

らすると，あるいは喪葬令の規定を意識して作られている可能性もある．もしそうだとすれば，地方豪族である郡司が，みずからを律令官人と位置づけ，律令の規定を意識した墓碑を建立していた点が興味深い．一方でみずからを伝統的な地域豪族である「阿波国造」とも名乗っており，当時の郡司層の自意識，すなわち律令官人としての自意識と，伝統的な地域豪族としての自意識が，ストレートにあらわれた墓碑であるといえるだろう．

形状についても特徴がある．上下に刀子《とうす》などで切り出した枘《ほぞ》状の突出部があることから，本来は台石と笠石がセットになっていたと推定される（図 2.4）．小さいながらも装飾性が認められるのである．やはりこれも，墓碑であることを意識したものであろう．

ただ注意すべき点は，これが石製ではなく，土製であるという点である．いわば石碑を模したものというわけで，石で作ることを避けたか，あるいは石であることにこだわらなかったか，さまざまな可能性が考えられる．事例が乏しく明確なことはいえないが，少なくとも古代日本における石の墓碑に対する関心は，きわめて低いものだったといわざるをえない．

2.3 石の文化と木の文化

古代の日本では，たしかに石碑の建立に対する関心が低かった．だが，素材が石ではなく，木の場合が多かった可能性はないだろうか（仁藤，1999）．石碑ではなく「牌《はい》」に関する有名な史料がある．

○『続日本紀』天平勝宝6（754）年2月丙戌条

勅大宰府曰．去天平七年．故大弐従四位下小野朝臣老遣高橋連牛養於南島．樹牌．而其牌経年今既朽壊．宜依旧修樹，毎牌顕著島名并泊船処．有水処，及去就国行程．遥見島名，令漂著之船知所帰向．

（大宰府に勅していうには，「去る天平7年，故大弐従四位下小野朝臣老《おののあそんおゆ》が，高橋《たかはしの》連牛養《むらじうしかい》を南島に遣わし，牌を樹てた．ところがその牌は，長い年月が経ち朽ち壊れてしまった．そこで，以前のように樹てなおし，牌ごとに，着いた島の名前と船を泊める場所，水のある場所，さらにはそれぞれの国までの行程を記せ．遠くから島の名前を見て，漂着の船に帰り向かう場所を知らせるべきである」と．）

これによれば，この「牌」はかなり大きな木札であることが推測できるが，木製であるため朽ちやすく，735年に立てられた木札が754年に立てかえられたことがわかる．書かれている内容は，島の名前や船の停泊場所，水のある場所，さらにはそれぞれの国までの行程などであったという．ここで思い起こされるのが，宮城県多賀城市に所在する多賀城碑である．多賀城碑のなかには，京までの距離や，東西南北に接する国（蝦夷国，常陸国，下野国，靺鞨《まっかつ》国）までの距離が記された箇所があり，記載様式の共通性がうかがえる．

「牌」については，養老令に次のような規定がある．

○養老賦役令32赴役身死条

凡丁匠赴役身死者，給棺．在道亡者，所在国司，以官物作給．並於路次埋殯，立牌并告本貫．若無家人来取者，焼之．有人迎接者，分明付領

（丁匠が労役に赴いているときに亡くなった場合，棺を給え．行路の途中で亡くなった場合，所在の国司が，官物をもって棺を作り，路次に埋葬して，牌を立てて，本貫地に告げよ．もし家の者が引き取りに来ることがなかった場合は，これを焼け．迎える者があった場合は，そのものにさずけよ．）

ここにみえる「牌」とは，やはり木製の札をさしている．

さらに，説話のなかにも木製の牌をうかがわせる話が残っている．

○『日本霊異記』上巻第一

少子部栖軽《ちいさこべのすがる》は，雄略天皇の随身で，腹心の侍者であった．天皇が磐余《いわれ》の宮に住んでいたときのこと，天皇と后が大安殿で一緒におやすみになっていたのを，栖軽はそれとも気づかずに不意に大安殿に入ってしまった．天皇は恥ずかしがって，そのまま事をやめてしまわれた．ちょうどそのとき，空に雷が鳴った．天皇は栖軽に「おまえは雷をお連れしてこられるか」とおっしゃった．栖軽が「お迎えしてまいりましょう」と答えたので，天皇は「では連れてきなさい」と命じた．栖軽は勅命を受けて，宮殿から退出した．赤色の鬘をひたいにつけて，赤い小旗をつけたほこを持って馬に乗り，阿部村の山田の前の道から豊浦寺《とゆらでら》の前の道を走っていった．軽《かる》の諸越《もろこし》の町なかに行き着くと，「天の雷神よ，天皇がお呼びであるぞ……」と大声で叫んだ．そしてここから馬を引き返して走りながら，「たとえ雷神であっても天皇のお呼びを拒否することはできないぞ」と言った．走り帰ってくると，ちょうど豊浦寺と飯岡の中間のところに，雷が落ちていた．栖軽はこれを見て，ただちに神官を呼んで，雷を輿に乗せて，宮殿に運び，天皇に「雷神をお迎えしてまいりました」と申し上げた．雷は，光を放ち，明るく光り輝いたのであった．天皇はこれを見て恐れ，たくさんの供え物を捧げて，雷を，落ちたところに返した．その落ちたところを今でも「雷《いかずち》の岡」と呼んでいる．少治田宮《おはりだのみや》の北にあるという．その後，何年かたって，栖軽は死んだ．天皇は，命じて遺体を七日七夜仮葬にして祭られ，栖軽の忠信ぶりを偲ばれ，雷の落ちた同じ場所に彼の墓を作った．栖軽の栄誉を長くたたえるために，碑文を書いた柱を立てて，そこに「雷を捕らえた栖軽の墓」と記した．雷はこの碑文を立てたのを憎み恨んで，雷鳴をとどろかせて落ち下り，碑文の柱を蹴飛ばし，踏みつけた．ところが，逆に雷は柱の裂け目にはさまれて，ふたたび捕らえられてしまった．天皇はこれを聞き，雷の裂け目から引き出して許してやった．雷は死を免れたが，七日七夜も放心状態で地上に留まっていた．天皇は勅を下して，もう一度，碑文の柱を立てさせ，「生きているときだけでなく死んでからも雷を捕らえた栖軽の墓」と書いた．いわゆる昔に，雷の岡と名づけられた話の起こりは，以上のような次第である．

この説話では，少子部栖軽の墓碑が木製であったことが記されている．

石碑ではなく，木札を使って不特定多数の人びとに伝えるという点でいえば，8世紀以降にみられる「告知札」も，その系譜を引くものであろう（高島，1995）．

藤原京や平城京などの古代の都城遺跡からは，多くの人に情報を知らせるために，大きな木札に情報を記して人びとの目につく場所に掲示した「告知札」と呼ばれる木簡が出土している．そのなかには，迷子や遺失物の探索などの情報提供

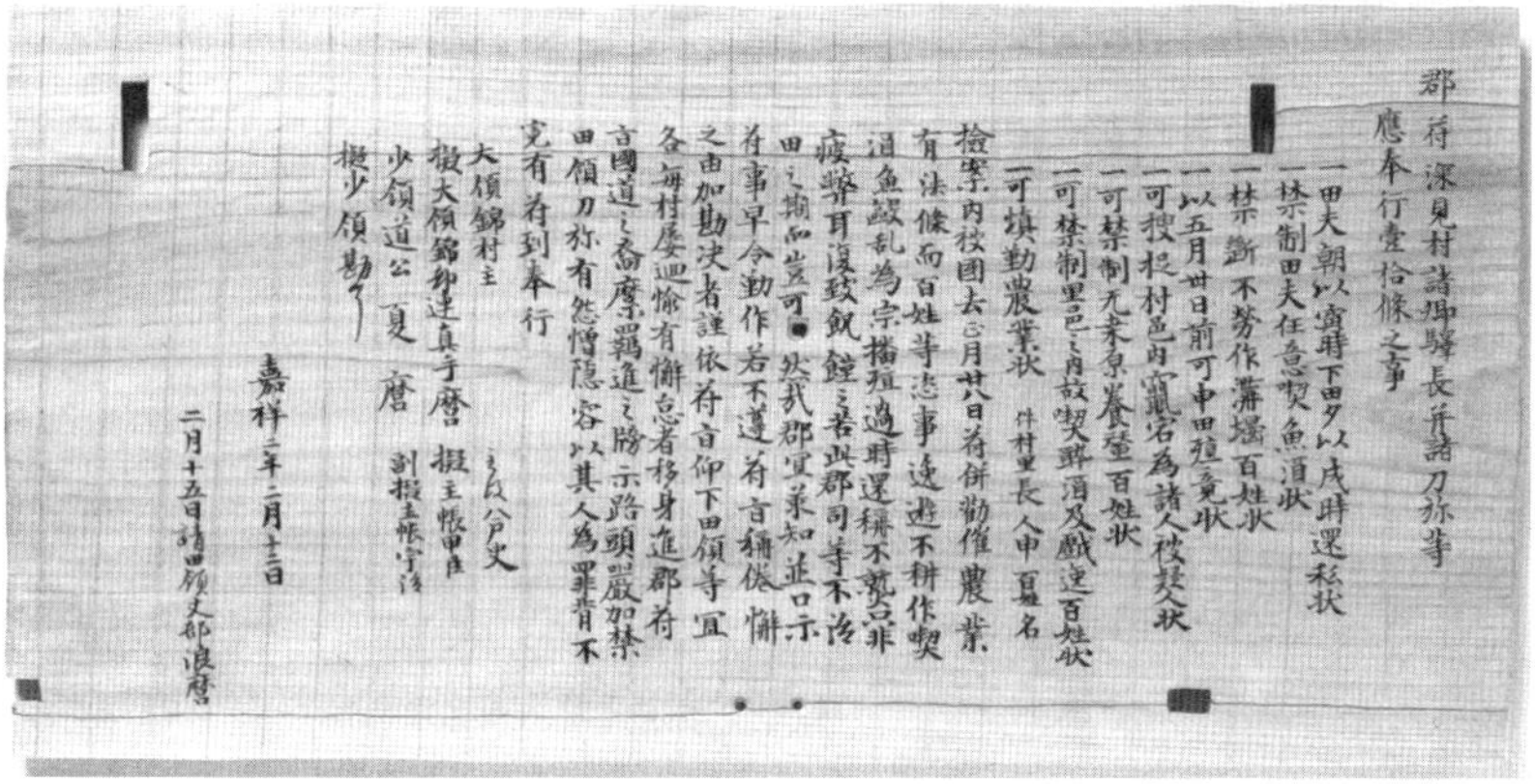

郡符　深見村諸郷駅長并諸刀祢等
応奉行壹拾条之事
一田夫朝以寅時下田夕以戌時還私状
一禁制田夫任意喫魚酒状
一禁断不労作溝堰百姓状
一以五月卅日前可申田殖竟状
一可捜捉村邑内竄宕為諸人被疑人状
一可禁制无桑原養蚕百姓状
一可禁制里邑之内故喫酔酒及戯逸百姓状
一可填勤農業状　件村里長人申百姓名
検案内被国去正月廿八日符併勧催農業
有法條而百姓等恣事逸遊不耕作喫
酒魚殴乱為宗播殖過時還称不熟只非
疲弊耳復致飢饉之苦此郡司等不治
田之期而豈可然哉郡宜承知並口示
符事早令勤作若不遵符旨称倦懈
之由加勘決者謹依符旨仰下田領等宜
各毎村屢廻愉有懈怠者移身進郡符
旨国道之裔縻羈進之牓示路頭厳加禁
田領刀祢有怨憎隠容以其人為罪背不
寛有符到奉行
大領錦村主　主政八戸史
擬大領錦部連真手麿　擬主帳甲臣
少領道公夏麿　副擬主帳宇治
擬少領勘了
嘉祥二年二月十二日
二月十五日請田領丈部浪麿

図 2.5　加賀郡牓示札（復元複製）

を求めるものや，禁制などがあった．たとえば，平城京東三坊大路の側溝から出土した木簡には，書き出しに「告知」とあり，山階寺《やましなでら》（興福寺）に住む僧が，南花薗池（猿沢池）のあたりで失ってしまった馬についての情報を求めた内容が書かれていた．

◯平城京東三坊大路側溝出土告知札

告知　往還諸人走失黒鹿毛牡馬一匹 在験片目白 額少白

件馬以今月六日申時山階寺南花薗池辺而走失也

若有見捉者可告来山階寺中室自南端第三房之　九月八日

また，少し時代はくだるが，石川県津幡町の加茂遺跡からは，嘉祥3年に民衆に対して出された命令（郡符）を木札に書き，交通の要衝に掲示（牓示）されていたことがわかる「牓示札」木簡が発見されている（図2.5）．民衆に対する法令の伝達の際にも，木札が広く用いられていたことがわかる事例である（石川県埋蔵文化財センター，2001）．

このように，古代日本においては，石碑の代わりに「牌」すなわち木札が大きな役割を占めていた可能性がある．よくいわれることだが，朝鮮半島の石の文化と，日本列島の木の文化という特性の違いが，書写材料の違いとなって表れたのではないだろうか．

たとえば，朝鮮半島の古墳の木棺の材料としてコウヤマキやクスノキなどがしばしばみられるが，これらは半島に自生せず，日本列島からもたらされた可能性があることが，最近の調査で明らかになりつつある．木材は，日本列島から朝鮮半島への輸出品であったのである．

反対に，朝鮮半島では石碑にふさわしい石材が容易に調達できたことが，石碑が多く作られた理由であるとも考えられる．もちろん，最近では韓国でも多くの木簡が出土し，少なくとも6世紀頃から木簡が書写材料として盛んに使用されていることが明らかになっている．だが日本の木簡によくみられるようなスギやヒノキといった，書写材料として適した木材を調達することが難しかったのではないだろうか．

2.4 景勝地に落書きを刻む
—新羅の石刻資料—

一方で，新羅の文字文化が，石の文化と密接に関わっていると強く感じた事例がある．

2015年12月，慶尚北道蔚珍郡の聖留窟《ソンリュグル》で，国宝級の新羅銘文が発見されたとの報道があった．

聖留窟は，韓国の天然記念物第155号に登録されている洞窟で，今でも多くの観光客が訪れる景勝地である（図2.6）．その入口の真上の岩肌に，新羅時代，6世紀の干支年が刻まれた文字が発見されたのである．国家指定文化財天然記念物に古代の石刻資料が発見されたのは韓国で初めてであるという．

今まで数多くの観光客が訪れていた名所であるにもかかわらず，1500年もの間気づかれなかったことも驚きだが，それがこのようなかたちで今もなお残っていたこともまた，驚きである．

銘文は聖留窟の出口の上側にあり，横30cm，縦20cmからなる石灰岩面に縦7行38字が刻まれていた．字の大きさは横3cm，縦4cm，隷書の雰囲気が残った楷書体である．年紀が書かれている1行目は鮮やかに残っているが，それ以外の銘文は石灰岩の鍾乳が流れて刻まれた字画の一部を覆っていたり，表面が剥落したりするところがあり，判読が難しいという（李，2016）．

癸亥年三月
八日壧主荷智
大奈麻未□疋
此京□□斤大□大
□□五十□□
知人大息食
刀人□□

銘文の後半部は解釈が難しいが，全体的な内容は，癸亥《きがい》年の3月8日に「主荷

図 2.6 蔚珍聖留窟巌刻銘文

智大奈麻」(大奈麻は新羅 17 官等中，10 番目に該当する位階）が蔚珍の聖留窟にやってきて文章を残したとみられる．

この銘文は「職名＋部名＋人名＋官等名」の順で書かれており，新羅中古期の金石文の書式をそなえている．このことから，癸亥年は 543 年（新羅・真興王 4 年）とみてよいだろう．聖留窟は 6 世紀の時代からすでに景勝地として有名であり，そこを訪れた記念に，岩肌に文字を刻んだのである．いわばこれは，落書きなのである．

実は新羅の王族や貴族が，景勝地を訪れた際に岩肌に落書きをする，といったことは，他でも行なわれていた．

慶尚北道の蔚州《ウルジュ》にある川前《チョンジョル》里《リ》の渓谷にある岩にも，6 世紀の新羅の時代の落書きが数多く刻まれている（武田，1993・1998；深津，1999）．新羅の王族の一人である葛文王《かつぶんおう》とその妹が乙巳《いっし》年（525）に訪れた際に，その記念に渓谷のほとりに直立する岩に文字を刻み残した（図 2.7，2.8）．その 14 年後の己未《きび》年（539），今度は葛文王妃がこの渓谷を訪れた際に，かつてこの地を訪れた葛文王と彼の妹を懐かしみながら，乙巳年の銘文の左隣に新たな銘文を追刻した．その後も 6～9 世紀にかけて，王族や貴族などが数多く訪れ，この岩に文字を刻みつけていったのである．この地もまた，新羅の有名な景勝地だったのである．

もう一つ，忠清北道・堤川《チェチョン》のジョンマル洞窟の石刻もよく知られている（図 2.9，2.10）．やはり 6 世紀を中心とするもので，新羅時代の花郎《かろう》（新羅で 10 世紀まで続いた軍事的訓練や文化的教育機関としての青年組織制度またはそのリーダーをさす．道義，歌楽，山川渉猟を学び，宮廷に臣下や兵士として仕えた）がこ

図 2.7　蔚州川前里の「書石谷」

図 2.8　蔚州川前里刻石

図 2.9　ジョンマル洞窟

図 2.10　ジョンマル洞窟の刻書

の地を訪れて岩肌に刻み残した落書きが数多く残っている．例をあげると，つぎのとおりである．

癸亥年五月
三日奉拜行
進慶貞行

癸亥年十一月
廿日陽才行
松竹行

大長行
守其身行
烏郎徒
祥蘭宗得行
弓草行

ここにみえる「癸亥《きがい》年」は，書式に注目すると，「癸亥年十一月廿日陽才行」というように，「年月日＋人名＋『行』」と書くのが一般的であったようで，この当時の落書きのパターンだったようである．

6世紀の新羅では，王族や貴族や花郎たちが景勝地を訪れ，そこの岩肌に文字を刻みつけるという行為が広く行なわれていたことがこれらの資料からわかるが，これは，6世紀の新羅で石碑が数多く作られていたことと無関係ではないだろう．落書きまでもが石刻であるということは，石に文字を刻むという行為が新羅ではさまざまな場面でごく自然に行なわれていたことを示している．6 世紀の新羅では，石が文字を書きつけるための書写材料として強く意識されていたのではないだろうか．

これに対して古代の日本ではどうだろうか．新羅にみられるような石に刻んだ落書きは，これまで確認されていない．強いていえば，宝亀 9（778）年に書かれたと考えられる宇智川磨崖碑が，自然の岩肌に刻字した石刻資料といえよう．

宇智川磨崖碑は，奈良県五條市の宇智川左岸の断崖下の河床に露出した三角形の岩塊に刻まれている．碑面は上下約 1 m，左右約 74 cm で，文字面の左側に蓮花座上に立つ観音菩薩あるいは雪山童子《せっせんどうじ》とおぼしき 1 体の像が刻まれている．文字は，『大般涅槃経』の「聖行品」「高貴徳王菩薩品」の一部を引用して記しており，仏教信仰と深く関わる内容で，景勝地を訪れた際の落書き，といった性格のものとは大きく異なっている．この点からも，古代日本では文字を石に刻むことについて，日常性を獲得しておらず，石を書写材料とする意識は新羅に比べるときわめて弱かったといわざるをえないのである．

2.5　古代日本の石碑の政治性

さて，これまで再三にわたって，古代日本において石碑を作るという意識が中国や朝鮮半島にくらべてきわめて低かったことを述べてきたが，それでも，古代に石碑がまったくなかったわけではなく，7 世紀後半から 8 世紀にかけて，石碑が作られていることは事実である．では，どのような契機で，日本で石碑が作られるようになるのだろうか．

これもまた不思議なことに，古代日本で石碑らしい石碑が作られるのは，地域的に偏りがある．ふつうに考えると，文字文化が最も先進的であった畿内に石碑が数多く残っているのではないかと考えてしまいがちだが，必ずしもそうではない．むしろ地方において石碑が作られる傾向が強い．

実はこの点は，古代朝鮮の石碑とも共通していると考えられる．たとえば高句麗や新羅の石碑は，陵碑などを別とすれば，都ではなく地方，あるいは辺境などに残っている場合が多い．これには理由がある．それは，高句麗なり新羅なりが，領土を拡張し，各地の民衆を支配するにあたって，石碑により王の「教」（命令）を知らしめる必要があったためである．高句麗や新羅には，そうした政治性を強く帯びた石碑が多いのである．

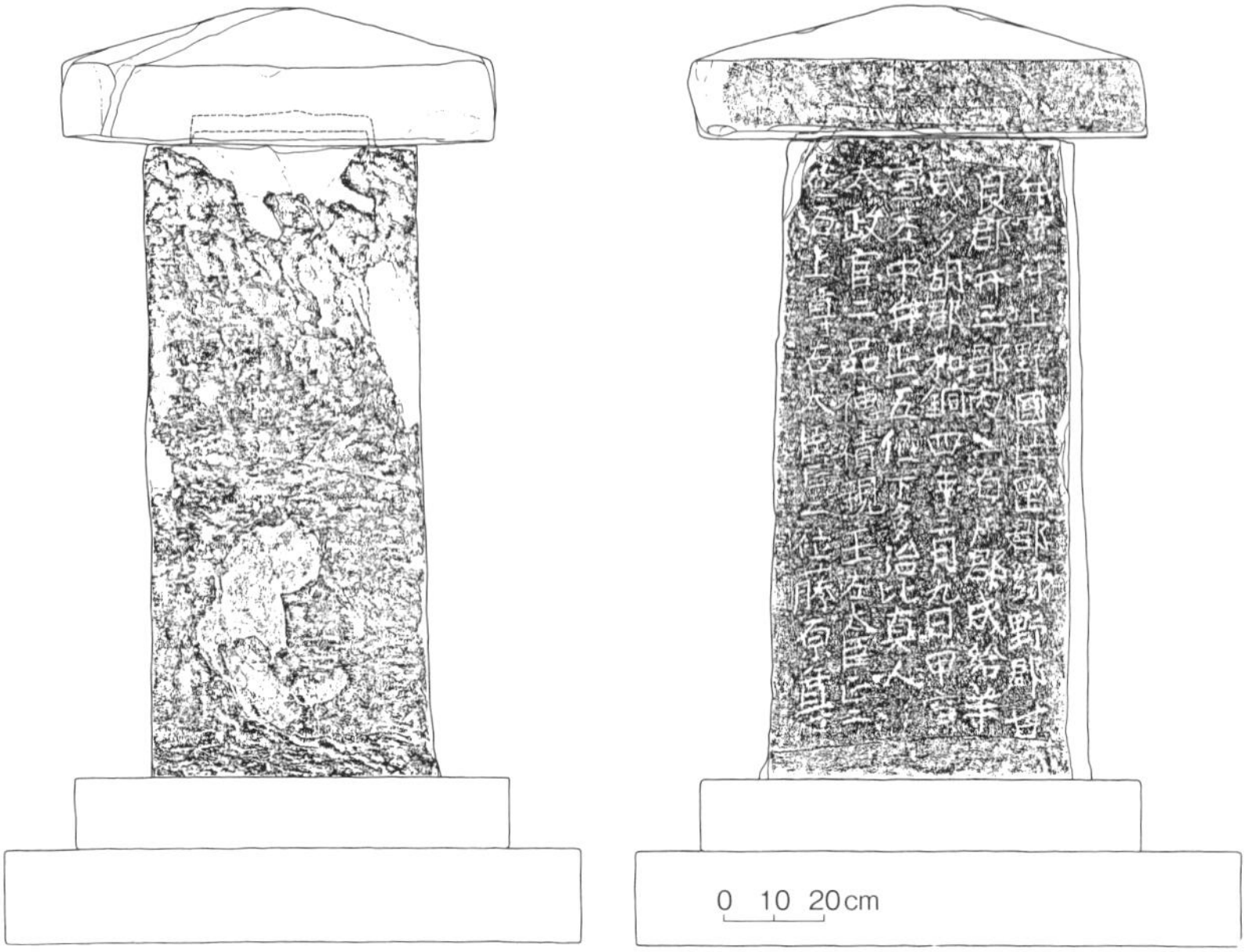

図 2.11　多胡碑実測図と拓本の合成図（国立歴史民俗博物館編，1997）

たとえば忠州高句麗碑は，5世紀前半頃に，高句麗が敵対する新羅の領域内に立てた碑で，新羅人に対して高句麗が優位に立つことを表明した内容を持っている．石碑は「教」の効力を明確なものにするための手段として用いられたのである．しかも，その文体は正格の漢文とは異なり，おそらくは新羅語を意識した文体で叙述されている点も特徴的である．

一方，蔚珍鳳坪里碑（甲辰《こうしん》年（528））には，新羅が旧高句麗民に対して出した複数の「教」が記されている．新羅の北辺に位置する蔚珍は，新羅が高句麗から奪取し支配を強化した軍事的にも重要な地域であった．高句麗が新羅に対して下した「教」を石碑の形にとどめた忠州高句麗碑と同様，新羅もまた，旧高句麗民に対して同様の石碑を示したのである（三上，2017）．それらはいずれも，境界領域ともいえる地域であった．

では日本ではどうだろうか．日本ではそのような政治性を帯びた石碑はほとんどみられないが，強いていえば，上野三《こうずけさん》碑《び》の一つである多胡碑と，古代城柵の多賀城に隣接する多賀城碑があげられるだろう．

和銅4（711）年に建立された多胡碑（図2.11，口絵6）は，一般に上野国多胡郡の建郡碑といわれている.「弁官符」で始まるこの碑文は,全体に律令の下達文書である「符」の様式を用いて,在地の人びとに対して「羊」という人物に郡司を任命することを表明した碑文である(鐘江,1998).厳密にいえば,「弁官符」という文書様式は存在しないので,こうした文書が実際に発給されたわけではないが,律令制的な文書様式を借りることで,配下の民衆に対して,郡司による支配の正当性を表明した石碑であるといえるだろう.

とくに建郡とは,それまでの地域を組み替えて新たな郡を作る行為である.具体的にいえば,多胡郡の場合,片岡郡・緑野《みどの》郡・甘良《かんら》郡の3郡のうち,300戸をあわせて郡としたと碑文に記されている.それまでに属していた郡を離れ,新しい郡の支配に入る人びとに対しては,とりわけ郡司がみずからの正当性を主張する必要があったのである.その際に有効だと思われていた手段が,石碑の建立だったのである.これは,高句麗や新羅が,新たに支配下におさめた人びとに対して石碑を立てて支配の正当性を主張するというやり方と,基本的には同じ発想であるといえるだろう.

つぎに,天平宝字6(762)年に建立された多賀城碑(図2.12,口絵8)は,藤《ふじ》原《わら》朝獦《のあさかり》による多賀城改修工事の完成を記念して立てられた修城記念碑である(安倍・平川編,1987;平川,1999).多賀城碑は当初から,多賀城の南門近くの城内に立てられていたことが発掘調査により確認された.古代日本の石碑のなかでもとりわけ大きく,頭部が円い「円首」と呼ばれる特徴的な形状であることなど,当時としては非常に目立つ石碑であっただろう.

内容は,修城記念碑であると同時に,実は藤原朝獦自身の顕彰碑という性格も併せ持っている.石碑の日付である天平宝字6年12月1日は,藤原朝獦が国政の重要な一員として参議に就任した記念すべき日である.藤原仲麻呂の四男である朝獦は,父の権勢を背景に按察使《あぜち》・鎮守将軍としていわば東北地方の支配の全権を委任されていたのである.

藤原仲麻呂は,中央官庁の名前をすべて唐風の名前に改めるなど,中国の政治や文化に強いあこがれを持っていた人物であった.多賀城碑の形状が,中国の石碑を強く意識したものになっているのも,そうしたことが関係しているのだろう.

こうした中国風の石碑を,辺境の軍事・行政拠点である多賀城にあえて置くことで,辺境において先進的な支配を追究するという姿勢を表明したのではないだろうか.それは同時に,古代国家の懸案である蝦夷支配を進めるためにも,重要な装置だったはずである.

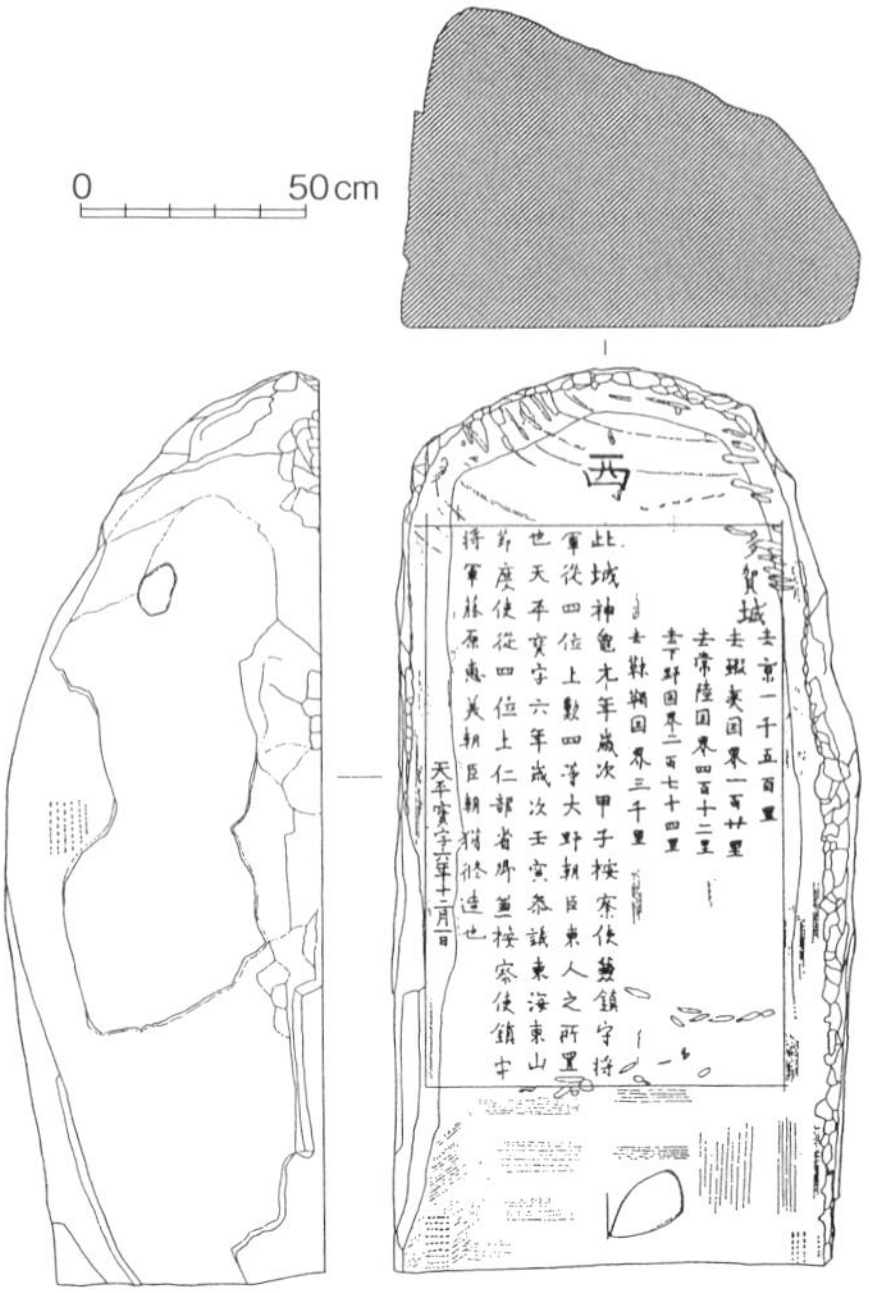

図 2.12　多賀城碑実測図（安倍・平川編，1987）

古代日本の石碑のなかで，政治性を帯びた石碑をあえてあげるとすれば以上の2例にすぎないが，いずれも，中国や朝鮮半島の石碑の影響を強く受けたものであることは間違いないだろう．もっといえば，こうした性格の石碑は，中国や朝鮮半島の石碑がどのような性格のものであるのかについて知識がある（あるいは記憶している）人物が関わっているからこそ，作りえたのだということを意味している．

2.6　古代日本の石碑の地域性
―那須国造碑と上野三碑―

(1)　那須国造碑《なすこくぞうひ》

さて，さきに古代日本の石碑は，地域的に偏りがあると述べたが，この点についてさらに考えてみよう．

よく指摘されているように，古代の石碑は，東国，それも東山道の地域に多く分布している点が特徴である（前沢，2008）．

一般に「日本三古碑」という言い方があり，古代日本の代表的な石碑のことをさすが，この三古碑とは，那須国造碑・多胡碑・多賀城碑のことである．那須国造碑は下野国《しもつけのくに》（栃木県），多胡碑は上野国（群馬県），多賀城碑は陸奥国《むつのくに》（宮城県）に所在し，いずれも東山道沿いの諸国である．

東国にはこのほかにも上野国の山上碑，金井沢碑，山上多重塔があり，全部で6基が現存している．畿内にも，宇治橋断碑，元明天皇陵碑，竹野王多重塔，仏足石，仏足石跡歌碑，宇智川磨崖碑の6基の石碑が現存しているが，それに匹敵する数である．

さらに東国の石碑の場合,7世紀代に建立されたものが2基ある．681年建立の山上碑と，700年建立の那須国造碑である．東国では7世紀後半の段階から，すでに石碑文化が受容されていたことがわかる．

ここで注目したいのは，東山道沿いの石碑は，多賀城碑を除き，いずれも在地の豪族が建立している点である．

ではなぜ，古代の石碑が東山道沿いに集中しているのだろうか．よく指摘されていることとして，この地域に，渡来人が移配されていたという事実との関係が考えられる（川原，1999；加藤，1999）．

『日本書紀』天智天皇5（666）年是冬条には，

「百済の男女二千余人を以て東国に居せしむ」

とあり，7世紀後半の百済滅亡に伴う渡来人の流入が東国社会にも影響を与えたことが示されている．

持統元（687）年3月丙戌《へいじゅつ》条には，

「投化せる新羅人十四人をもって，下毛野国に居せしめ，田をたまい，稟をたまいて，生業を安からしむ」

とあり，同3（689）年4月庚寅条にも，

「投化せる新羅人をもって，下毛野国に居せしむ」

さらに同4（690）年8月乙卯《いつぼう》条にも

「帰化せる新羅人等をもって，下毛野国に居せしむ」

と，同様の記事がみえる．680年代後半から，下毛野国（下野国）に，新羅からの渡来人がつぎつぎと移配されていたことがわかるのである．

那須国造碑建立には，おそらくこうした新羅からの渡来人たちが直接に関与したものと思われる（図2.13）．そのことは，碑文の記載内容からも確かめられる．

碑文の冒頭にみえる「永昌元年己丑四月」の「永昌」とは，唐の則天武后の称

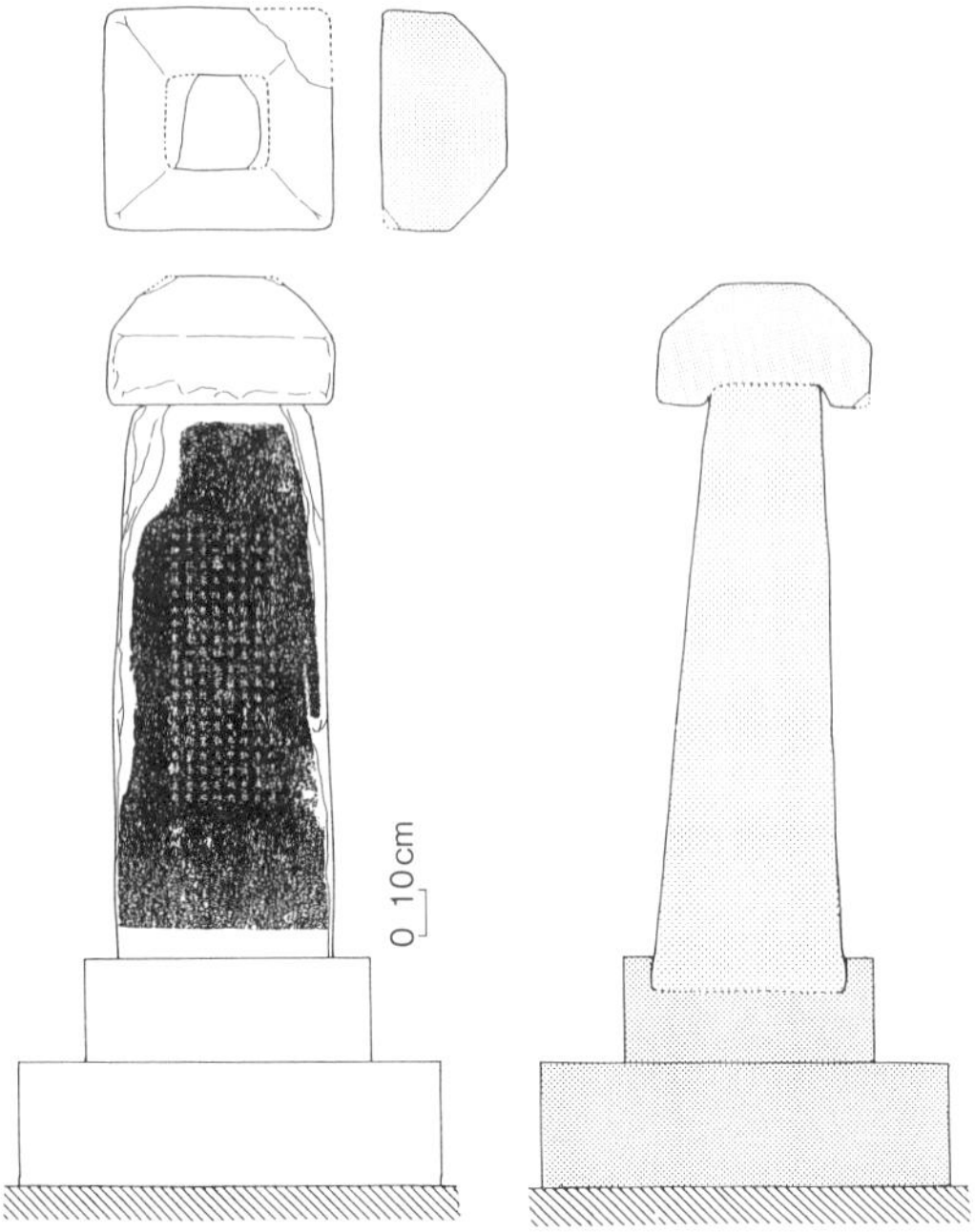

図 2.13　那須国造碑実測図と拓本の合成図（国立歴史民俗博物館編，1997）

制期の年号で，689 年にあたる．この年号は 10 か月あまりの間使われた年号にすぎず，この間，遣唐使が派遣されていないことから，この年号の情報は新羅系の渡来人からもたらされたものと考えられる．

一方で，この石碑で顕彰されている那須《なす》直《のあたい》韋提《いで》の没年を「庚子年」と干支で表記している．つまりこの時点で，唐の年号に関する情報に通じていなかったことになる．

以上から，つぎのような想定が可能である．持統天皇 4（690）年 2 月戊午《ほご》条に，

「新羅の沙門詮吉・級湌北助知等，五十人，帰化せり」

とあり，同月壬申条に，

「帰化せる新羅の韓奈麻許満等十二人をもって，武蔵国に居せしむ」

とある．689 年 2 月に渡来した新羅人 50 人のうち，12 人は同月のうちに武蔵国に移配された．残る者は，同年 8 月に下毛野国に移配されたのではないだろうか（同 4 年 8 月乙卯条）．そして彼らが，那須国造碑の建立に関与したのではないだろうか（今泉，1988）．彼らは，「永昌」の年号自体は知っていたが，その後の中

国年号についての情報がなかったため，このような表記の違いとなってあらわれたと考えられるのである．

さらに碑文の内容に踏み込んで考えると，碑文からは，儒教の根幹をなす徳目である「孝」の観念の普及という実態がうかがえる．あるいは，仏教的世界も垣間見られる．7 世紀末の段階ですでに東国社会では，律令制を支えた思想の一つである儒教，そして孝の思想，さらには仏教思想が渾然となって語られているのである．ただしそれは，体系的なものとは必ずしもいえず，「仏教的な色彩を交えた孝の観念が，おそらく通俗書を中心に受容された」(東野，2002) ことが想定される．これをもたらしたのは，やはり新羅からの渡来人であったと考えざるをえないだろう．

その意味で，さきにみた持統 4 年 2 月戊午条に登場する新羅の沙門詮吉が注目される．東国に移配された新羅沙門が，仏教思想や孝の思想を教化する役割を果たし，それが背景となって，碑文が撰述された可能性はきわめて高い．碑の書風が，ほかの東国の石碑と比べて謹厳な楷書を用い，典籍のそれを意識させるものになっているのも，そうした人物の関与なしには作りえなかったことを示している．

(2) 上野三碑《こうずけさんぴ》

つぎに上野三碑についてみてみると，文献上には，渡来人の移配に関する記事に上野国は直接登場はしないが，7 世紀の東国，それも北関東に，百済や新羅からの渡来人が数多く移住してきたことが想定できる．

上野三碑の周辺で渡来人の痕跡をうかがわせる史料としては，多胡郡には韓級《からしな》郷があり，正倉院の庸布墨書銘には多胡郡山那郷の住人として秦人の名がみえるなど，渡来人が居住していた痕跡がうかがえる．さらに『続日本紀』天平神護 2 (766) 年 5 月壬戌《じんじゅつ》条には，

「上野国に在る新羅人子午足ら一百九十三人に姓を吉井連と賜う」

とあり，「吉井」が現高崎市吉井町の地名に基づくとみられることから，これもまた多胡郡の住人と推定される．

多胡碑のある多胡郡は上野国の西部に位置する．多胡郡を含む上野国の西部六郡は，朝鮮半島などからの渡来人を集中的に遷置していた．その渡来人の先進的な技術は，西部地域の藤岡古窯跡群（藤岡市西方），吉井古窯跡群（高崎市吉井町）などの須恵器窯・瓦窯，さらには馬の飼育など，多様な生産活動の場で発揮

されていたものと思われる．同時にこの地域には，服属した蝦夷《えみし》（俘囚《ふしゅう》）も移住させられたことが，『和名類聚抄《わみょうるいじゅしょう》』の「俘囚郷」の記載からも確かめられる．こうした地域社会の複雑な事情のなかで，建郡碑である多胡碑は建立されたのである（平川，2014）．

上野三碑と渡来人との関わりは，碑文の内容と，石碑の形状といった点からも，垣間見ることができる．

すでに繰り返し述べているように，多胡碑は，「弁官符」という符式の文書様式を用いて，郡司任命の正当性を主張した石碑である．問題は，なぜこのような符を石に刻んだのかという点である．すでに別稿で論じたように，これは，新羅に圧倒的にみられる「教」を刻んだ石碑，すなわち法令宣布の石碑の系譜をひくものと考えられる（新川，1999；三上，2017）．たとえば高句麗では，広開土王碑や忠州高句麗碑などにみえるように，石碑により「教」の趣旨を伝えたり法令を宣布したりすることが行なわれたことが確認できる．新羅においても，6世紀以降，蔚珍鳳坪里碑や丹陽赤城碑などにみられるように，やはり「教」の宣布が石碑に刻まれている．

渡来人たちによる新羅（もしくは高句麗）の石碑に関する知識と記憶が，8世紀初頭において「弁官符」という法令の宣布を刻んだ多胡碑の建立を実現させたと想定しても不自然ではない．法令宣布を石に刻むという発想がごく自然に結びついたのは，そうした背景によるものではないだろうか．

また，金井沢碑は，仏縁集団である「知識」による供養碑という内容をもつが，ここにみえる「七世父母」という文言も，古代朝鮮の金石文にしばしばみられる表現であり，やはり古代朝鮮の金石文の知識が背景にあったことは確実である（増尾，1999）．

つぎに文末にある「天地誓願」については，これを新羅の壬申誓《じんしんせい》記《き》石《せき》にも通じる「誓」石の系譜に連なるものと指摘する意見もある（新川，1999）．

さらにこの「天地誓願」について検討すると，「天地」が天神地祇に通じ，「誓願」は造寺造仏や設斎などを通じて祖先供養や病気治癒をはじめとするさまざまな功徳を祈念する際に使われる．「誓願」自体は，法隆寺金堂釈迦三尊像光背銘（628あるいは688年），野中寺弥勒菩薩像台座銘（666年），薬師寺東塔擦柱銘（680年），奈良粟原寺《おおばらでら》塔露盤銘（715年）などにその用例がみえるが，「天地」の神に「誓願」する事例は少ない．わずかに，『日本霊異記』上巻第七の，備後国三谷寺の創建譚のなかで，百済出身の禅師弘済が「時に誓願を発していわく，もし平らかに還りおわらば，諸の神祇のために伽藍を造り立て，多《おおい》に諸の寺を起しまつらむ」とあるのが知られるのみである．こうした事例を考えると，「天地誓願」の語を，古代の在地社会の祖先信仰を下地としながらも，百済からの外来仏教が定着する初期の様相を物語るものとしてとらえることが可能である（増尾，1999）．

ところで，多胡碑と金井沢碑は石碑の形状に大きな違いがある．多胡碑は四角柱状に石をあえて加工し，その一面に文字を刻んでいるのに対し，金井沢碑は自然石の平滑な部分を利用して文字を刻んでいる．

この形状の違いは，「教」などを宣布する高句麗や新羅の石碑が四角柱などの多角柱状を呈している場合がみられるのに対し，壬申誓記石が自然石を利用しているという違いがあることとも共通している．すなわち多胡碑と金井沢碑の場合も，法令宣布と私的誓約といった石碑の内容の違いを意識して，石碑の形状を選び取っているとも考えられるのである．こうした形状の選択が可能だったのは，高句麗や新羅の石碑に関する記憶をもつ人が石碑の性格に関わっていたと考えざるをえないのである（三上，2017）．

以上，迂遠な考証に終始したが，東山道地域，とくに現在の北関東地域に集中的に作られた石碑は，7 世紀後半以降にこの地域に移配された新羅系渡来人が関与した可能性がきわめて高いのである．

2.7　古代日本の石碑の時期性

(1)　山上碑

石碑はまた，木簡などとともに，文字文化が日本列島にどのように受容されたかを知るための一級資料である．そこでつぎに，石碑にみえる表現が，どのように変遷を遂げていくかをみていくことにしよう．

ここで取り上げるのは，上野三碑のうちの，山上碑と金井沢碑である．後述するように両者は，「佐野三家《さののみやけ》（屯倉《みやけ》）」と関わりの深い人びとにより建立されており，7 世紀後半～8 世紀前半にかけての，一地域における文字文化の受容過程を追うことのできる稀有な資料である．

まず，681 年に建立された山上碑を取り上げよう（図 2.14，口絵 5；篠川，1999）．冒頭部分に注目すると，「辛已歳集月三日記」というように年月日と「記」の文字が記される．「（年）月日＋記」が冒頭に記される金石文としては，「辛亥年七月中記…」で始まることで知られる埼玉県の稲荷山古墳出土の鉄剣銘（471 年）のほ

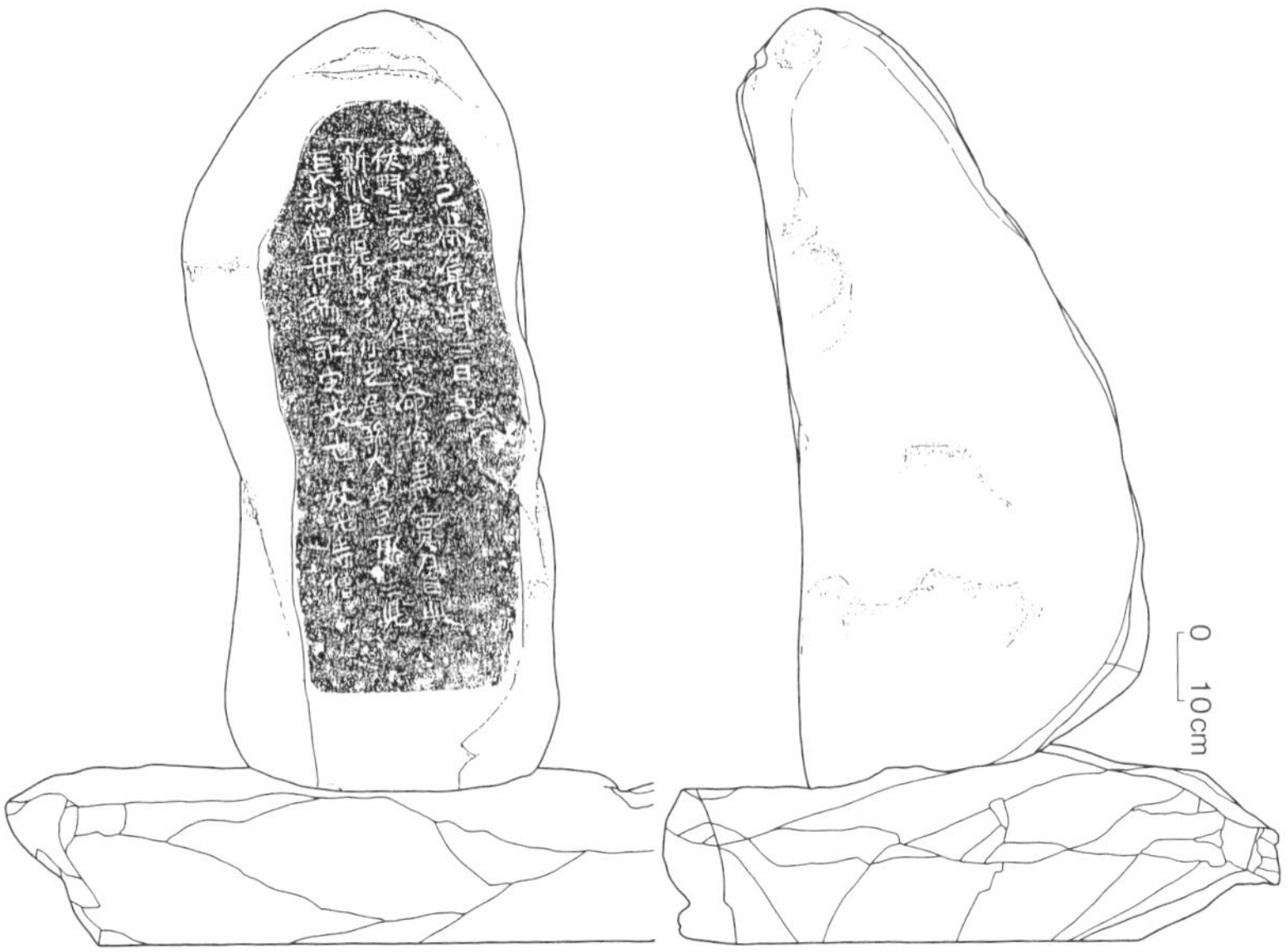

図 2.14　山上碑実測図と拓本の合成図（国立歴史民俗博物館編，1997）
左：正面，右：側面

か，「丙寅年四月大旧八日癸卯開記…」で始まる野中寺弥勒像台座銘（668年）など，7世紀以前の金石文に特徴的にみられ，そのルーツは「壬申誓記石」など朝鮮半島の金石文に求められると考えられる．

碑文は，放光寺の僧である「長利僧」が，母のために記し定めた文であることが記されているが，記載の大半は，「長利僧」の系譜である．なお山上古墳から北東へ15 km の，群馬県前橋市総社町にある山王廃寺からは，「放光寺」とヘラ書きされた瓦や「方光」の押印がある瓦が出土しており，ここが放光寺にあたる寺院と考えられている．さらに長元3（1030）年の『上野国交替実録帳』には，定額寺として放光寺の名がみえる．

「佐野三家」とは，佐野の地に置かれた屯倉のことである．屯倉とは，ヤマト王権が地域社会に設置した直轄的な経営体である．佐野の地名については，金井沢碑に「群馬郡下賛郷」とある「下賛」を「しもさぬ」と読み，さらに群馬県高崎市の南方の現地名に「上佐野」「下佐野」があることから，これらが佐野三家に関連する地名ではないかと考えられている．また，『和名類聚抄』にみえる上野国片岡郡佐没郷も，「没」が「沼」の誤りとみて「さぬ郷」と読み，これもまた佐野三家と関連する地名であるとも考えられている（尾崎，1980）．

「佐野三家を定め賜う」とあるが，この「定賜」という表現は，平安時代前期に編纂されたとみられる『先代旧事本紀《せんだいくじほんぎ》』巻10「国造本紀」に「定賜国造（国造に定め賜う）」という形で頻繁に登場する．「国造本紀」の成立年代については議論があるが，古い資料に基づくという説もあり，あるいは「定賜」は7世紀以前の特徴的な表記かも知れない．

さてこの佐野屯倉を設定した人物が，健守命という人物で，その子孫である黒売刀自が，新川臣の子の斯多々弥足尼の子孫である大児臣と夫婦になり生まれたのが，長利僧であると記しているのである．すなわち書かれている人名の系譜関係を図示すると次のようになる．

健守命――――――――――――――黒売刀自
　　　　　　　　　　　　　　　｜
　　　　　　　　　　　　　　　｜―長利僧
　　　　　　　　　　　　　　　｜
新川臣―――斯多々弥足尼―――大児臣

この石碑の系譜表現で最も注目されるのは，「娶《みあ》いて生む児」というかたちで，両親の系譜を平等に記している点である．こうした系譜表現は，7世紀以前の古い系譜に特徴的にみられるといわれている．父系と母系の双方からその社会的地位を受け継いでいたことをこの系譜では示しており，父系の血筋が重視されるようになる後代の系譜表現とは異なる系譜意識が存在していたことを示す事例といえよう（義江，1986）．

もう一点，この石碑の系譜表現で注意したいことは，続柄の子を意味する「児」の表記についてである．大宝2(702)年に作成された御野国《みののくに》戸籍では男子を「子」，女児を「児」と表記しており，表記を使い分けている．後に述べる神亀3（726）年銘の金井沢碑においてもその原則は踏襲されている．だが山上碑は，男子を「児」と表記しており，上記の原則からは外れている．むしろ辛亥《しんがい》年（471）の年紀をもつ埼玉県の稲荷山古墳出土の鉄剣銘文において，

> 辛亥年七月中記．乎獲居臣，上祖名意富比垝，其児多加利足尼，其児名弖已加利獲居，其児名多加披次獲居，其児名多沙鬼獲居，其児名半弖比，其児名加差披余，其児名乎獲居臣．世々為杖刀人首，奉事来至今．獲加多支鹵大王寺在斯鬼宮時，吾左治天下，令作此百練利刀．記吾奉事根原也

とあるように，系譜表現のなかで一貫して「児」と表記していることとも共通しており，そう考えると7世紀より前の古い表記を踏襲しているとみるべきだろう．

これに関連して，碑文中の人名に出てくる「新川臣」「斯多々弥足尼」「大児臣」の表記もまた，「乎獲居臣」「多加利足尼」など稲荷山鉄剣銘文にみえる人名表記と

共通している．とりわけ「臣」「足尼」は人名に付された尊称として，両者に共通して用いられている．

以上のようにみてくると，山上碑は，5世紀以来の東国における系譜意識が脈々と受け継がれ，それが石碑の表記となってあらわれているとみることができるのではないだろうか．この点は，つぎに述べる金井沢碑の場合とは対照的である．

(2) 金井沢碑

つぎに，726年に建立された金井沢碑について検討する（図2.15，口絵7）．さきに述べたように，この石碑を読むと，「七世父母」と「現在父母」のために，仏教的な供養を目的として建立されたものであることがうかがえるが，碑文中には山上碑と同様，石碑の建立に関わった人物の系譜が書かれており，この系譜をどう解釈するかが，この碑文をどう評価するかという問題とも関わってくる．

碑文中の系譜については古来さまざまな説が出されてきたが，勝浦令子は，供養者（すなわち石碑の建立者）の主体を，「三家子□」とその妻の「（現在家刀自に侍る）他田君目頰刀自」ととらえ，つぎのような系譜を復元した（勝浦，1999）．

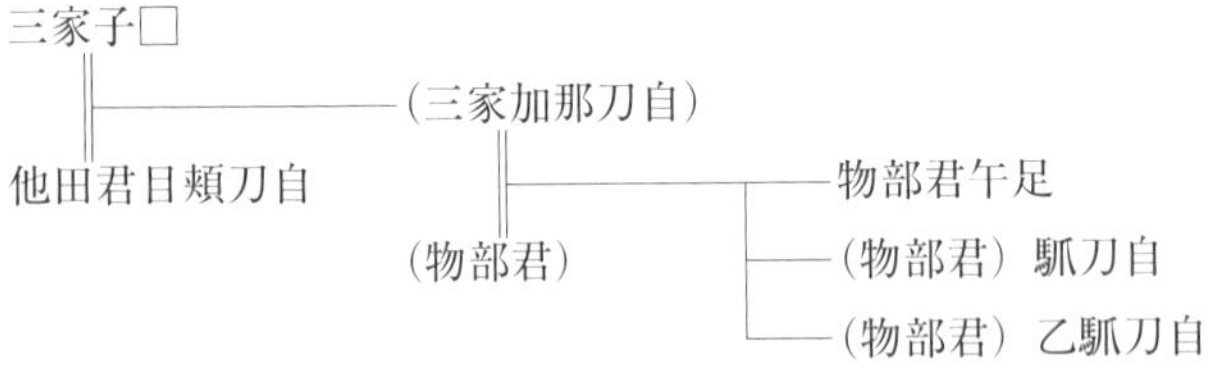

これによると石碑建立の主体は上野国群馬郡下賛郷高田里の「三家子□」とその妻ということになる．山上碑のところでふれたように，群馬郡下賛郷は，「佐野三家」の故地であると考えられる．「三家子□」という人名も，佐野三家に由来するウジ名と考えることができ，その意味で，佐野三家と関係の深い人物たちが山上碑や金井沢碑のような石碑の建立に関わっていたという歴史的背景が想定できる．

さて，ここで系譜表現にあらためて注目してみよう．すでに多くの研究者が指摘していることだが，この碑文のなかで系譜関係を示す「児」「次」「口」といった語が，大宝2年の御野国戸籍にみえる系譜関係などを示す語と共通している（東野，1991；平川，1996）．具体的にいえば，「児」とは女児の場合に用い，「次」は，直前に書かれた人物の弟を意味する語である．また，人員の単位に「口」が用いられている点も，御野国戸籍と共通している．

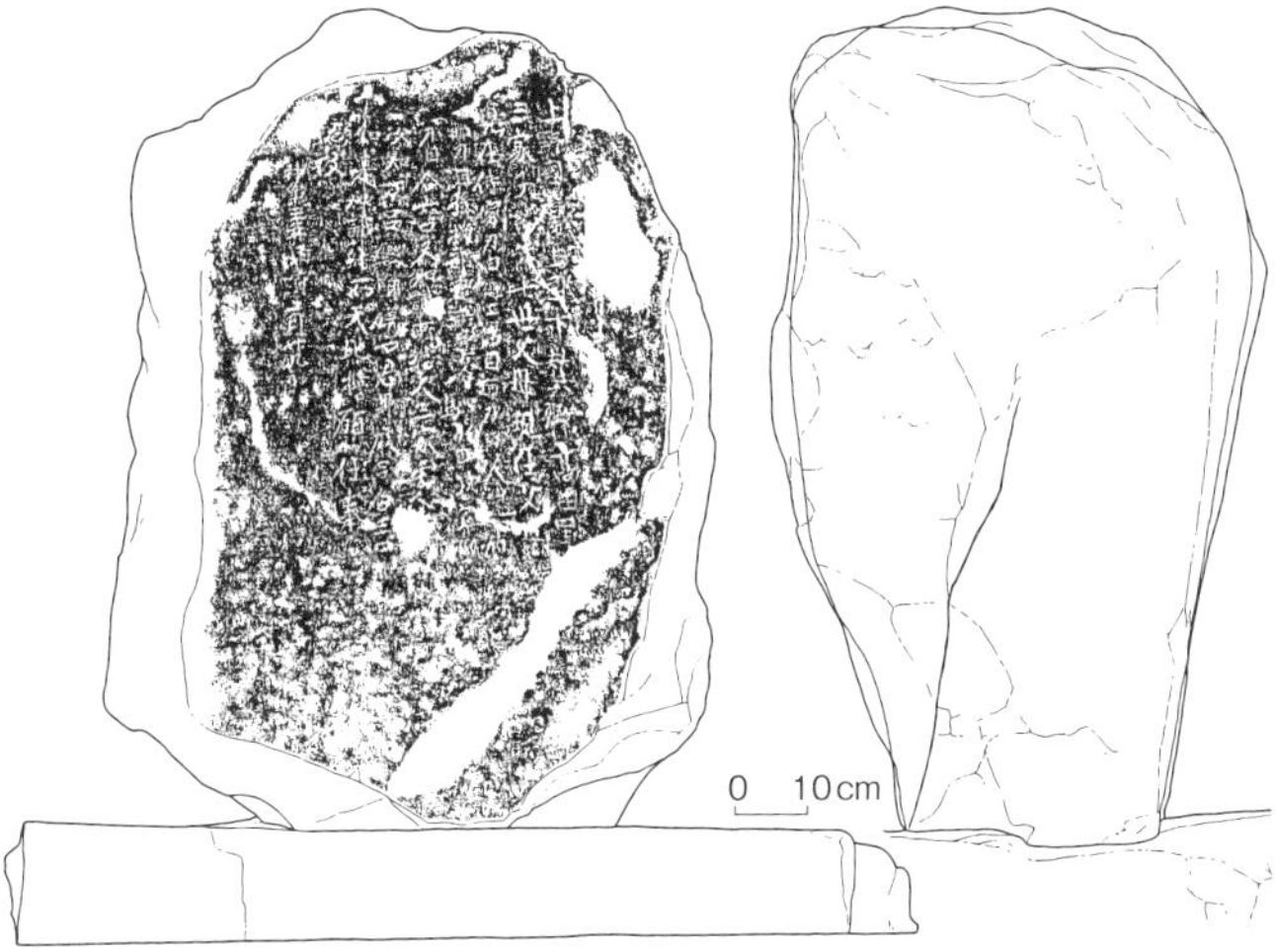

図 2.15　金井沢碑実測図と拓本の合成図（国立歴史民俗博物館編，1997）

御野国戸籍との共通点はこれだけにとどまらない．「鍛師礒部君身麻呂」というふうに，人名だけではなく「鍛師《かぬち》」という属性まで石碑に記されている例があるが，これは御野国加《か》毛《も》郡《ぐん》半《は》布《にゅう》里《り》の戸籍のなかに「下々戸主安麻呂〈年卌四，正丁，鍛〉」と，「鍛」の語を注記していることを思い起こさせる．系譜表現や人名表記においては，戸籍からそのまま抜き書きしたのではないかと思われるほど，戸籍の記載を意識した書き方がなされていると考えざるをえないのである．

さらに人名表記に注目すると，「三家子□」「他田君目頬刀自」「加那刀自」「物部君午足」「馴刀自」「乙馴刀自」「三家毛人」「知万呂」「礒部君身麻呂」というようにウジ名が記され，直前の人物とウジ名が同じ場合はウジ名が省略されるという原則が見受けられる．これもまた，御野国戸籍とまったく同じ原則である．

このようにみてくると，山上碑と金井沢碑は，ともに在地の系譜を表現しながらも，その表現方法が大きく異なっていたことがわかる．山上碑の人名表記には，ウジ名がないことや，「臣」「足尼」などの尊称表現といった，5 世紀の稲荷山鉄剣銘文にみえる系譜表現に共通する表記が残っているのに対し，金井沢碑においてはウジ名が記され，さらには戸籍の系譜表現や注記を意識して系譜が書かれているのである．8 世紀以降，戸籍制の導入により地域社会において人身把握のシステムが飛躍的に整い，それが碑文の表現にも影響をもたらしたのである．年月日が冒頭ではなく末尾にくるというのも，8 世紀以降の文書行政の進展の影響を受けたものであろう．

山上碑と金井沢碑は，ともに佐野三家の設置に関わった在地の一族の後裔たちによって作られた碑であった．しかし7世紀末〜8世紀初頭における律令制の導入によって，地方社会における文書行政システムが飛躍的に進展したことにより，石碑のなかの表現は大きく変わることになった．山上碑から金井沢碑へ，石碑の表現が大きく変化した背景には，この時期，地方社会に急速に流入してくる文字による支配システムを，在地の豪族たちが受け入れざるをえなかった事情が反映されているように思う．これらの石碑は，古代東国の在地豪族たちが，7世紀末から8世紀前半にかけて急速に整備されていく文書行政システムをどのように受け入れていったかを具体的に知ることのできる，稀有な資料群なのである．

その後，この地域で石碑が作られなくなる．石碑が作られたのは，7世紀後半〜8世紀前半のごく一時期に限られるのである．これは何を意味するのか．

実はこの時期が，日本が朝鮮の文字文化の影響を，最も直接的に影響を受けた時期なのである．同時期の，とくに地方木簡を検討すると，やはり7世紀後半〜8世紀前半の時期にかけて朝鮮半島の木簡の影響を直接的に受けていたが，それが8世紀半ば以降，次第に中国の影響を受けた様式へと変わっていく印象を受ける（三上，2007）．それと同じような変遷が，石碑についてもいえるのではないだろうか．8世紀前半を境に東国で石碑が作られなくなるのは，文字文化が中国的なものを志向していくという時代の変化と軌を一にしていると考えられる．

8世紀後半になると，陸奥国多賀城に多賀城碑が建立される．これは，それまでの東国の石碑とはまったく性格の異なる，きわめて中国的な色彩の強い石碑である．もちろん建立者の藤原朝獦という人物の個性によるところも大きいが，文字文化への関心が，8世紀半ば以降，朝鮮半島ではなく中国に向くようになったこととも関係するのではないだろうか．古代を通じて，日本列島にはついに石碑の文化が根づくことはなかったが，石碑に関心を持つ人びとはわずかに存在しており，それは時期により朝鮮半島や中国の影響を受けつつ，石に文字を刻もうとする手段を獲得しようとしていたのである．

2.8　古代石碑のその後

こうした古代の石碑文化は，その後どのように中世へとつながっていくのか．残念ながら，こうしたことがうかがえる石碑資料も存在していない．しかしながら，古代の石碑は，ある一定の傾向に収斂していくのではないかとうかがわせる資料がいくつか存在する．

その一つは，群馬県桐生市に所在する山上多重塔である（図 2.16）．延暦 20（801）年の年紀をもち，銘文は塔身各層の四面に左回りの横書きで 4 ないし 3 字ずつ，計 45 字が楷書体で刻まれている．銘文の内容は，「ここに如法経をおさめる．朝庭・神祇・父母・衆生・含霊（命あるすべてのもの）のために，道輪が，無間地獄の苦を受ける衆生を救うことを目的として延暦 20 年 7 月 17 日に発願した」というもので，この多重塔のなかに法華経を安置した際にこの銘文が刻まれたことがわかる．

山上多重塔は，いわゆる上野三碑の作られた地域とも地理的に近い関係にあるが，石碑の年代やその性格が上野三碑とは大きく異なっている．まず石碑の年代は 9 世紀初頭であり，上野三碑とは 1 世紀ほどの年代の開きがある．

つぎに石碑の性格についていえば，山上多重塔は，仏教信仰と直接的に関わる石碑であるという点である．もちろん，上野三碑のうちの山上碑や金井沢碑も仏教的な内容を持ってはいるが，そもそも山上多重塔が三層石塔に直接刻まれた銘文であることや，血縁集団や地縁集団などの特定の集団を対象にした仏教の祈りではなく，「衆生」を対象にしていることなどから，上野三碑におけるそれとくらべると，仏教的性格に特化した内容を持っているといえよう．さらにこの銘文は「神祇」も対象としており，地域社会における神仏習合の展開を知る資料でもある．

わずかな事例だが，上野（群馬県）地域という一つの地域において，石碑の性格が 1 世紀を経て変化している点は見逃せないだろう．8 世紀前半までの上野三碑にみられるような石碑のあり方は姿を消し，仏教信仰に特化した銘文が作られるようになるのである．

同じ延暦 20 年の銘文として残っているものに，熊本県浄水寺の灯籠竿石の銘文がある（図 2.17）．円柱状の灯籠の竿石部分に書かれているもので，その内容は，「かつて奘善和上が発願した灯籠 1 基を，延暦 20 年 7 月 14 日に真上日乙・肥公馬

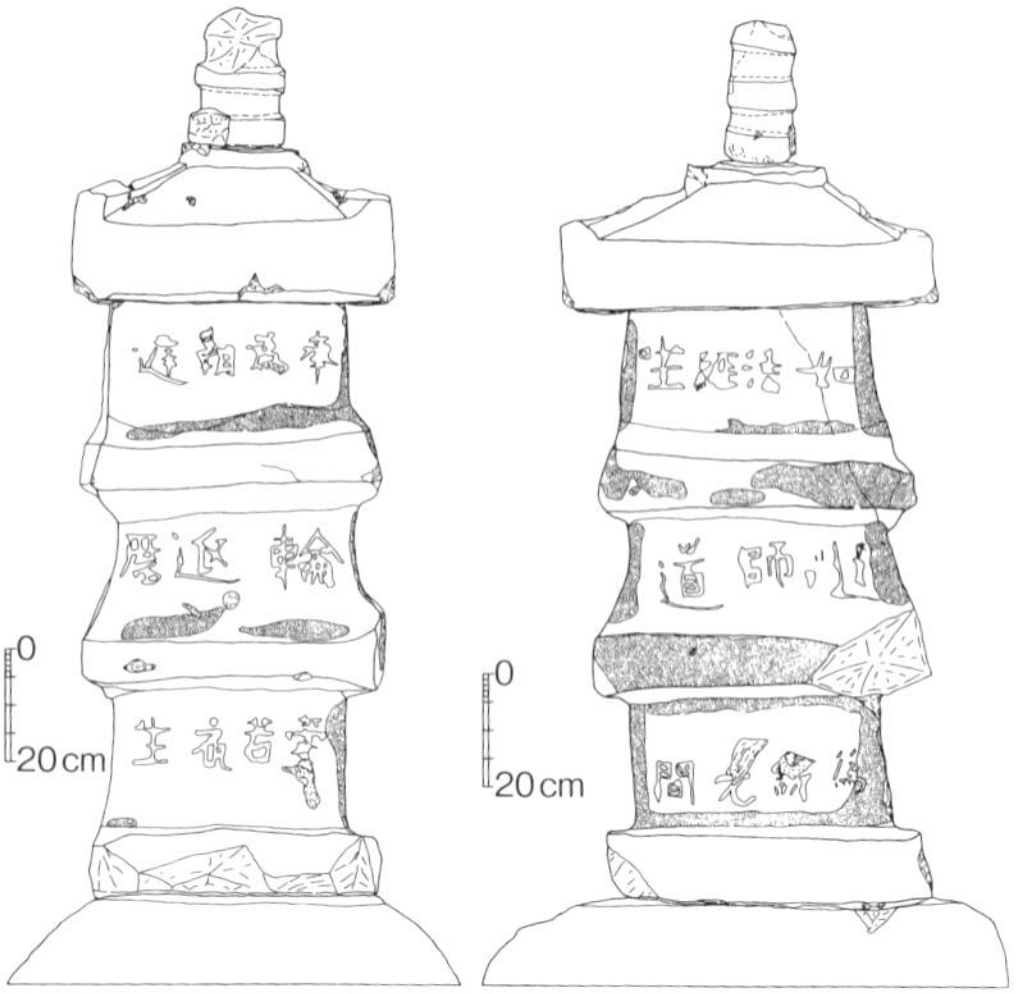

図 2.16　山上多重塔実測図（国立歴史民俗博物館編，1997）
左：西面，右：南面

長・化僧薬蘭等が造り，浄水寺に奉納した」というものである．

そもそも浄水寺には，延暦 9（790）年の南大門碑（図 2.18）や，天長 3（826）年の寺領碑（図 2.19），康平 7（1074）年の如法経碑など，8 世紀末以降の石碑が多く残っている．これは，おもに 8 世紀末から 9 世紀にかけて，石碑が寺院や仏教信仰との関わりで意識されるようになったことを示していると考えられる．

畿内では，8 世紀半ばの段階ですでに，竹野王多重塔（751 年）や仏足石碑（753 年）のように，仏教信仰と直接関わりのある石碑が作られているが，仏教信仰に特化した石碑文化のあり方は，9 世紀以降，地方社会にも影響を与えていったのではないだろうか．

事例はきわめて少ないものの，古代の石碑はこのようにして仏教信仰と深く結びついた性格のものが残るのである．中世の石刻資料が，供養碑である板碑であったり宝篋印塔《ほうきょういんとう》の銘文であったりするなど，もっぱら仏教的性格が強いという点も，あるいは古代の石碑文化のこうした変遷と関わっているととらえられるかもしれない．

まとめ

以上，古代日本における石碑の受容と展開の問題について論じたが，筆者の力

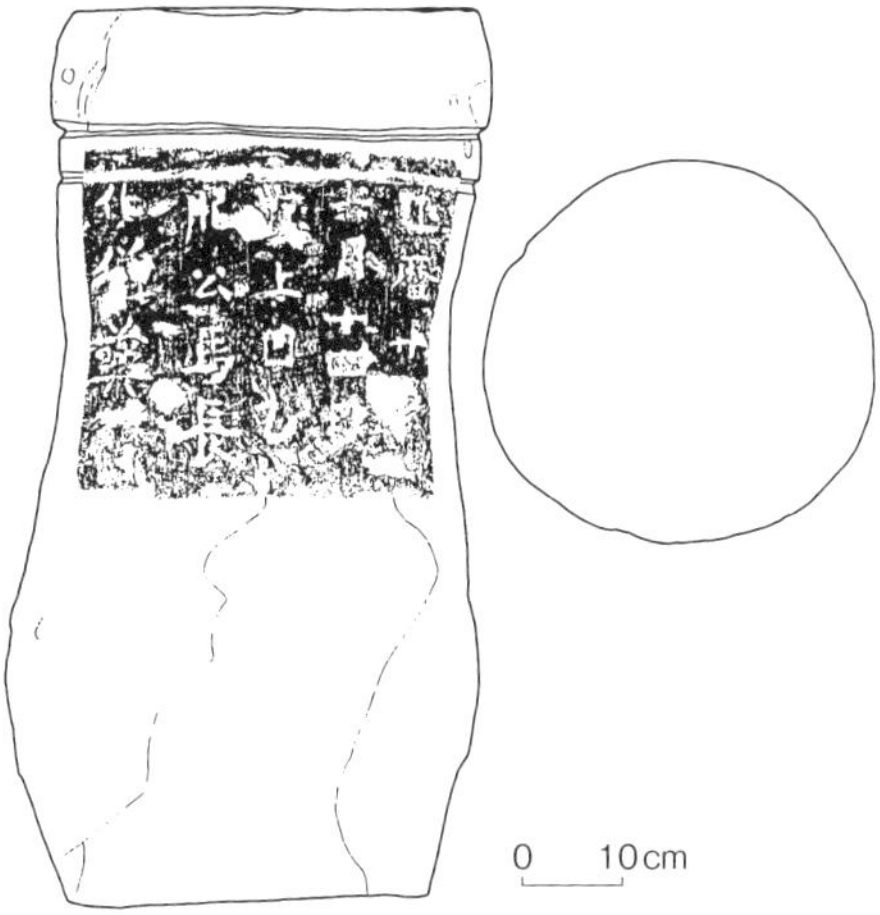

図 2.17　浄水寺灯籠竿石実測図と拓本の合成図（国立歴史民俗博物館編，1997）

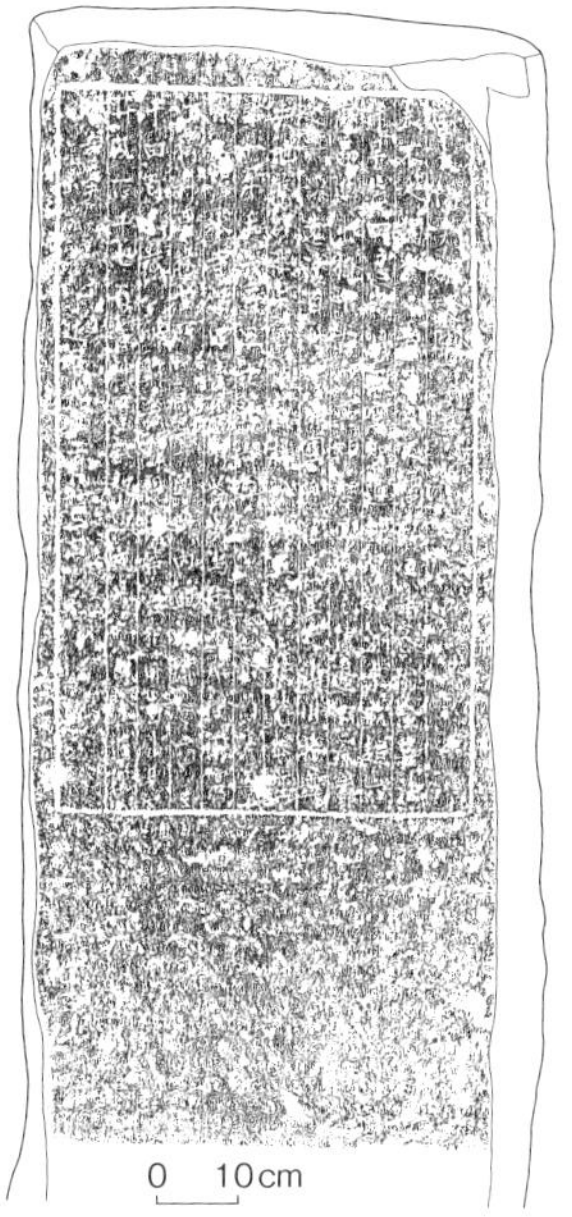

図 2.18　浄水寺南大門碑実測図と拓本の合成図（国立歴史民俗博物館編，1997）

量不足から，とくに古代東国の石碑ばかりを取り上げることとなり，他の石碑についてはあまりふれることができなかった．この点については，今後の課題にしたい．

東野治之は，「古碑の真贋」という講演のなかで，日本の石碑文化の特徴について述べている（東野，1999）．

「日本が唐のような状況になるのは，おそらく江戸時代ぐらいからではないでしょうか．江戸時代になると，中国風の碑がたくさん立てられるようになります．それは，いいかえれば碑を読める人がいたということです．碑を作る人はもちろん，文章を作る人も読める人もいた．碑は，立てる人とその内容を受け取る側がいて成り立ちます．碑は，そもそも誰かから誰かにといった特定の人に伝えることを目的にしたものではなく，できるだけ多くの人に見えるようにということで立てられたものです．そういう物を，文字があまり普及していなかった奈良時代の日本で立てても，あまり意味がなかったのではないか．そこに日本で碑文そのものがあまり盛んにならなかった背景があったと思います．」

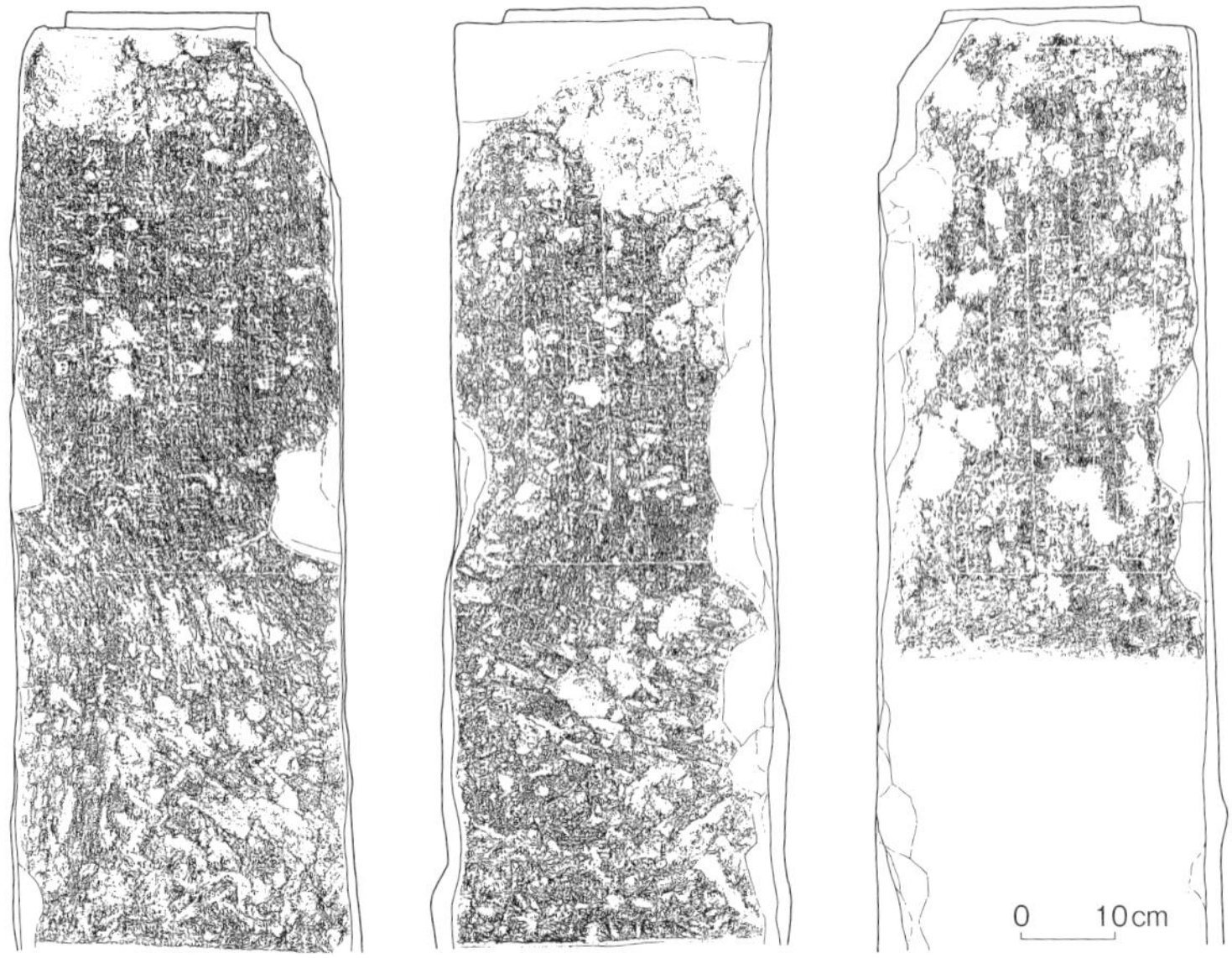

図 2.19　浄水寺寺領碑実測図と拓本の合成図（国立歴史民俗博物館編，1997）
左：第3面，中：第2面，右：第1面

日本の石碑文化の歴史を見渡したときに，石碑が多く作られるようになるのは，たしかに江戸時代からである．最初に述べた亀趺碑も，江戸時代になって日本で受容されるにいたるのである．中国の石碑のようなあり方は，現象的にみれば，日本では江戸時代になってようやく達成されたとみてよいだろう．

しかしそれでもなお，律令に代表される中国のさまざまな制度をあれほどいち早く取り入れていた日本の古代国家が，なぜ，石碑に関しては関心を示さなかったのかについては，依然として謎が残る．渡来人の影響を受けていくつかの石碑が作られたといっても，その関心は持続しなかったのである．それとは反対に木簡の文化が日本で広く展開することを考えると，やはり両者は裏腹の関係にあったのだろうか．今後も引き続き，東アジアの文字文化のなかで，石碑の意味をとらえていく必要があることを確認して，本章を閉じたい．

参考文献

安倍辰夫・平川南編（1987）多賀城碑―その謎を解く―，雄山閣出版．

石川県埋蔵文化財センター（2001）発見！古代のお触れ書き―石川県加茂遺跡出土加賀郡牓示札，大修館書店．

今泉隆雄（1988）銘文と碑文．古代国家の地方支配と東北，吉川弘文館，再録 2017 年．

尾崎喜左雄（1980）上野三碑の研究，尾崎喜左雄先生著書刊行会．

勝浦令子（1999）金井沢碑を読む．東国石文の古代史，吉川弘文館．

加藤謙吉（1999）上野三碑と渡来人．東国石文の古代史，吉川弘文館．

鐘江宏之（1998）口頭伝達の諸相―口頭伝達と天皇・国家・民衆―．歴史評論，574．

川原秀夫（1999）貫前神社と甘楽･多胡郡域の氏族―上野三碑をめぐる周辺地域の様相―．東国石文の古代史，吉川弘文館．

国立歴史民俗博物館編（1997）企画展示 古代の碑―石に刻まれたメッセージ―（展示図録），国立歴史民俗博物館．

篠川賢（1999）山上碑を読む．東国石文の古代史，吉川弘文館．

新川登亀男（1999）古代東国の「石文」系譜論序説．東国石文の古代史，吉川弘文館．

高島英之（1995）牓示木簡試論．古代出土文字資料の研究，東京堂出版，再録 2000 年．

武田幸男（1993）蔚州書石谷における新羅・葛文王一族―乙巳年原銘・己未年追銘の一解釈―．東方学，85．

武田幸男（1998）蔚州書石『癸巳六月銘』の研究―新羅・沙喙部集団の書石谷行―．朝鮮学報，168．

東野治之（1991）上野三碑．日本古代金石文の研究，岩波書店，再録 2004 年．

東野治之（1999）古碑の真贋．歴博ブックレット 7　よみがえる古代の碑，歴史民俗博物館振興会．

東野治之（2002）那須国造碑．日本古代金石文の研究，岩波書店，再録 2004 年．

仁藤敦史（1999）古代東国石文の再検討．東国石文の古代史，吉川弘文館．

平川南（1996）古代の籍帳と道制―発掘された古代文書から―．律令国郡里制の実像　上巻，吉川弘文館，再録 2014 年．

平川南（1999）古代碑文の語るもの―宮城・多賀城碑と熊本・浄水寺碑―．歴博ブックレット 7　よみがえる古代の碑，歴史民俗博物館振興会．

平川南（2014）建郡碑―多胡碑の輝き―．律令国家国郡里制の実像　上巻，吉川弘文館．

平勢隆郎（2004）亀の碑と正統―領域国家の正統主張と複数の東アジア冊封体制観―，白帝社．

深津行徳（1999）新羅石碑に見る王権と六部．東国石文の古代史，吉川弘文館．

前沢和之（2008）古代東国の石碑（日本史リブレット 72），山川出版社．

増尾伸一郎（1999）「七世父母」と「天地誓願」―古代東国における仏教受容と祖先信仰をめぐって―．東国石文の古代史，吉川弘文館．

三上喜孝（2007）韓国出土木簡と日本古代木簡．韓国出土木簡の世界，雄山閣．

三上喜孝（2017）古代日本と古代朝鮮における金石文．古代の文字文化（古代文学と隣接諸学 4），竹林舎．

義江明子（1986）出自と系譜．日本古代の氏の構造，吉川弘文館．
李泳鎬（2016）蔚珍聖留窟巌刻銘文の検討．木簡と文字，16．

第3章　宇治橋断碑の研究と復元

仁藤敦史

宇治橋断碑《うじばしだんぴ》は，京都府宇治市宇治東内11番地の放生院《ほうじょういん》境内（常光寺地蔵院は旧名）に所在する．琵琶湖から流れる瀬田川が天ヶ瀬渓谷を経由して宇治川となり，下流で木津川・桂川をあわせ淀川となり，大阪湾に注ぐ．古代の宇治川は，現在の宇治川のやや下流で西北に分流し，巨椋《おぐら》池に注いだ．古代の宇治橋は現在よりもやや上流の橘島の中州を利用して橋が架けられており，その橋の東詰めに原碑が立てられていたと推定される．

寛政年間の初期，その首部が偶然発見され，尾張の好事の士らが寛政5（1793）年に『帝王編年記』に記載された碑の原文により継ぎ足して復元碑を建立した．昭和9（1934）年の台風により下方3分の1のところから折損したが，復元修理され，現在は覆屋が建てられて放生院寺庭に立てられている．昭和40（1965）年に重要文化財に指定された．

碑文の全文128字は『帝王編年記』大化2（646）年条にあり，それによれば，4字句の全24句を分けて3行に刻していたと推定される．現存部分は各行の頭部の2句と3句目の1字目だけであり，計27字が残る．

材質は砂岩あるいは御影石とされる．下部3分の2は欠損して伝わらない．残存部は縦35.5～36.6 cm，3行書きで界線幅は14.7 cm である．釈文は下記のとおりである．

〔宇治橋断碑釈文〕

浼浼横流　其疾如箭　修修征人　停騎成市　欲赴重深　人馬亡命　従古至今　莫知航葦

世有釈子　名曰道登　出自山尻　恵満之家　大化二年　丙午之歳　構立此橋　済度人畜

即因微善　爰発大願　結因此橋　成果彼岸　法界衆生　普同此願　夢裏空中　導其苦縁

〔**太字**は原碑文〕

〔読み下し〕

浼浼《べんべん》たる横流《おうりゅう》は，其《そ》の疾《はや》きこと箭《や》の如《ごと》し．修修《しゅうしゅう》たる征人《せいじん》は，騎《うま》を停《と》めて市《いち》を成《な》す，重深に赴《おもむ》かんと欲《ほっす》れば，人馬《じんめ》命《めい》を亡《うしな》う，

古《いにしえ》 より今《いま》に至《いた》るまで，航葦《こうい》を知《し》るなし.」世に釈子《しゃくし》有《あ》り．名を道登《どうとう》と曰《い》う，山尻《やましろ》の恵満《えまん》の家より出《で》たり，大化二年丙午《へいご》の歳《とし》，此《こ》の橋を構立《こうりゅう》し人畜《じんちく》を済度《さいど》す.」即《すなわ》ち微善《びぜん》に因《よ》り爰《ここ》に大願を発《はつ》すらく，因《いん》を此橋《このはし》に結《むす》んで，果《か》を彼岸《かのきし》に成《な》さん，法界《ほっかい》の衆《しゅ》生《じょう》，普《あまね》く此《こ》の願《がん》に同《どう》じく，夢裏空中《むりくうちゅう》に其《そ》の苦縁《くえん》を導《みちび》かんことをと．（」は改行）

なお，補石の際には「浼浼」との対応や『詩経』の文言などから，『帝王編年記』の原文である第1行第3句の「修々」を「修修」，同第8句の「竿」を「葦」に，第3行第8句の「昔」を「苦」に改めている．

3.1　研究史上の問題点

(1) 造橋者は誰か

碑文で最も問題となっているのはその造橋者についてである．すなわち，碑文にみえる道登《どうとう》は『日本書紀』大化元年8月癸卯《きぼう》条に十師の一人に任じられたとあり，白雉《はくち》元年2月戊寅《ぼいん》条にも献上された白雉について孝徳天皇の諮問に答えている．しかし，宇治橋架橋のことはみえない．

一方で，『続日本紀』文武4年3月己未《いつび》条には，「山背国宇治の橋は，和尚の創造する所のものなり」との記載があり，これらの記述をどのように整合的に理解するかが問題となってきた．

〔宇治橋架橋者に関する伝承〕

延暦16年	『続日本紀』	道昭《どうしょう》
弘仁13（822）年頃	『日本霊異記』	道登
平安後期	『扶桑略記』	道登
平安後期	『水鏡』	道證
12世紀前半	『今昔物語』	道登
弘安7（1284）年	太政官符	道登・道昭
		（醍醐寺報恩院文書・鎌倉遺文15078）
元亨2（1322）年	『元亨釈書』	道昭
貞治3（1364）年以降	『帝王編年記』	道登・道昭

すでに鎌倉時代の弘安7（1284）年2月27日太政官符に「最初元興寺道登・道昭建立之」とあり，『帝王編年記』にも，「元興寺道登・道昭，奉レ勅始造二宇治川橋一」として両者の共同事業という理解がみられる．

近世以後は，狩谷棭斎《かりやえきさい》に代表されるように，断碑の記載を認め，両者の共同架橋や道昭架橋を否定する見解が強くなる．これは道昭の大化2年当時の年齢が18歳であることから，架橋に主導的な役割を果たしたことが不可能であるとすることを論拠に，修史者が名前の類似から誤認したと結論づける．

これに対して，『見聞雑記』はその書風から空海の書として，延暦16（797）年の宇治橋再建に注目する．藪田嘉一郎も原碑の造立を延暦16年の宇治橋再架橋のときとし，本来は道昭とすべきところを，架橋を古くみせるために道登架橋説を造作したとする．

このように大きくは道登架橋説，道昭架橋説，共同架橋説の三つに分かれるが，原碑の造立年代もその年代を明記しないことから大きく変動することとなる．

近年の議論では，書風は六朝風であり遅くとも奈良時代初期以降には下らないこと，「山尻」の用字は「山背」より古いこと，壬申《じんしん》の乱の頃には「橋守」の存在が確認され，架橋されていたこと，架橋はたびたびなされていた可能性，などからすれば碑文の記載を原則として承認することについての問題は少なくなっている．

道登と道昭　道登は，高句麗に留学経験がある奈良元興寺《がんごうじ》の僧侶である．生没年は不詳であるが，大化改新における仏教推進政策により組織された十師の一人に数えられている．さらに，白雉元（650）年に長門国から白雉が献上された際にも，その意義を諮問された3人のうちの一人としてその名前があり，7世紀中葉における高名な僧侶であったことがうかがわれる．白雉2（651）年にも「十師等」の記載があり，少なくともこの年までの生存が確認される．

『日本書紀』大化元年8月癸卯条

小墾田宮《おはりたのみや》に御宇天皇《あめのしたしらしめしすめらみこと》の世《みよ》に，馬子宿禰，天皇の奉為《おおみため》に，丈六の繍《ぬいもの》の像・丈六の銅《あかがね》の像を造り，仏教を顕《あらわし》揚げ僧尼《ほうしあま》を恭敬《つつしみうやま》う．朕《われ》，更に復《また》，正教《おおきのり》を崇《かた》ち，大猷《みのり》を光啓《ひろめひら》かんことを思う．故《かれ》，沙門狛大法師・福亮・恵雲・常安・霊雲・恵至・寺主僧旻・**道登**・恵隣を以ちて十師にす．別に恵妙法師を以ちて百済寺の寺主にす．此の十師等《たち》，能く衆僧《もろもろのほうし》を教え導き，釈教を修行《おこな》うこと，必ず法の如くにせしむべし．

『日本書紀』白雉元年2月戊寅条

穴戸の国司《くにのみこともち》草壁連《くさかべのむらじ》醜経《しこぶ》，白雉を献《たてまつ》りて曰《もう》さく，「国造《くにのみやつこ》の首《おびと》が同族贄《やからにえ》，正月九日に，麻山《おのやま》に獲《え》たり」ともうす．是に，諸《これ》を百済君に問いたもう．百済君の曰さく（中略）．**道登法師の曰さく**，「昔，高麗《こま》，伽藍《てら》を営らんとして，地として覧《み》ずということ無し．便《すなわ》ち一所《あるところ》にして，白鹿徐《おもぶる》に行《あり》く．遂に此の地に伽藍を営造《つく》り，白《びゃく》鹿薗寺《ろくおんじ》と名《なづ》け，仏法を住持《たも》つ．又，白雀《しろすずめ》，一寺《あるてら》の田荘《なりどころ》に見ゆ．国人僉《みな》曰く，『休祥《よきさが》なり』という．又，大唐《もろこし》に遣《つかわ》されし使者《つかい》，死にたる三足《みつあし》の烏を持ちて来れり．国人亦曰く，『休祥なり』という．斯等《これら》微《いや》しと雖も，尚《なお》し祥物《さがもの》と謂う．況や復白雉をや」ともうす．僧旻法師の曰さく，（中略）．是に白雉を以ちて薗に放たしむ．

『日本書紀』白雉2年3月戊申《ぼしん》条

皇祖母尊《すめみおやのみこと》，**十師等《たち》**を請《ま》せて設済す．

『日本霊異記』上巻第12話

人畜《けもの》に履《ふ》まるる髑髏《ひとかしら》救い収められ，霊《めずら》しき表《しるし》を示して現に報ずる縁　第十二

高麗《こま》の学生道登は，元興寺の沙門なり．山背《やましろ》の恵満が家より出づ．往にし大化二年丙午，宇治椅を営《つく》り往来する時に，髑髏奈良山の渓《さわ》に在《あ》りて，人畜《けもの》の為に履《ふ》まる．法師悲しびて，従者《ともびと》万侶《まろ》をして木の上に置か令《し》む．（後略）

『今昔物語』巻19第31話

髑髏《ひとがしら》，高麗の僧道登に恩を報ずる語《こと》　第卅一

今昔，高麗《こうらい》より此の朝に渡ける僧有けり．**名をば道登と云う**．元興寺に住ける．功徳の為に，**始めて宇治の橋を造り渡さんと**思う心有りて，営ける間に，北山階と云う所に恵満と云う人有けり．**道登其の恵満が家**に通う程に，**其家を出てて**，元興寺に返《かえる》とて，奈良坂山を通るに，（中略）然て**宇治の橋**をば此道登が**造り始たる**なり．其れをまた，「天人の降《くだり》て造たる」とも云う．其れに依て大化と云う年号は有けるとぞ云う．此れを思うに，**道登が造ける**を助て，天人の降だりけるにや，委《くわし》く知《し》らず．此《かく》なん語り伝えたるとや．

『日本霊異記』の「道登は，（中略）山背の恵満が家より出づ．往にし大化二年丙午，宇治椅を営り」とある部分は，「名曰道登　出自山尻　恵満之家　大化二年丙午之歳　構立此橋　済度人畜」という碑文の内容を明らかに前提としている．『扶桑略記』孝徳天皇大化2年条にも同じ碑文の部分引用があり，『今昔物語』は，基本的な説話構想を継承した『日本霊異記』だけでなく，先行する『扶桑略記』からも影響をうけている．『日本霊異記』が碑文に影響されたとすれば，道登による架橋を証明する史料は碑文以外には存在しない．

一方，舒明《じょめい》元（629）年生まれの道昭が活躍したのは，道登よりもやや遅れ，一世代ほど後の7世紀後半のことである．白雉4年に遣唐使にしたがって唐へ学問僧として留学し，『西遊記』で著名な玄奘三蔵に師事したという．斉明《さいめい》7年以降に唐からの帰国後は，元興寺に禅院を建立し弟子を育成した（帰国は天智《てんじ》4年の可能性もあるが，『三代実録』にみえる禅院創立の「壬戌《じんじゅつ》年（天智元年）」とは矛盾

する)．また民間を遍歴し，井戸を掘り，橋を架けるなどの社会事業を行なった．初めて火葬された人物として特記されている点でも有名である．天下周遊は唐からの帰国後の天智朝から天武朝の頃で，宇治橋の架橋もその頃となる．

『日本書紀』白雉4年5月壬戌条

大唐に発遣《つかわ》す大使小山上吉士長丹《ながに》，副使小乙上吉士駒（注略），学問僧道厳・道通・道光・恵施・覚勝・弁正・恵照・僧忍・知聡・**道昭**・定恵（注略）・安達（注略）・道観（注略），学生巨勢臣薬（注略）・氷連老人（注略），并せて一百廿一人，倶に一船に乗る．

『続日本紀』文武《もんむ》4年3月己未《きび》条

道照和尚物化《みまか》りぬ．天皇甚だ悼み惜《おし》みて，使を遣して弔賻《ちょうふ》したもう．和尚は河内国丹比郡の人なり．俗姓は船連．父恵釈は少錦下なり．（中略）初め孝徳天皇の白雉四年，使に随いて唐に入る．適《たまたま》，玄奘三蔵に遇《あ》いて，師として業を受く．三藏，特に愛でて，同じ房に住ましむ．（中略）和尚，教を奉《う》けて，始めて禅定を習う．悟るところ稍《ようや》く多かりき．後に使に随いて帰朝《かえ》る．訣《わかれ》に臨みて，三蔵，持てる舎利・経論を以て，咸《ことごと》く和尚に授く．（中略）登時《すなわち》，船進みて，本朝に還帰《かえ》りぬ．元興寺の東南隅に，別に禅院を建てて住めり．時に天下の行業《ぎょうごう》の徒《ともがら》，和尚に従いて禅を学びぬ．後に天下を周《めぐ》り遊びて，路の傍《かたわら》に井を穿ち，諸の津済《つわたり》の処に，船を儲け橋を造りぬ．乃ち**山背国宇治橋は，和尚の創造《つく》りしものなり**．和尚周《めぐ》り遊ぶこと，凡そ十《と》有余載《とせあまり》．勅請有りて，還りて禅院に還り住む．坐禅故の如し．（中略）縄床《じょうしょう》に端坐して，気息《いき》有ること無し．時に年七十有《あまり》二．弟子ら，遺《のこ》せる教を奉《う》けて，粟原に火葬せり．天下の火葬此より始まれり．

宇治の橋守　　宇治橋の存在については，壬申の乱直前に近江朝廷方が「宇治の橋守」に対して，吉野に退去していた大海人皇子のもとへ食料を運ぶ舎人を拒むように命令した，とある．このことからすれば，天智朝末年には宇治川に橋が確実に架かっていたことになる．近江大津宮への人や物の流通を，倭京のある飛鳥と結ばれた宇治において検問していたことがうかがわれる．

『日本書紀』天武元年5月是月条

或いは人有りて奏《もう》して曰《もう》さく，「近江京より倭京に至るまでに，処処に候《うかみ》を置けり．亦菟道《うじ》の守橋者《はしもり》に命じて，皇大弟宮の舎人の，私粮運ぶ事を遮《た》えしむ．

このの ち，天平宝字6（762）年には「勢多椅《はし》」とともに「宇治椅」が確認され（天平宝字《てんぴょうほうじ》6年7月23日「造石山院所解」／正倉院文書），さらに延暦16（797）年には弾正弼文屋波多麿が派遣されての「宇治橋」造営がなされている（『日本紀略』延暦16年5月8日条).

このように，宇治橋はたびたび流失し，そのたびごとに架橋されていたことが確認される.

(2) 大化年号の使用時期

断碑の銘文によれば，橋ができたのは大化2（646）年ということになるが，大宝以前の年号使用については議論がある．日本における正式な年号（元号）の成立は，7世紀中葉の「大化」(645～650年）とするのが教科書的な理解である．しかしながら，年号の起源を「大化」に求めることについては，いくつかの疑問も存在する.

まず第1に，8世紀初頭の「大宝」(701～704年）年号以降は，慶雲・和銅・養老のように原則として明治，大正，昭和，平成と現在まで途切れることなく連続している．しかしながら，大化の次の白雉以降は連続しないことが問題点として指摘できる．この点を重視した北畠《きたばたけ》親房《ちかふさ》の『神皇《じんのう》正《しょう》統《とう》記《き》』は「孝徳の御世に大化，白雉，天智の御時白鳳，天武の御時に朱雀，朱鳥なんど云号ありしかど，大宝より後にぞたえぬことにはなりぬる．よりて大宝を年号の始とするなり」と評価している．大化以前の金石文には「法興」年号が用いられているが，公式に定められたという証拠はない．白鳳・朱雀の年号も知られるが，それぞれ孝徳朝の白雉，天武朝の朱鳥の別称と考えられている.

第2には，大化改元の理由として祥瑞を伴わない代始改元である点が指摘できる．改元の理由には大きく分けて四つ理由がある．すなわち，①天皇の代替わりによる「代始改元」,②天が為政者の治世を評価して出現させるめでたいしるしに基づく「祥瑞改元」，③天変地異や疫病の流行による「災異改元」，④世の中の変革を想定した革命思想による辛酉《しんゆう》・甲子《かっし》年における「革命改元」，である.

これらのうち，大宝を含め奈良時代に行なわれた改元の理由は，金や銅の発見，祥雲の出現など祥瑞出現による改元が圧倒的であった．天皇の代替わりにおいても，元正《げんしょう》天皇の霊亀，聖武天皇の神亀などのように珍しい亀の出現（祥瑞）が大きな理由になっている．祥瑞出現のない代始改元は桓武天皇による延暦改元まで例がない．したがって，大化年号の使用開始の理由として，祥瑞の出現が『日本書紀』に語られていないので不自然であり，孝徳天皇の即位を理由とするのは後世的である.

第3の疑問は，7世紀において「大化」年号を使用した確実な史料が存在しないことである．大化元年に相当する蘇我氏の滅亡事件についても奈良時代には「乙《いっ》巳《し》年」のこととして表記されている．「大化」年号は，平安期の「弘仁《こうにん》」改元において用いられたのが確実な用例で，「大化二年」の年代が記された「宇治橋断碑」の成立年代についても同時代とするには疑問が提起されている．なにより「大化改新詔」が宣言された難波宮跡周辺からの出土木簡においてさえ，大化 4（648）年を「戊申年」と表記していることは，大化年号の使用が同時代的に行なわれていなかったことを端的に示していると考えられる．

以上によれば，『日本書紀』にみられる元号は大宝年号を定めたときに追贈されたと考えることが妥当である．少なくとも大宝以前の同時代的な元号使用については，現状では確実な証拠が不足している．大宝令までは干支が継続して用いられたことも，このことを傍証する．したがって元号の正式な使用は，8 世紀初頭に定められた「大宝」（701～704 年）と考えられ，大化や法興のような年号は，同時代的な使用は疑問であるが，正史には採用されない回顧的な逸年号，もしくは広い意味で私年号として用いられていたにすぎないと考えられる．

(3) 碑の造営年代

以上の検討を前提に憶測を述べる．碑文以外には，道登による架橋を積極的に証明する史料がなく，さらに大化年号の同時代的使用が疑問であるとするならば，道昭による壬申の乱以前における天智期の架橋の可能性が高くなる（壬申の乱直後における再建の可能性もある）．なお，碑の用尺が，29.0～29.2 cm の幅に収まることは前期難波宮の造営尺に近く，7 世紀後半までに収まるとの阿部義平による指摘（国立歴史民俗博物館編，1997）も天智期説の間接的な傍証となる．宇治橋の架橋は何度もなされたとすれば，大化期の道登の架橋が，天智期において回顧されたことも想定される．

3.2 古碑の研究と復元

(1) 断碑の発見

近世以降，古碑の研究は活発化するが，ある時期以降失われた碑や現存しても碑面が判読できないものや，種々の理由から碑文を実見できないような碑については，次善の研究手段として拓本がその大きな対象となる．ここでは，近世の尾張の学者たちが宇治橋断碑の発見により，その失われた部分を当時の研究水準により復元したことを紹介する.

宇治橋断碑復元の経緯については，復元碑の背面に以下のような記載がある.

〔裏面釈文〕

兎道橋碑。毀廃埋没、不レ知二其幾百歳一矣。寛政辛亥夏四月一夫
偶穿二放生雲院藩籬側一獲二断碑二尺許一。験レ之則旧碑四之一耳。
尾張人小林亮適、内田宣経、小川雅宜。吉田重英、釈亮恵、乞二得之一、意レ欲レ復レ之。而
碑面文字極醇古非三今人所二能補一。不レ得レ已就二古法帖中一、抜拾布列、旧文再全。
既求二貞石一、表而樹レ之。仍勒二其文一、以顕二登法師之功徳於千載之後一。茲結二因
縁一、且俾二大庇永世不レ忘。寛政癸丑秋九月、碑成。因レ係二其事一以示二不朽一。

尾張　中　邨　維　禎　撰

小　林　亮　適書并監工

それによれば,「菟道橋碑」は「幾百歳」もの間埋没していたが,「寛政辛亥夏四月」すなわち寛政3（1791）年4月に一夫がたまたま放生院の藩籬《はんり》の側《まがき》を穿って「断碑二尺許」を得たとする．狩谷棭斎の『古京遺文』にも同様の記載があるが,『見聞雑記』によれば，たまたま宇治に遊びに訪れた，二条城勤務のため京都に来ていた幕臣が，これより早く寛政元年8月末に，橋寺（常光寺）裏庭の納屋の礎石に転用された状態で発見したとの記録もある．ほかの史料に天明6（1786）年以前に断碑の拓本を所蔵した人物がいたとの記載もあるが，確実ではない.

屋代弘賢《やしろひろかた》　少なくとも多くの人びとに知られるようになったのは，寛政4年11月に幕臣屋代弘賢（1758～1841）がこれを手拓し，紀行文『道の幸《さち》』で紹介して以降である．

『道の幸』寛政4（1792）年11月18日条

> 通円が茶屋に立ちよりかの像なとみて，橘寺へ行，碑をすりうつす．幅一尺ばかり，長一尺五寸余あり．打ちわりたる鑿迹有．いかなればかかるにやというかれは．近き比，礎石に文字有を見つけ，ほり出つつよく見れば，宇治橋の碑なりとて，かくて有なりという．文字は四字ずつつづきて，二段三行あり，三段の初一字ずつと見ゆ．其文は，「浼々横流　其疾如箭　修　世有釈子　名曰道登　出　即因微善　爰発大願　結」，以上二十七字あり．全文は帝王編年記に見えたり．然れども扶桑略記には，道登を道昭とかきたり．水鑑には宇治橋は道登造れりといい，編年記には元興寺道登道昭奉勅造といえり．しかるを日本紀に記されず．続日本紀道昭が伝に，此橋を造るとしるされて，道登が事はさらに聞えざれば，元亨釈書本朝高僧伝等の書にものせず．いとふかしぎを，この石文の折ながらも，かくつたわりて，道登といえる名のあざやかに残りたるぞ．其功も朽せて，いとめでたし．さても編年記に，奉勅としるせしぞ，心得がたき．法師に仰て橋造らせられしも，いとふしぎに，又此二人奉勅て造りしならば，日本紀にもしるさるべく，又石文にもかかてやはやむべき．抑わたくしの勧進にて造たるにやあらん．又道昭道登同人にやという人もあれど．道登が次句は，出山尻恵満之家とみえたれば，道昭とはおのずから別人にて有けり．道昭が年をかぞえみれば，此橋造りし大化二年は，わずかに十七歳にぞ成ぬる．かたがた道登棟梁にて，道昭は力をあわせしものならんか．秘蔵の事なるべし．戌おわりに宿にかえる．　［『続々群書類従』16 雑部所収］

この記載によれば，断碑は幅30 cmほど，長さは45 cmあまりであり，石を打ち割ったような鑿《のみ》の痕があったという．これは納屋の礎石に転用されていたのが事実とすれば，礎石に転用するには碑石が長すぎたために，適当な大きさに割られたことに出来するとも考えられる

碑文には，架橋したのは「道登」とはっきり記されているが，史書にみられる架橋についての記述がまちまちであるのは，なぜだろうかと屋代弘賢は自問し，あれこれ考察を加えている．

すなわち，全文は『帝王編年記』に載せられているが，『扶桑略記』では道登が道昭と書かれている．また『水鑑』（水鏡）には「宇治橋は道登が造った」とあり，『編年記』では「元興寺の道登と道昭が詔を受けて造った」となっている．しかし『日本書紀』には，この事は出ていない．一方，『続日本紀』文武4年条にみえる

道昭の伝記には，この橋を造ると書いてあるが，道登のことには触れておらず，『元亨釈書《げんこうしゃくしょ》』（「山州宇治之大橋，昭之創造也」とある）や『本朝高僧伝』などの書にも出てこないことを不審とする．

さらに，『編年記』に「奉勅」としてあるのは，理解できない．僧侶に命じて橋を造らせるのも不思議な話だが，この二人が勅を奉じて造ったのであれば，『日本書紀』にも書かれるであろうし，また碑に書かないことはないだろう，とし，私的に募金して作ったものと推測している．

道登と道昭は同一人物とする人もいるが，碑文の道登の次の句に，道登は「山城国恵満の家」の出身だとあるから，「河内国丹比郡人」とある道昭とは当然別人である．道昭の年齢を数えるならば，この橋ができた大化2年には，まだ17歳であるので，同一人物ではありえないと考証する．また，道登が施工の棟梁で，道昭は協力したものではないかと推測もしている．

このような基本的な文献を駆使した考証が，すでに発見直後からなされていたことには驚かされる．

松平定信　宝暦6（1756）年9月16日夜に，数日続いた雨で宇治川が増水し，宇治橋が流出するなどの被害が発生した．平等院から橋姫社までの堤防が150間も決壊したという．この後，宇治橋かけ直しの動きは存在したが実現せず，復旧は寛政5（1793）年まで遅れる．この間，簡易な仮橋や渡し船で通行していたが，利用者の大きな負担となっていた．

偶然にも当時30年以上放置されていたこの宇治橋の架橋事業が動き出すのは，断碑が発見された寛政3年6月であり，江戸普請方の役人が検分に訪れている．松平定信の随筆『宇《う》下人言《げのひとごと》』によれば，この架橋を推進したのは後に『集《しゅう》古《こ》十種《じっしゅ》』を完成させ，寛政の改革の中心人物であった老中松平定信自身であり，由緒ある橋の復興に意欲を示したことは興味深い．断碑発見の情報が幕府による架橋の契機になった可能性が指摘できる．

すなわち，財政窮乏により先送りになっていた宇治橋を，経費節減策により板橋ではなく土橋で復旧し，流された橋姫社も隣の住吉社と合祀する案が提案されたが，定信は，宇治橋は古来から板橋であることを主張し，橋姫社も歌に詠まれていることから，由緒あるかたちで復元したいと提案し，もとの姿に復興させたという．

なお，以下の「はし板引はなしたり」は『源平盛衰記』の宇治川合戦の一節を指し，古撰集は『新古今集』をいう．

『宇下人言』

うぢ川のはし，度々の出水におちて保がたし，これによって普請のくわ（だ）て伺ありたるに，入費多しとて人をつかわされ，猶くわ（だ）てかえたり．これはうぢの橋を土橋にし，わきにあなるはし姫の社をとりて，かたわらの住吉の社と相殿にすべしという．入費かくべつに減じぬ．しかるべく哉と伺い出たり．よておもうに，「うぢの川古き画にも板なり．『はし板引はなしたり』などいう事もあれば，むかしより板橋なるべし．橋姫の社ちょうは，古撰集にもよみおけり．何が故に右らの拙きことはかるぞ．古き姿はのこし，すたれたるはおこし度《たし》などとも思い侍るを」ととがめて．もとの姿とはなせりき．

『集古十種』には当然ながら，この断碑も収録されており，幕臣の断碑発見の報告が定信のもとに，もたらされた可能性が考えられる．

(2) 古碑の復元

こうした金石文への関心の高まりをうけて，碑の復元は裏面の記載によれば，尾張の人小林亮適（雅宣），中村維禎，小川雅宜，内田宣経，吉田重英，釈亮恵らが中心となり，発見された断碑を乞い得て，寛政5年9月に完成させる．ちなみに，先述の宇治橋が復興したのは同年5月のことで，同時に先人の業績を顕彰することとなった．その復元方法は，断碑の全文を収録した『帝王編年記』から欠文を補い，碑面の文字が「極醇古」で，同様な書風で字を補うことができないため，やむをえず「古法帖」から集字して，「旧文」の復元を試みたという．

名古屋学　当時，尾張にはのちに「名古屋学」と称されるような，特有の学問が発達していた．その特徴は，漢学と国学という和漢の学を兼習した非朱子学系の学者が中心となり，合理的批判精神により国史や律令格式に対する考証を精力的に行なったことにある．天野信景《あまのさだかげ》（1661～1733）の随筆『塩尻』や河村秀根《かわむらひでね》（1723～1792）の『書紀集解《しょきしっかい》』などはその成果である．また，名古屋の町には広範な学術愛好の風潮が存在し，「続日本紀会」「令義解会」「人和本草会」「戦国策会」など，中国の古典から本草学，国史，律令まで，「文会」などと呼ばれたいくつもの学芸愛好家たちのサークルが作られ活動していた．こうした「名古屋学」の最盛期にこの碑の復元が行なわれていることは無関係ではない．

「名古屋学」発展の基礎は，尾張藩の初代藩主徳川義直が，家康の旧蔵本である「駿河御譲本」を中心に多数の古典籍を収集したことにはじまる．その数は御文庫（のちに主要部分は蓬左文庫に受け継がれた）の目録によれば，1万5000冊を超えていた．量だけでなく，現存最古の写本とされる金沢文庫旧蔵の『続日本紀』などの貴重書も多く含まれていた．これら御文庫の蔵書が学問研究に果たした役割は大きいと思われる．

また，義直は『大日本史』編纂の資料としても用いられた『類聚日本紀』など十数種の著作も遺している．編纂事業を担当した学者たちの弟子達により継承されて「名古屋学」は発展した．

天明期には尾張藩校明倫堂が設置され，その文教政策により名古屋の書肆は発展した．天明期からは本居宣長の国学が尾張に浸透し，90 人を超える入門者が確認され（宣長出身の伊勢以外では最多の門人を誇る），内田宣経もその一人である．

小林亮適《こばやしりょうてき》　復元の中心人物である小林亮適（1755～1820）は，香雪を名乗り，名は文和で，亮適は号である．宝暦 5（1755）年に美濃国海西郡《みののくにかいさいぐん》松木村に生まれた．尾張高針村の医師小林嘉仲，後に藩医の大河内存真《おおこうちぞんしん》（後にシーボルトの弟子になった伊藤圭介の実兄）に入門し，名古屋の町医者となった．寛政 7（1795）年正月に御用懸医師（帯刀も許されるようになる町医師の最高位）となり，同 10 年 7 月には尾張藩の寄合医師，同 11 年に奥医師になり，医師としての技量を認められ禄 300 俵を与えられるという破格の出世をしている．文化 5（1808）年には維学心院侍医として京詰となり，文政 3（1820）年に死去した．小児科で名を知られた医師で，書画をよくし，琵琶を愛する文化人であった．頼山陽《らいさんよう》，柴野栗山《りつざん》などとも交わりがあったという．彼の日記によれば，大坂の文化人たちとの書画・茶道具類の売買といった交流や文化情報交換がなされており，このあたりから断碑の情報が入手されたとも考えられる．断碑の復元には「適書并監工」とあるように，復元碑の書風を「古法帖」から集字して選び，石工を監督したと推測され，彼の尽力により完成させたことが知られる．なお，木崎愛吉『大日本金石史』の記述によれば，尾張藩の儒者秦鼎《はたかなえ》に，この集字を委嘱したとある．

内田宣経《うちだせんきょう》　内田宣経は，蘭渚《らんしょ》と号し，通称は駒屋源兵衛を名乗り，名古屋本町駒屋という尾張藩御用も務めた富商の主人で，当時における文学・美術のパトロン的存在であった．三河国額田郡藪田村生まれで，のちに名古屋に出て本町で薬を商っていた．古美術のコレクションをもとに大高高門《たかかど》，木村蒹葭堂《けんかどう》，十時梅《とときばい》厓《がい》ら，多くの文人や画家と交わり，寛政 4（1792）年に本居宣長にも入門している．宇治橋断碑を復元したのは，この前年の 3 月にあたる．寛政期から文化期の名古屋で，神谷元らと国学を学び，富裕な商人としての財力で，書籍や書画を収集，若い文人や画家を経済的に支援した．彼の日記には藩医の小林亮適が最も登場する．天保 4（1833）年 4 月 22 日に没している．

中村《なかむら》維禎《いてい》　文を作った中村維禎は，本名を佐野屋清左衛門といい，九十軒町にある富豪の造酒家で，学を好み，詩をよくしたと伝える．明和 4（1767）年に尾張藩への御用金 200 両を上納し（駒屋源兵衛は，このとき 50 両を上納），寛政 10（1798）年には駒屋源兵衛とともに尾張藩御勝手御用達となった．文化 2（1805）年 3 月 2 日没．復元碑の裏面に「撰」とあるによれば，復元顛末の文を起草した人物である．

小川雅宣　小川雅宣は，通称は水口屋伝兵衛という名古屋玉屋町の呉服商で，尾張藩の縮緬御用となった．水口屋は元禄期に山城国から名古屋に移住し，京都にも支店をもっていた．寛政 7（1795）年には尾張藩御勝手御用となり，文化 5（1808）年 7 月には 3000 両を藩に融通するほどの豪商であった．本人は宣長に入門していないが，弟夫婦が寛政 5（1793）年に入門している．

吉田《よしだ》重英《しげひで》と釈亮恵《しゃくりょうけい》　吉田重英は徳川氏が清洲から名古屋へ移住させた「清洲越」の一族出身とされるが，経歴は不詳である．また，釈亮恵は，桜天神の社僧とされる．織田信秀が北野天満宮から菅原道真の木像を勧請して那古野《なごや》城に設けた祠に奉ったのが始まりとされる．桜の名所で多くの桜の大樹があったことから「桜天満宮」「桜天神」と呼ばれるようになった．桜天神は学問僧を多く出したところで，社僧により尾張の古瓦拓本集成などが編纂され，寛政年間には，再三にわたり書画会・古物会などが主催されている．古物会では，古墳出土品・紀年銘がある器物・古写経・古文書などが出品されたという．

以上のように，藩の奥医師，御用商人，僧侶など，職業・身分を異にしながらも，尾張の学芸愛好家たちのサークルや交流が基礎となり古典研究を楽しむ余裕が生まれ，断碑が復元されたといえる．

参考文献

青木馨子（1992）宇治橋断碑．武蔵野女子大学紀要，27．

足利健亮（1985〈1973・1983〉）日本古代地理研究—畿内とその周辺における土地計画の復元と考察—，大明堂．

安藤更生（1954）宇治橋断碑．書道全集 9，平凡社．

宇治市歴史資料館編（1995）宇治橋—その歴史と美と—，宇治市歴史資料館．

大谷大学編（1972）日本金石図録，二玄社.
狩谷棭斎（1818）古京遺文.（山田孝雄・香取秀真増補版（1970），勉誠社.）
木崎愛吉（1921）山城宇治橋碑．大日本金石史，歴史図書社.（復刊1972年）
岸野俊彦（2002）名古屋商人内田蘭渚の文化的世界．尾張藩社会の文化・情報・学問，清文堂出版.
岸野俊彦（2004）寛政・享和期の名古屋・大坂文化交流．尾張藩社会の総合研究2（同編），清文堂出版.
岸野俊彦（2004）名古屋商人内田蘭渚と京都書肆竹苞楼．尾張藩社会の総合研究4（同編），清文堂出版.
講談社（1972）日本書道大系1.
国立歴史民俗博物館編（1997）企画展示 古代の碑―石に刻まれたメッセージ―（展示図録，阿部義平・仁藤敦史執筆），国立歴史民俗博物館.
寺西貞広（1985）宇治橋架橋をめぐる問題．日本書紀研究13，塙書房.
直林不退（1990）道登の宇治橋造立をめぐる一考察．仲尾俊博先生古稀記念　仏教と社会，永田文昌堂.
中西慶尓（1983）宇治橋断碑と名古屋人．訪碑紀行1，木耳社.
中村浩（1969）僧道昭に関する諸問題．大和文化研究，14（8）.
名古屋市博物館編（1995）尾張名古屋の古代学，名古屋市博物館.
廣岡義隆（1989）宇治橋断碑．古京遺文注釈（上代文献を読む会編），桜楓社.
藤野道生（1973）宇治橋造橋碑石上銘考．文経論叢（弘前大学人文学部紀要），8（3）.
堀池春峰（1991）宇治橋断碑．古代日本金石文の謎（エコール・ド・ロイヤル　古代日本を考える15），学生社.
正岡健夫（1965）宇治橋架橋碑断石．愛媛県金石史，愛媛県文化財保存協会.
松平定信ほか編（1800）集古十種.（再刊1908年，国書刊行会）
水野柳太郎（1983）道照伝考．奈良史学，1.
守屋茂（1972）宇治橋の紀功碑と道登・道昭．史迹と美術，727.
藪田嘉一郎（1949）宇治橋断碑．日本上代金石叢考，河原書店.
和田萃（1990）道昭と宇治橋．藤井寺市史紀要，11.

第4章　新羅中代末～下代初の地方社会と仏教信仰結社

執筆：尹善泰，訳：稲田奈津子

4.1　問題提起：三代および三古区分法

『三国史記』巻12敬順王《キョンスヌァン》本紀には，「国人は始祖から当代（敬順王）にいたるまでを「三代」に区分したが，初代から真徳《チンドク》までの28王を「上代」，武烈《ムヨル》から恵恭《ヘゴン》までの8王を「中代」，宣徳《ソンドク》から敬順までの20王を「下代」とした」という記事が収録されている．『三国史記』に紹介された新羅《シルラ》史のこうした三代区分法は，その内容上，新羅下代以後の資料にのみみえる．

角干魏弘《かくかんウィホン》と大矩《テグ》和尚が編纂した『三代目』という郷歌《きょうか》集の題目に留意するならば[1)]，新羅下代にすでに新羅史を三代に区分する歴史認識が存在したということができる．もちろんこうした三代区分法は，新羅が滅亡して高麗《コリョ》時代になってから，新羅史を整理する過程で登場したものとみることもできるが[2)]，とはいえ羅末麗初を生きた新羅下代人たちの認識を投影している可能性は高い．前掲資料中の「国人」は，まさにそうした新羅下代人を表象するものであろう．

ところで，『三国史記』巻5真徳王本紀には「国人たちは，始祖赫居世《ヒョッコセ》から真徳までの28王を「聖骨《せいこつ》」とし，武烈から最後の王までを「真骨《しんこつ》」とした」という，前掲資料とほぼ同系統とみられる記事があり注目される．これによれば，上代と中代とを区分する基準は「聖骨王」と「真骨王」であったことがわかる．一方で，中代と下代とを区分する基準は『三国史記』には明示されず，いずれも真骨王であったことになる．

筆者は，これらの資料に対峙するたび，「新羅人たちはなぜ上代の王だけを聖骨と認識したのだろうか，彼らにとって「聖骨王」とはどのような存在だったのだろうか」との疑問にとらわれてきた．本章は，筆者のこの古くからの疑問を解くための初めての試みである．現在学界では，聖骨の存在を否定する見解，あるいは聖骨は身分上では真骨で，単に真平王《チンピョンワン》代の王室を修飾する用語として登場しただけであるという見解，さらにその身分的な実在性を認めて，真骨よりも上位の存在とする見解などが提起されている[3]．しかし従来の研究では，聖骨王と真骨王が新羅下代人の新羅史時期区分と密接に噛みあっている点について，ほとんど注目してこなかった．

聖骨は，その実在の如何にかかわらず，新羅下代人にとっては新羅王代全体を見通すための重要な基準として，明らかに使用されていた．前掲資料のほかにも，こうした認識を示す資料を確認することができる．『三国遺事』は，新羅史を「三代」ではなく「三古（上古・中古・下古）」とするまったく別の時代区分法を紹介しているが，そこでも三代区分法と同じように，下古（中代および下代）の王たちを「真骨」としている[4]．聖骨王を中古期だけに限定した点で三代区分法とは異なるが[5]，『三国遺事』の撰者である一然《イリョン》がみた霊鷲《ヨンチュイ》寺《サ》の「寺中古記」でも，中代の王である神文王《シンムヌァン》を「真骨」としていたとする[6]．この資料もやはり内容上，三代区分法と同様に新羅下代以後のものと思われる．新羅下代以後，中代・下代の王を真骨とする認識は，相当に裾野を広げていたことを意味している．

一方で新羅下代の崔《チェ》致《チ》遠《ウォン》は，中代の武烈王を「聖骨」と描写している[7]．資料は残らないが，あるいは中代・下代の王も，みずからを一般の真骨貴族と区別して，「聖骨」を標榜していたのかもしれない[8]．しかし，これは王室や彼らを代弁する官僚たちの言辞にすぎない．新羅史全体を縦覧した新羅国人たちは，明らかに中代と下代の王を真骨と認識し，聖骨は上代の王だけに限定している．このように新羅国人たちが，新羅国家の公的な立場とは別に，上代の王と区別して中代・下代の王を聖骨ではない真骨としたのはなぜだろうか．その理由を解明するのが，本章の第1の目的である．

新羅人にとって真骨は，聖骨より一段階価値の下がる存在であった．「聖骨の男子がおらず女王が即位した」という『三国遺事』の有名な一節がそれをよく物語っているが[9]，あるいはこれが撰者一然の推論であったとしても[10]，聖骨と違って真骨は王の臣下にも僧侶にも使用される[11]，新羅身分制の特定等級にすぎないという点は変わらない．つまり中代以降の王は，それ以前の聖骨王とは異なり，下代の新羅人には一般真骨貴族や僧侶と同格の身分称号で修飾される存在であった．

しかし皮肉にも現在の学界では，中代の王をむしろ新羅の歴史上最も強力な王権を誇った存在として理解している．中代王権を「専制王権」と表現する研究者もおり[12]，それは当たらないとしても，中代の王がそれ以前の新羅王よりもはるかに強力な王権を備えた存在であった点については，現在の学界に異見はない．実際に中代王権は，みずからに歯向かう敵対的な真骨貴族を大規模に粛清し，真骨貴族の経済基盤である禄邑《ろくゆう》を廃止し，九州を郡県に組織して各地に地方官を派遣するなど，官僚制を基軸とした中央集権的で強力な王権を形成していった．

それにもかかわらず，新羅人はなぜ中代の王を一般貴族と同質な「真骨王」と認識し，それ以前の上代の王だけを「聖骨王」と特化させたのであろうか．まずは三代・三古区分法に新羅下代人の認識が含まれている点が，一つの答えとなろう．下代，とくに滅亡期の新羅王は，すでに王としての権威をもつ存在ではなかった．各地で草賊が起こり略奪がはびこる状況下で，新羅人にとっては各地方の新しい実力者が保護者であり，新たに「聖骨将軍」と表象された[13]．「真骨王」というイメージには，下代新羅王権の権威失墜が明らかに投影されていると考えられる．しかし留意すべきなのは，下代の王だけに限らず，中代にまで遡及された点である．中代と下代を区別せず一括して「下古」とする三古区分法も，こうした認識のうえに成り立つものと考えられる．

もしかすると現在の学界認識は誤りで，中代，とくに聖徳《ソンドク》から景徳王《キョンドグァン》代にいたる時期も[14]，政治的安定と繁栄を謳歌した新羅の全盛期ではなかったのではなかろうか．中代の有名な郷歌作家である忠談《チュンダム》師が景徳王に捧げた「安民歌」は，逆説的に「不安な民」を代弁した歌であったのかもしれない．現在の我々にはみえず，しかし新羅下代人がみていた中代王権のイメージはどのようなものだったのだろうか．筆者はそれを読み取っていきたい．

4.2　中代の没落と災害

現在学界では一般的に，新羅の中代を政治的な安定と繁栄を謳歌した新羅の全盛期と理解している．しかし前述のように，新羅下代人は中代と下代をともに「真骨王」の時代とひとまとめにしてしまい，上代だけを「聖骨王」の時代とみたり，そもそも中代と下代を区分せず「下古」という一つの時代としてとらえる時代区分観をもっていた．こうした歴史観は，新羅下代人がみずからの生きる当代ではなく中代からすでに新羅王の権威が下落したものと認識しており，「新羅衰落の淵源」として中代をみていたことを暗示している．

実際に『三国史記』のような年代記資料から知られるように，新羅の中代，とくに聖徳王から恵恭王にいたる時期は，自然災害と飢饉，そして伝染病の発生頻

表 4.1　新羅の時期別の飢饉・疾病，洪水，旱魃，時季はずれの雪・霜・雹霰，昆虫被害の推移

区　分	飢饉／疾病	旱　魃	洪　水	雪	霜	雹　霰	昆　虫	合　計
6 世紀	0	2	1	1	0	0	0	4
7 世紀	4/0	3	1	2	0	1	0	11
8 世紀前半	3/2	8	2	3	2	2	1	23
8 世紀中葉以後	2/1	6	2	2	2	4	2	21
9 世紀前半	6/1	7	3	5	0	1	2	25
9 世紀中葉以後	1/2	4	2	0	1	1	1	12
10 世紀	0	1	0	0	4	1	1	7
合　計	16/6	31	11	13	9	10	7	

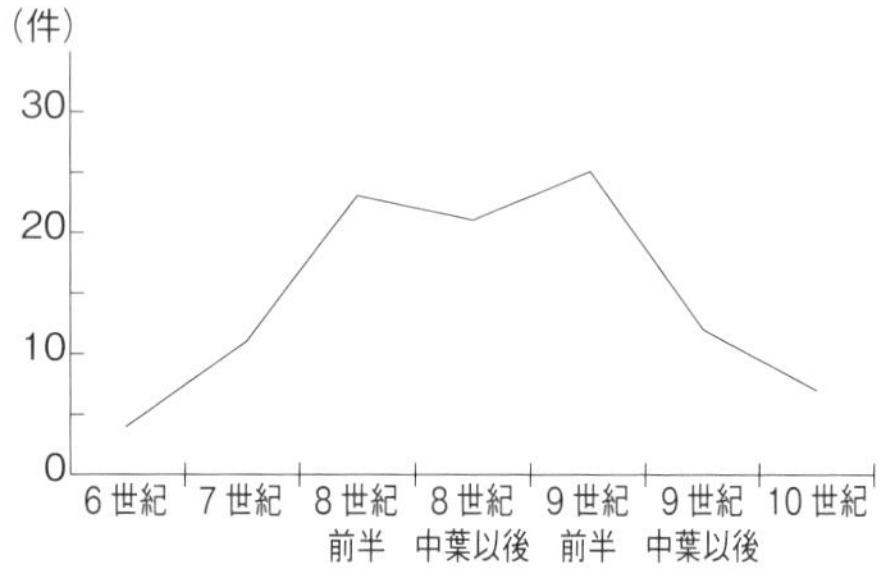

図 4.1　自然災害の時期別推移

度が他のどの時期よりも高い「災異の時代」であった．『三国史記』に記録された天災地変記事の世紀別統計をみると[15]，全体で 43 種 584 回の記録中，240 回が 8〜9 世紀に集中的に現れる．とくに 8 世紀は 138 回と，9 世紀の 102 回よりも多い．こうした 8〜9 世紀の数値は，ほかの世紀よりも倍も高い．一方，天災地変記事が最も多い王代を順に並べると，聖徳王（在位 702〜737 年）が 42 回，景徳王（在位 742〜765 年）と恵恭王（在位 765〜780 年）が 28 回，元聖王《ウォンソンワン》（在位 785〜798 年）と憲徳王《ホンドグァン》（在位 809〜826 年）が 27 回となる．これは聖徳王から恵恭王の代が新羅で最も災異の多かった時期であることを意味する．

表 4.1 はこうした統計値のなかで，農業生産および農民の生存により直接的な打撃を与える飢饉・疾病，洪水，旱魃，時季はずれの雪・霜・雹霰，昆虫被害などを選び出し，時期別の趨勢を整理してみたものである．また図 4.1 はこれをグラフ化したものである．

前述の統計値の比率とほぼ等しいが，8 世紀前半の聖徳王代から突如急増し，8 世紀中葉から 9 世紀前半に頂点に達すると，9 世紀中葉以後に漸減する．したが

って前述の新羅の天災地変の統計値は，単に天文異常を観測した数値にとどまらず，新羅社会全般の生産と再生産構造を打ち壊す破壊的な自然災害であったことが明らかとなる．また聖徳王代が，中代全盛期の黎明ではなく，中代没落の前夜であったことをも示していよう．

表 4.1 と図 4.1 から，8 世紀前半から 9 世紀前半までは，新羅人にとって最も過酷な時期であったことがわかる．さらに太宗武烈王代（在位 654-661 年）の百済《ペクチェ》遠征と文武王《ムンムワン》代（在位 661-681 年）の高句麗《コグリョ》遠征，羅唐戦争までを含めると，新羅人にとっての中代は，三韓一統という中代王権の自負心にもかかわらず，最も惨憺たる「災異の時代」として刻印されたと考えられる．

もちろん，やむことを知らない自然災害は支配層の葛藤と危機感を増幅させ，こうした不安感を突いて中代末には王権に対する真骨貴族の反乱が絶えず起こる状況を招来した[16)]．景徳王代に上大等《じょうだいとう》の金思仁《キムサイン》が相次ぐ災異を理由に時政の是非を激論したとか[17)]，恵恭王代に災異がしきりに起こって人心が離れ国家が危機に瀕した[18)]，といった記事が連続するのも，災異をみつめる支配層の不安感が，この時期には相当な水準に達していたことを物語っている．

さらに悪いことに，こうした自然災害は飢饉につながり，それによる栄養欠乏と免疫力の低下が伝染病の流行につながるという現象を，8〜9 世紀の新羅社会にも確認することができる．とくに当時の伝染病は，頻繁な対外交流のなかで国際性を帯びていた．8〜9 世紀は外交と交易のために新羅と唐や古代日本が相互に最も盛んに交流した時代であり，そのために国境を往来する伝染病の種類も増加した．特定の病原菌に対して耐性をもたない地域にも無差別に疾病が伝播したため，その破壊力は従来の伝染病とは比べものにならないという点に，この問題の深刻性がある[19)]．

730 年代の古代日本では，最高権門であった藤原《ふじわらの》不比等《ふひと》の 4 人の息子が「豌豆《わんず》瘡《かさ》（天然痘）」にかかり相次いで没し，新羅でも 785 年に宣徳王が疫疹にかかって 13 日のうちに死亡するなど，当時の伝染病は支配層も逃れられなかった．まともに薬も使えなかった一般人はいうまでもない．疾病は貧者に対してより過酷なものである．

こうした自然災害や伝染病への新羅支配層の対応策は，年代記の各所にみることができる．たとえば倉庫を開いて民を救恤したり，気候現象の正確な予測のために漏刻《ろうこく》博士や天文博士を置いたりしている．あるいは医学生を養成したり，医博士を増置したりして，国家が危機に瀕するたびに医術に優れた人物を特別採用する政策を実施している．とくに803年，朴如言《パギョオン》が中国に使節として赴く道中，揚州《ようしゅう》で一般民衆のための処方箋を集めた最新の医学書である『広利方』を購入したことは，疾病が当時の新羅社会の基層全般に蔓延しており，その打開に国家が注力していたことを具体的に示している[20]．

しかし，自然災害や伝染病の正確な原因がわからなかった当時，一般人の不安感と危機感を鎮める最も積極的にして効果的な対応策は，呪術的・宗教的な形態をとらざるを得なかった．治病の神通力を持つという薬師仏《やくしぶつ》が8世紀末～9世紀前半に集中的に造営されるのも，そのことをよく物語っている[21]．とくに景徳王代には，芬皇寺《プヌァンサ》に30万斤以上の巨大な薬師如来《にょらい》仏を国家主導で造像したのみならず[22]，人びとの不安を鎮める浄土《じょうど》信仰が中央はもちろん地方へも，また国王から奴婢《ぬひ》階層にいたるまで，爆発的に拡大していった[23]．

とくに仏教信仰結社は，高麗時代の香徒《こうと》研究においても明らかにされているように，信仰により結ばれた宗教団体であると同時に，地方社会の秩序もある程度内包する存在であり[24]，相次ぐ災異に地方社会がどのように対応したのかを具体的に知ることのできる重要な存在といえる．こうした信仰結社と彼らの主導した仏事も，自然災害と伝染病の発生が頂点に達した景徳王から元聖王の時代に集中している．

以下では，こうした災異に対する新羅国家や地方社会の対応状況を，中～下代時期の仏教信仰結社に関連して制作された新羅碑文や造像銘《ぞうぞうめい》を通して検討することで，中代没落と災異の問題をさらに具体的に論じていくことにしよう．

4.3　康州の弥陀結社と泗川新羅香徒碑

2004年3月16日より，慶尚南道泗川《キョンサンナムドサチョン》市泗川邑船津里《ソンジルリ》に位置する船津里城の駐車場敷地における発掘調査が行なわれ，6月7日には統一新羅時代に制作されたものと推定される碑石が，C地区の棚田土手を崩す作業中に発見された．この石碑は破損で原形が損なわれていたが，現存する大きさは高さ76 cm，幅20（～24）cm，厚さ18 cm程度で，前後両面に銘文が刻まれていた．

碑石はこの地域で多く産出する砂岩石材を利用して制作されており，他地域から運び込まれた可能性は比較的低いとみられる．碑石に残る意図的な破損痕からすると，元来の碑石は4片以上であったと推測される[25]．公開された碑片の拓本（図4.3参照）によって銘文を釈読すると，つぎのようになる[26]．

図 4.2　泗川新羅香徒碑（後面）

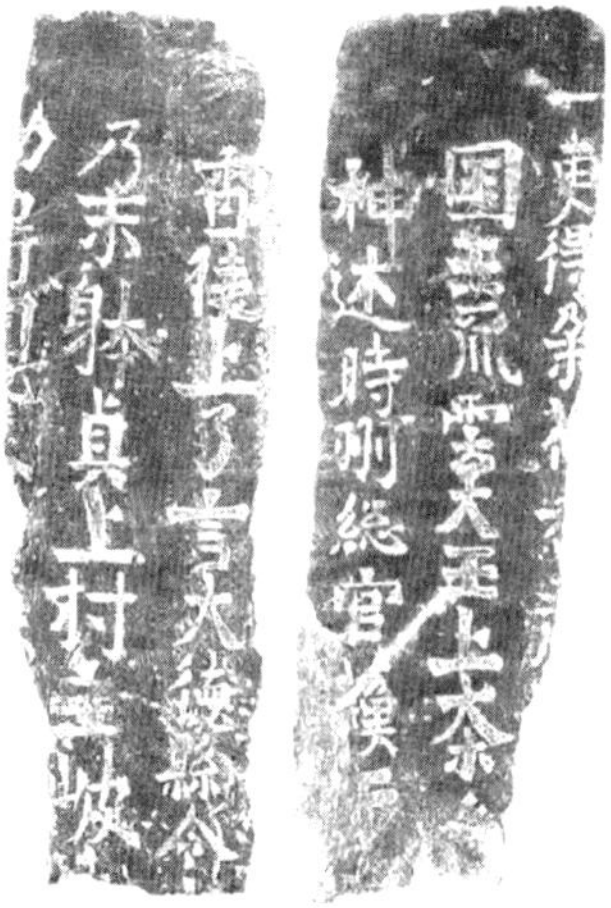

図 4.3　泗川新羅香徒碑拓本

［泗川新羅香徒碑］
〈前面〉
1．更得乃末□□□
2．国王而雲大王上大等□
3．神述時州総官蘇□
〈後面〉
1．香徒上了言大徳県令
2．乃末体貞上村主岥
3．□□□□□

当碑の制作時期については，〈前面〉第 2 行「国王而雲大王」の「而」を，「天」を意味する則天《そくてん》文字と理解し，「天雲」すなわち乾雲大王《コヌンテワン》（恵恭王）代に作られたとする見解が提出されており[27]，筆者もそれに同意する．

碑文の全体的な構成については，本碑片で最も重要な〈前面〉第 1 行が右辺を欠損しつつも残されているため，推定することができる．第 1 行は「更得乃末□□□」と読め，「乃末《なまつ》」の官等を持つ人物に関する記録であることが明らかで，第 2 行の「国王」以下を碑文の中心的な語句とすることはできない．とくに〈後面〉の「香徒」以下の内容からすると，本碑文の全体的な内容構成は癸酉銘《きゆうめい》阿弥陀《あみだ》三尊仏碑像（癸酉銘全氏阿弥陀仏碑像，673 年，図 4.4）や癸酉銘三尊千仏碑像（673 年，図 4.5）と非常に似通っている．以下に銘文を示し，具体的に確認してみよう．

［癸酉銘阿弥陀三尊仏碑像］

〈左側面〉

1. □□癸酉年四月十五日
2. 兮乃末首□□道□発願
3. 敬□供為
4. □弥次乃（末）
5. □正乃末
6. 牟氏三□□等□五十人智識
7. 共国王大臣
8. 及七歳父母含霊発願敬造寺智識名記
9. 達率身次願
10. 真武大舎
11. □□大舎願

〈後面〉

1. 上次乃末
2. 三久知乃末
3. 兎大舎願
4. 大舎願
5. 夫信大舎
6. 大□
7. 乃末願
8. 久大舎願
9. 恵信師
10. 夫乃末願
11. 林乃末願
12. 恵明法師
13. 道師

〈右側面〉

1. 歳□□□年四月十五
2. 日為諸□敬造此石
3. 諸仏□□
4. 道作公願
5. 使真公□
6. □□願

〈前面〉

1. 牟氏□□
2. 述況□□
3. 二兮□末
4. 同心敬造
5. 阿弥陀仏
6. 像観音大
7. 世至像□
8. □道□□
9. 上為□□
10. 願敬造□
11. 仏像□□
12. 此石仏像
13. 内外十方
14. 十六□□

図4.4　癸酉銘阿弥陀三尊仏碑像（部分）

図 **4.5**　癸酉銘三尊千仏碑像

［癸酉銘三尊千仏碑像］

1．歳在癸酉年四月十五日香
2．徒釈迦及諸仏菩薩像造
3．石記□□是者為国王大
4．臣及七世父母法界衆生故敬
5．造之　香徒名弥次乃末
6．牟氏大舎上生大舎□仁次大舎□
7．宣大舎賛不小舎夫使小舎□
8．□小舎□□等二百五十人

両仏碑像はいずれも三国統一期に制作されたもので，現在の忠《チュン》清《チョン》南《ナム》道《ド》燕《ヨン》岐《ギ》郡域のある香徒が，仏事（寺院と仏碑像の建立）を主導した事情を記録したものである．香徒構成員の記述には重複もあり，両仏碑像は同一の香徒によって作られたか，あるいは互いに密接な関係を持ちつつ分化した集団によって作られたものと推定される．前者の癸酉銘阿弥陀三尊仏碑像には，年月日と香徒主導層の人名・官等，彼らが「国王大臣」らのために発願して寺院を建立したこと，その他の香徒構成員の人名・官等が記録されている．対して後者の癸酉銘三尊千仏碑像には，年月日に続けて香徒が仏碑像を作ったこと，「国王大臣」らのためとの祝願対象，そして「香徒名」すなわち香徒構成員の名簿を列記している[28]．

泗川から発見された碑片は，この両仏碑像の形式が混合しており，泗川地域の香徒組織がなんらかの仏事を記念して立てた碑石と推定できる．したがって本章では本碑片を「泗川新羅香徒碑」と名づけた．両仏碑像の内容構成を参考に，泗川新羅香徒碑の全体構成を復元すると次のようになる．

〈年月日〉	亡失
〈香徒主導層〉	…更得乃末□□□
〈祝願の対象〉	国王而雲大王上大等□…神述時州総官蘇□
〈仏事の内容〉	亡失
〈香徒構成員の名簿〉	香徒上了言大徳県令…乃末体真上村主岐□

図 4.6　甘山寺阿弥陀造像記

図 4.7　甘山寺弥勒造像記

上記復原の〈祝願の対象〉部分に関して，中代には単に「国王大臣」「国主大臣」といった形式で記す金石文もあるが，甘山寺《カムサンサ》阿弥陀造像記（甘山寺石造阿弥陀仏立像造像記，720年，図4.6）のように「国主大王」「伊《い》湌《さん》愷元《ケウォン》公」などと大臣名（伊湌愷元公）に直接言及するものや，甘山寺弥勒造像記（甘山寺石造弥勒菩薩立像造像記，719年，図4.7）のように「国主大王」「愷元伊湌公」への具体的な祝願内容までも詳しく記録したものもある．このように〈祝願の対象〉には多様な形式があることから，「国王而雲大王上大等□…神述時州総官蘇□」のすべてをそれに該当するものとした．

中代末の恵恭王代に建立された泗川新羅香徒碑からは，当時の泗川地域に存在した香徒組織の構成形態を詳しく知ることができる．まず，香徒構成員の信仰を指揮する「香徒上」（香徒の頭目）である了言《ヨオン》は，「大徳《だいとく》」の称から中央仏教界出身とみられる．つぎに，地方官である県令《けんれい》がおり，そして上村主《じょうそんしゅ》，最後に官等をもつ地域の有力者も相当数が参加していたことが推測される．

彼らの主導した〈仏事の内容〉は具体的にはわからないが，これに関連して，僧侶八珍《パルジン》と阿《あ》干《かん》貴珍《クィジン》が主導した景徳王代の弥陀結社香徒が注目される[29]．奴婢郁《ユン》面《ミョン》の説話で有名な康州《カンジュ》（現在の晋州《チンジュ》）地域の弥陀結社は[30]，時期的にも地理的にも泗川の香徒と近接しており，泗川の香徒もまた景徳王代に地方社会で爆発的に増加した弥陀結社の一つであった可能性が高い．

康州の弥陀結社を主導した阿干貴珍は，その官等から明らかに地方人ではなく王京出身である[31]．泗川の香徒も，前述のように大徳を称する中央仏教界出身の僧侶と，地方官である県令とが参加している．したがって康州と泗川地域の香徒組織には，中央権力がその組織構成に一定の関与をしていたという共通点を見出すことができる．それでは，別の地域の信仰結社はどうだろうか．

前掲の癸酉銘の両仏碑像をみると，燕岐地域では中央権力が香徒結成に介入した痕跡を見出すことはできない．百済の官等である「達率《たっそつ》」を堂々と使用していることからもわかるように，仏碑像に記録されている人物はいずれもこの地域出身の有力者であったと思われ，百済滅亡以前から香徒が組織されていた可能性もある．いずれにせよ当時，中央権力が介入せず，地方有力者だけを中心に指揮された香徒も存在していたことは明らかである．ならば中代時期の地方社会における信仰結社の本質的な姿はどちらだったのだろうか．この点を景徳王代のさらに別の香徒事例を通して検討してみよう．

4.4　美黄寺の香徒と霊巌新羅埋香碑

新羅の同時代資料ではないが，美《ミ》黄《ファン》寺《サ》碑銘（1692 年建立，図 4.8）に記された海南《ヘナム》の美黄寺の縁起説話中にも，景徳王代（749 年）の香徒事例が確認できる．資料的価値は劣るものの，『新増東国輿地勝覧《しんぞうとうごくよちしょうらん》』に収録された高麗後期の僧侶である無畏《ムウェ》の記録にも同じ登場人物や寺名がみられることから，一定の伝承をもとにした信憑性の高い資料と推定されている．

この香徒は義照《イジョ》和尚と沙弥《しゃみ》2 名，村主の于甘《ウガム》，香徒 100 名で構成されている[32][訳者注1]．僧侶を除くと地方有力者だけで結成を主導した香徒事例とすることができ，前述の癸酉銘仏碑像に記された燕岐地域の香徒構成とほぼ一致している．時期が少しくだるが，昭聖王《ソソンワン》元（799）年に制作された洪城《ホンソン》の龍鳳寺《ヨンボンサ》磨崖仏《まがいぶつ》造像銘（図 4.9）にみえる「徒」の場合も，地方有力者だけで構成された信仰結社，または仏寺造営の事例に加えることができよう．

図 4.8　美黄寺碑銘

［龍鳳寺磨崖仏造像銘］
1．貞元十五年己卯十一月日仁□
2．□仏願大伯士元烏法師
3．□徒官人長弥大舎

図4.9　龍鳳寺磨崖仏造像銘

古代史学界ではこれまであまり注目されていない資料である[33]．第3行の第1・2字は，岩面自体の剥落がひどく，釈読が非常に難しい．第3字の「官」は他の文字に比べて非常に小さく刻まれており，おそらく当初から第3行の岩面は剥落があり，書写空間が足りなかったものと考えられる．第2字の左辺は「彳」が確実で，右辺は上部「土」だけ残り，下部は剥落している．剥落のない部分には字画が明らかにないので，「徒」以外の別字を想定するのは困難である．第1字は文字を刻もうとして諦めた残画と思われ，意味のある文字とみるのは難しい．

新羅時代には「人名＋徒」の形式で集団化する事例が多いため，大伯士《だいはくし》元烏《ウォノ》法師の衆（徒），そしてその中で官人長弥《チャンジン》大舎《だいしゃ》が代表として特筆されていると解釈して大過ないだろう．ここで「官人」とするのは，中央から派遣された地方官ならば公式な肩書を使用した可能性が高いため，地方社会の村司官人をさしたものではないかと考える．この「徒」を「香徒」の直接的な事例に加えられないとしても[34]，大伯士は銘文内の記載位置からすれば彫刻家以上の意味を持っており，前述のように僧侶と地方有力者が「徒」を形成したのであれば，これも香徒に準じた組織として，地方有力者だけで構成された香徒の事例に十分加えることができよう．

したがって康州や泗川地域の香徒のように，中央権力が地方社会の香徒結成に一定の関与をした事例よりも，文武王代（673年）の癸酉銘阿弥陀三尊仏碑像や景徳王代（749年）の美黄寺銘の「香徒」，少し遅れるが下代初の昭聖王代（799年）の洪城龍鳳寺磨崖仏造像銘の「徒」などのように，僧侶や地方有力者だけで構成された香徒が，中代の地方社会の信仰結社組織のより一般的な形態であったものと推定される．

ならば康州や泗川地域の香徒には，なぜ中央権力が関与したのであろうか．時期はくだるが菁州蓮池寺《チョンジュヨンジサ》鐘銘（833年）にも，州統《しゅうとう》を称する僧侶とともに郷村主《きょうそんしゅ》2名，および村舎《そんしゃ》官人の名が記されている［訳者注2］．菁州はすなわち康州であるので，この地域は後代まで中央権力が仏事に深く介入していたことがわかる．

康州（現在の晋州）は，新羅下代以降には対日外交の関門であったことは明らかだが[35]，それ以前，日本との外交関係が急速に冷めた中代の聖徳王代から[36]，すでに関門としての位置づけが確立していた可能性の高い地域である．泗川を通じた海路，南江《ナムガン》や洛東江《ナクトンガン》・密陽江《ミリャンガン》など，水運交通網を活用した交通の要衝にも該当している．蔚山《ウルサン》が軍事戦略面で対日本外交の窓口から除外されると，新たに康州がその代替地として浮上してきたのも，王京と康州が水運交通網を通して迅速に連結することができたためである[37]．このように中央が格別な関心を傾けずにはいられない地域だったのである．

こうした交通上の結節点や州治《しゅうち》，小京，郡統《ぐんとう》の派遣地といった一部の行政拠点地域を除けば，前述のように中央権力と地方官は地方社会の信仰結社にほとんど関与せず，村主以下の地方有力者たちが組織を主導していたものと考えられる．これは中代王権の中央集権力が本質的にかなり弱く，それに比例して地方有力者たちが自身の権力空間を早くも中代から確保していたことを意味する．

中代末から下代初の火旺《ファワン》郡（現在の昌寧《チャンニョン》）地域の富豪が，仁陽寺《イニャンサ》を中心に近隣寺院の仏事にまで財政支援をしたことがわかる，昌寧仁陽寺碑（810年，図4.10）の研究でも指摘されているように[38]，新羅下代の地方豪族の時代は，突如出現したものではなかった．中代，その惨憺たる「災異の時代」に，中央権力が放棄した地方民たちを信仰結社によりとりまとめ，仏事を通じて彼らの不安感を拭い去った地方有力者たちこそが，その出発点であった．彼らは災異に積極的に対応しながら，地域民の内的結束をひき出していった．3.53 m にもなる咸安《ハマン》の防禦山《パンオサン》磨崖薬師三尊仏（801年，図4.11）や，前述の昌寧仁陽寺碑は，この時期の地方有力者たちの財力と位相を示す代表的な作品である．興徳王《フンドグァン》9（834）年に奢侈の風潮を一掃するために下された教事《きょうじ》に「村主層」があげられているのも[39]，こうした時代の雰囲気をふまえることで正しく理解できよう．

地方社会の成長と関連して，元聖王2（786）年に建立された霊巌鳩林里《ヨンアムクリムニ》発見の新羅碑が注目される．後述のように，この碑は埋香《まいこう》結社と関わり建立されており，「霊巌新羅埋香碑」と名づけることができよう（図4.12）．以下は筆者の釈文である．

図 4.10　昌寧仁陽寺碑

図 4.11　防禦山磨崖薬師三尊仏

図 4.12　霊巌新羅埋香碑

[霊巌新羅埋香碑]

1. 貞元二年丙寅五月十日偖坪外呑蔵内不忘
2. 立□有卅夫□山乙卯□　合香十束
3. 入乙卯□人名　力知　焉生　右
4. 仁開

釈文の中核は第2行の「合香十束」である．「香」字下部の「日」部分が「口」となっており，別の解釈の余地もあるが，「丙寅《へいいん》」など別字でも字画を多く省略している．形態上，また「合」や「十束」との組合せからも，「香」が最も適当だろう．多くの先行研究でも「香」と釈読し，高麗・朝鮮《チョソン》時代における当該地域の埋香結社と関連づけて，本碑を埋香碑と評価している[40)]．

第4行末尾は，字画は「門」となっているが，指摘されているように「開」の字画を省略したものと考えられる．高城《コソン》三日浦《サミルポ》埋香碑（1309年）は埋香発願の主体を列挙したあとに「謹以香木一千五百条埋□各浦，開数于後以待龍華会主弥勒下生之□同生会下供養三宝者」とあり，続けて「開数」の項目のもとに埋香をした場所や香木主《こうぼくしゅ》を列挙している．「開数」は文脈から香木の埋蔵と関連する用語と推測され，埋蔵するために香木を「並べること」ではないかと考える．

これをふまえて上記釈文を解釈すると，第 1 行は立碑の日時，埋香した地名，これらを忘れないことを強く求め，第 2 行は埋香の具体的な地点と数量，第 3 行は埋香の主体，第 4 行は埋香を無事に終えたという意味と理解される．各行の下段には余白が多くあるにもかかわらず改行して記していることから，各行は独立した内容の段落であったと考えられる．無理のある憶測ではあるが，全体を解釈してみると，以下のようになる．

貞元二年丙寅五月十日，偖坪の外の呑蔵内．忘れないこと．

（碑を）立てた（場所は）三十（箇所）ある．夫□山乙卯□方向に，合わせて香十束（を納めた）．

乙卯方向に（香を）入（蔵した）人の名は，力知・焉生，右である．

無事に埋蔵した．

以上の解釈が許されるならば，本碑は現存最古の埋香碑となり，新羅下代初の地方社会を理解するための新たな基礎資料として活用することができよう．本碑に関して何よりも注目されるのは，埋香の主体が官等をまったく持たない一般の地方人であるという点である．

高麗時代以降の事例では，埋香結社を主導した集団は，弥陀《みだ》または弥勒《みろく》信仰を標榜する香徒が多い[41]．霊巌の埋香結社も同様に，中代の景徳王代以後における浄土信仰やその結社体の流行と一定の関連があったと考えられる．埋香儀式のためには相当な財力が必要であるが，官等を持たない一般の地方人がこうした結社を主導し，埋香儀式を遂行したという点からは，霊巌地域の躍動的な様相をみてとることができる．

哀荘王《エジャンワン》4（803）年，中国使節の途上にある朴如言が揚州で『広利方』を購入した事実からも知られるように，霊巌と羅州《ナジュ》地域は 9 世紀頃には新羅の新しい対中国外交窓口として成長していた[42]．もちろん埋香した香木の数はわずか 10 束にすぎないが，それを 30 か所以上にも埋蔵したという点を勘案すると，官等を持たずとも彼らはこの地域の富豪層に属する人物であった可能性は高い．

霊巌新羅埋香碑は，官等をまったく持たない地方民たちが，当時の埋香結社を主導していたことを示しており，こうした対外交易の拠点地を基礎に，新羅中央政権への対抗勢力が成長していったことを，遺憾なく物語っている．

4.5 結 論

現在学界は一般的に，新羅の中代を政治的な安定と繁栄を謳歌した新羅の全盛期と理解している．しかしこれに反して新羅下代人は，中代と下代をともに「真骨王」の時代とひとまとめにしてしまい，上代だけを「聖骨王」の時代とみたり，そもそも中代と下代を区分せずに一つの時代としてとらえる時代区分観をもっていた．こうした歴史観は，新羅下代人がみずからの生きる当代ではなく中代からすでに新羅王の権威が下落したものと認識しており，新羅衰退の淵源を中代に求めていたことを暗示している．

実際に『三国史記』のような年代記資料から知られるように，新羅の中代，とくに聖徳王から恵恭王にいたる時期は，自然災害と飢饉，そして伝染病の発生頻度がほかのどの時期よりも高い「災異の時代」であった．当時の伝染病は，頻繁な対外交流の中で国際性を帯びていたが，これにより８世紀中葉は新羅だけでなく唐や古代日本でも，既存の王権に対する大規模な反乱が相次いで起きた．本章ではこうした災異に対する新羅国家や地方社会の対応状況を検討し，中代の没落と下代のはじまりを新しい角度から眺望した．

具体的な分析のため，新羅中〜下代の地方社会の仏教信仰結社や仏事の様態を示す新羅碑文と造像銘に注目した．自然災害や伝染病の正確な原因がわからなかった当時，一般人の不安感を鎮める最も積極的にして効果的な対応策は，呪術的・宗教的な形態をとらざるをえなかった．とくに仏教信仰結社は，高麗時代の香徒研究においても明らかにされているように，信仰により結ばれた宗教団体であると同時に，地方社会の秩序もある程度内包する存在であり，地方社会の内的結束と災異への対応状況を知ることのできる重要な資料となるのである．

こうした信仰結社と仏事は，景徳王から元聖王の時代に集中して確認される．これは聖徳王代以降から急増し始める災異と信仰結社とが密接に関係することを意味する．したがって聖徳王代は，中代全盛期の黎明とみるよりは，政権に対する危機感が潜在する中代没落の前夜とみるべきである．以後，景徳王代にはこうした災異に対応するため，巨大な薬師仏が国家主導で造成され，人びとの不安を鎮める浄土信仰が中央はもちろん地方へも，また国王から奴婢階層にいたるまで，爆発的に拡大していった．

この時期には地方でも活発な信仰結社と仏事が実現した．中代末の恵恭王代に建立された泗川新羅香徒碑からは，大徳を称する中央仏教界と関連した僧侶を中心に，県令や上村主，地域の有力者たちが参加した香徒が，当時の泗川に組織されていたことがわかる．これと密接に関連して，近隣の康州には景徳王代に阿弥陀浄土信仰を追求した香徒集団が存在し，王京人出身の阿干貴仁が主導的に参加していた．このようにこれらの地域では，中央権力が地方の信仰結社組織に介入していたことがわかる．

しかし中代には癸酉銘阿弥陀三尊仏碑像や景徳王代の海南美黄寺の香徒事例などからすると，康州のような対日外交の窓口，州置，小京，郡統の派遣地といった一部の行政拠点地域を除けば，中央権力と地方官は地方の信仰結社にほとんど関与しておらず，このことは村主以下の地方有力者たちが自身の権力空間を早くも中代から形成していたことを意味する．

新羅下代の地方豪族の時代は，突如出現したものではなかった．中代，その惨憺たる「災異の時代」に，中央権力が放棄した地方民たちを信仰結社によりとりまとめ，仏事を通じて彼らの不安感を拭い去った地方有力者たちこそが，その出発点であった．彼らは災異に積極的に対応しながら，地域民の内的結束をひき出していった．咸安の防禦山磨崖薬師三尊仏は昌寧仁陽寺碑とともに，この時期の地方有力者たちの財力と位相を示す代表的な作品である．また霊巌新羅埋香碑は，官等をまったくもたない地方民たちが，当時の埋香結社を主導していたことを示しており，対外交易の拠点地から新羅中央政権への対抗勢力が成長していったことを，あらためて立証してくれるのである．

中代の中央権力が災異にまともに対応できないでいるとき，地方の有力者たちはその間隙をぬって新たな権力を芽吹かせた．中代と下代を一つの時代とくくったり，中代と下代の王を真骨と貶める新羅下代人は，新羅を倒す変革の力がすでに中代から始まっていたことを述べようとしているのではなかろうか．災異が全国を覆い包んでも，なお「殺すことも追い出すことも」できない中代の王は，もはや神聖ではあり得なかった．中代・下代の王は，自身を「聖骨」と標榜したかも知れないが，自ら「災異の時代」を克服して生き残った新羅下代人たちは，彼らを「聖骨」とは呼ばなかったのである．

注

1)『三国史記』巻 11 真聖女王 2（888）年 2 月条.

2）その場合，『三代目』は新羅の当時の題目ではなく，高麗になってつけられたものということになる．

3）これについては金基興（2000）骨品制研究の現況と展望．韓国古代史論叢，9，を参照のこと．

4）『三国遺事』巻1王暦第28真徳女王「已上中古聖骨，已下下古真骨」．

5）上代の王を聖骨とする三代区分法とは異なり，三古区分法が中古期の王だけを聖骨として特化させていることについて，その基準が仏教と関連しているとの指摘がなされている．金哲埈（1975）韓国古代国家発達史，韓国日報社，同（1990）韓国古代史研究，ソウル大学出版部，pp.50～55．

6）『三国遺事』巻3塔像・霊鷲寺「寺中古記云，新羅真骨第三十一主神文王代」．

7）聖住寺朗慧和尚碑（890年以降）では，武烈王を朗慧の八代祖と説明し，その詞で「本枝根聖骨」としている．

8）孝恭王を憲康王の息子と認めつつ，真聖女王は自身の兄弟たちの「骨法」が他の人びととは異なるという点をとくに強調した．これは下代にも王室が，自身を一般真骨貴族とは区別して聖骨と称していた可能性を物語る．金基興（2001）新羅處容説話の歴史的真実．歴史教育，80，p.138．

9）『三国遺事』巻1王暦第27善徳女王「聖骨男尽，故女王立」．

10）もちろん一然のこうした推論さえも，新羅下代人の聖骨認識に基づく可能性がある．

11）こうした事例は文献だけでなく，当代の金石文にも数多く確認できる．尹善泰（1993）新羅骨品制の構造と基盤．韓国史論，30，pp.5～23，参照．

12）李基白（1983）韓国史新論，一潮閣，の第4章「専制王権の成立」参照．

13）『高麗史』高麗世系．

14）「新羅はこの時（676年）から780年の滅亡到来までの百余年間，国際平和と安寧，そしてこれまで達成することのできなかった政治的安定と繁栄を謳歌した」（李基東（1997）新羅興徳王代の政治と社会．新羅社会史研究，一潮閣，p.138）．

15）申瀅植（1981）三国史記研究，一潮閣，表15～23，参照．

16）8世紀前半以後，新羅をはじめ唐と古代日本においても，既存の王権に対する大規模な反乱が連続して起こったことからすると，この時期の自然災害も東アジア的な視角から比較検討をしてみる価値があろう．当時の東アジアに小氷期に準じる異常気候現象があったのかも知れない．

17）『三国史記』巻9景徳王15（756）年2月．

18）『三国史記』巻9恵恭王16（780）年．

19）ウィリアム・マクニールによると，9世紀前後の中国と日本は，致死率の高い伝染病が周期的に反復し，地方によっては人口の半分以上が減少するなど，社会的危機が高まった（ホジョン訳（1992）伝染病と人類の歴史，ハンウル，pp.162～163，日本語訳は佐々木昭夫訳（1985）疫病と世界史，新潮社）．当時の国際交流関係からすれば，新羅もその例外とはなり得ないだろう．

20）以上，当時の国際化した伝染病と新羅の対応策については，李賢淑（2003）新羅統一期の伝染病の流行と対応策．韓国古代史研究，31，同（2000）新羅哀荘王代の唐医学書『広利方』の導入とその意義．東洋古典研究，13・14，が大変参考になる．

21）ユクンジャ（1994）統一新羅薬師仏像の研究．美術史学研究，203．

22)『三国遺事』巻 3 塔像・芬皇寺薬師.

23) 辛鐘遠（1982）三国遺事郁面婢念仏西昇條についての一考察. 史叢, 26. 金英美（1985）統一新羅時代阿弥陀信仰の歴史的性格. 韓国史研究, 50・51 合併号.

24) 李泰鎮（1972）礼泉川開心寺釈迦塔記の分析. 歴史学報, 53･54 合併号. 蔡雄錫（1989）高麗時代香徒の社会的性格と変化. 国史館論叢, 2, 同（2000）高麗時代の国家と地方社会, ソウル大学出版部.

25) 碑石は耕地整理作業による棚田耕作のために積んだ石積から出土した. 碑石の破損は土手を積む過程で生じた可能性もあり, 調査対象区域周辺の棚田境界を調査すれば, あるいは残りの碑片を発見できるかもしれない.

26) 以上の碑片に関する解説は, 慶南文化財研究院「泗川船津里城整備事業敷地内発掘調査概要」2004 年 6 月に依拠している.

27) 聯合ニュース 2004 年 7 月 4 日付「泗川新羅古碑から恵恭王の名を確認」の記事によれば, 孫煥一（韓国学中央研究院）の釈読案であるという.

28) 銘文中の「弥次乃」をこの香徒の名称と理解し,「香徒名」を香徒の名称とする研究者もいるが, 両仏碑像の人名を比較すると, これは弥次乃末, すなわち乃末官等を持つ弥次という人物であることは明らかである.

29)『三国遺事』巻 5 感通・郁面婢念仏西昇.「景徳王代, 康州（今晋州, 一作剛州, 則今順安）善士数十人, 志求西方, 於州境倉弥陀寺, 約万日為契」.

30) この香徒の拠点について, 康州ではないとする見解もある（辛鐘遠, 前掲注 23 論文）. しかし辛鐘遠も指摘するように, 卑しい奴婢までも浄土に往生したというこの説話は, 弥陀結社の説話が途切れず伝わるなかで, 当時の新羅人たちの浄土往生の願いを含み込みつつ種々の形態へと発展したことからすれば, 康州地域にもこうした説話を借用して弥陀結社香徒が作られた可能性は十分にあろう. とくに, 郷伝･僧伝ともに説話の末尾で, 郁面が西方浄土へ行った証左として現在の寺の屋根に開いた穴にふれている. 各地域にそのような建物まで建てられ, 説話が変形･再生産された可能性が十分に想定される. 筆者は景徳王代の康州に建てられた弥陀寺もまた, その一つであったものと考える.

31) 李基白（1990）は, 康州の弥陀寺香徒を結成した善士たちの身分を六頭品, あるいはそれに準ずる下級貴族出身と推定した（新羅浄土信仰の別の類型. 新羅思想史研究, 一潮閣, pp.161 ～ 166）.

32) 蔡雄錫, 前掲注 24 著書, p.49.

33) 文明大（1987）洪城龍鳳寺の貞元 15 年銘および上峰磨崖仏立像の研究. 三仏金元龍教授停年退任紀念論叢 II, 一志社, に拓本と写真, 釈読案が紹介されており, 国立慶州博物館『文字からみた新羅』2002 年特別展図録にも, 銘文の部分拡大写真が掲載されている, 本章ではとくに文明大論文に多く助けられた.

34) 蔡雄錫, 前掲注 24 著書, p.43 では, 本銘文の「香徒」部分の判読が不確実であるため, 新羅の香徒事例からは除外している.

35) 尹善泰（2002）新羅の文書行政と木簡. 講座韓国古代史, 5, p.72.

36) 金昌錫（2005）菁州の禄邑と香徒. 新羅下代の社会変動, 第 25 回新羅文化学術会議発表文, 2005 年 6 月 11 日.

37) 後代の朝鮮時代に倭館が設置された三浦と関連づけると, 泗川湾と日本とを結ぶ水路は, 泗川湾が対日窓口として公的に指定される以前から, 私的にも存在していた可能性がある.

38) 河日植 (1996) 昌寧仁陽寺碑文の研究― 8 世紀末～ 9 世紀初の新羅地方社会の断面．韓国史研究，95.

39)『三国史記』巻 33 色服志.

40) 成春慶（1988）月出山の仏教美術．月出山―岩石文化調査，全羅南道，pp.187 ～ 188.

41) 李海濬（1983）埋香信仰とその主導集団の性格．金哲埈博士華甲紀念史学論叢，知識産業社.

42) 前掲注 20，李賢淑（2000）参照.

訳者注

[1]「(前略) 有唐開元十三年乙丑，新羅景徳王八年八月十二日，忽有一石舡来泊于山底獅子浦口．(中略) 義照和尚聞之，與張雲･張善二沙弥，曁村主于甘，香徒一百人同往（後略)」(朝鮮総督府編（1919)『朝鮮金石総覧』下，朝鮮総督府).

[2]「太和七年三月日，菁州蓮池寺鐘成内節伝．合入金七百十三廷，古金四百九十八廷，加入金百十廷．成典和上，恵門法師，□恵法師．上坐，則忠法師．都乃，法勝法師．卿村主，三長及干，朱雀大朶．作韓舎，宝清軍師，龍年軍師．史六□，三忠舎知，行道舎知．成博士，安海哀大舎，哀忍大舎．節州統，皇龍寺覚明和上」(黄寿永編著（1976）韓国金石遺文，一志社，および韓国古代社会研究所編（1992）訳註韓国古代金石文 Ⅲ，駕洛国史蹟開発研究院).

【解説】

本論文を訳出した意図について簡単に説明しておきたい.

本論文は，新羅の時代区分（上代・中代・下代）において全盛期とされることの多い中代が，実際には「災異の時代」であり，没落の時代であったことを論じていく．在地社会では災異への対応として仏教信仰結社の活動が活発化し，そうしたなかから中央政権への対抗勢力が成長していったことを指摘する．その際，新発見資料を含むさまざまな銘文資料を読み解きつつ，在地社会における仏教信仰結社のあり方を具体的に論じている点が特徴といえよう.

朝鮮半島における「知識」造像記については，日本でも近年では竹内亮氏が，高句麗の金銅《こんどう》無《む》量寿《りょうじゅ》三尊《さんぞん》仏像光背銘（571 年）や，本章にも登場する癸酉銘阿弥陀三尊仏碑像（673 年）・癸酉銘三尊千仏碑像（673 年）について，原物調査をふまえた詳細な検討を行なっている（竹内亮（2016）知識結集の源流．日本古代の寺院と社会，塙書房).

韓国では知識や香徒（埋香）に関する研究が，特に高麗時代における在地の社会統合の問題として注目され，研究が深化しているところである（蔡雄錫（2000),

高麗時代の国家と地方社会, ソウル大学出版部など). また本章でも触れられているように, 新発見資料や, 後代の史料中に記載された事例なども存在しており, 「知識」への関心の高い日本古代史研究においても参考となる部分が多いだろう.

また本書第1章の橋本論文および資料編では7世紀初めまでの石碑をおもに対象としているが, 本章ではそれに続く時期の石碑について言及されていることもあり, これにより朝鮮半島における古代の碑文文化の展開をたどることも可能であろう.

原載は『新羅文化』26号 (2005年) である. 翻訳に際して若干の訳者注をつけ, また図版を大幅に増やした. 翻訳を快諾された著者の尹善泰氏に, 心よりお礼申し上げたい.

〔稲田奈津子〕

石碑・遺跡等索引

日本式と韓国式の読みで掲載した.

ア 行

カ 行

資料編1　古代朝鮮諸国の石碑・石刻

橋本　繁

八世紀前半までに朝鮮諸国で建てられた石碑・石刻について、建立年、発見年、発見場所、所在、石質、法量、形状について述べた後、代表的な釈文、釈文注、解説を掲げる。地名は、なるべく二〇一八年現在の地名を使用するよう努めた。釈文・解説は、特に断りのない限り韓国古代社会研究所編『訳註韓国古代金石文』Ⅰ～Ⅲ（駕洛国史蹟開発研究院、一九九二年）によっている。それ以外の論文、書籍にしたがった場合に限り参考文献を掲げた。なお、＊のついたものは、韓国語文献である。釈文は、異体字をふくめて原則的に常用漢字を使用するが、一部例外がある。また、参考文献で使用されている各種の記号は省略した場合があるほか、編集の都合上、字画の一部しか判読していないものは不明字（□）としている。一部、拓本などによって断りなく著者が修正した箇所がある。釈文注は、研究者によって釈文の見解が分かれている場合に他の読みを提示するもので、「①1」は一行目第一字目を意味する。ただし、内容理解に関わる文字に限っており、人名・地名など固有名詞の釈文が分かれている場合は基本的に省略した。

●高句麗《コグリョ》

一・広開《クァンゲ》土王《トワン》碑《ひ》

四一四年建立。一八八〇年頃、吉林《きつりん》省集安《しゅうあん》市太王郷九華里で発見された。現在も同地に所在する。

凝灰岩。高さ六三九センチ、四角柱状をしており四面に銘文がある。最も幅広い三面で二〇〇センチ、狭い二

【釈文】

第一面

惟昔始祖鄒牟王之創基也出自北夫餘天帝之子母河伯女郎剖卵降世生而有聖□□□□□□命駕
巡幸南下路由夫餘奄利大水王臨津言曰我是皇天之子母河伯女郎鄒牟王為我連葭浮亀応声即為
連葭浮亀然後造渡於沸流谷忽本西城山上而建都焉不楽世位天遣黄竜来下迎王王於忽本東岡履
龍首昇天顧命世子儒留王以道興治大朱留王紹承基業遝至十七世孫国岡上広開土境平安好太王
二九登祚号為永楽太王恩沢洽于皇天威武振被四海掃除□□庶寧其業国富民殷五穀豊熟昊天不
弔卅有九宴駕棄国以甲寅年九月廿九日乙酉遷就山陵於是立碑銘記勲績以示後世焉其辞曰
永楽五年歳在乙未王以稗麗不□□人躬率往討過富山負山至塩水上破其三部洛六七百営牛馬群
羊不可称数於是旋駕因過襄平道東来候城力城北豊五備海遊観土境田猟而還百残新羅旧是属民
由来朝貢而倭以辛卯年来渡海破百残東□新羅以為臣民以六年丙申王躬率□軍討伐残国軍□□
因攻取壱八城臼模盧城各模盧城幹弖利城□□城関弥城牟盧城弥沙城□舎蔦城阿旦城古利城□
利城雑珍城奥利城句牟城古須耶羅城莫□□□□城□而耶羅城瑑城於利城農売城豆奴城沸□□

第二面

利城弥鄒城也利城太山韓城掃加城敦抜城□□城□婁売城散那城那旦城細城牟婁城亐婁城蘇灰
城燕婁城析支利城巖門□城味城□□□□□利城就鄒城□抜城古牟婁城閏奴城貫奴城彡穣
城□□城儒□盧城仇天城□□□城□其国城残不服義敢出百戦王威赫怒渡阿利水遣刺迫城□□
侵穴□便囲城而残主困逼献□男女生口一千人細布千匹跪王自誓従今以後永為奴客太王恩赦先
迷之愆録其後順之誠於是得五十八城村七百将残主弟幷大臣十人旋師還都八年戊戌教遣偏師観
粛慎土谷因便抄得莫□羅城加太羅谷男女三百余人自此以来朝貢論事九年己亥百残違誓与倭和
通王巡下平穣而新羅遣使白王云倭人満其国境潰破城池以奴客為民帰王請命太王恩慈称其忠誠
特遣使還告以□計十年庚子教遣歩騎五万往救新羅従男居城至新羅城倭満其中官軍方至倭賊退
□□背急追至任那加羅従抜城城即帰服安羅人戍兵□新羅城□城倭□倭潰城六
十九尽拒□□安羅人戍兵満□□□□其□□□□□□言

第三面

□□□□倭□□□□□□□□□□□興□□□□□□□□□辞□□□□□□□□□□□□□潰
□□□□安羅人戌兵昔新羅寐錦未有身来論事□国岡上広開土境好太王□□□□寐錦□□僕勾
□□□□朝貢十四年甲辰而倭不軌侵入帯方界□□□□□石城□連船□□□王躬率□□従平穣
□□□鋒相遇王幢要截盪刺倭寇潰敗斬殺無数十七年丁未教遣歩騎五万□□□□□□□□□師
□□合戦斬殺蕩尽所穫鎧鉀一万余領軍資器械不可称数還破沙溝城婁城□住城□□□□□□那
□城廿年庚戌東夫餘旧是鄒牟王属民中叛不貢王躬率往討軍到餘城而餘城国駭□□□□□□□
□□王恩普覆於是旋還又其慕化随官来者味仇婁鴨盧卑斯麻鴨盧椯社婁鴨盧粛斯舎鴨盧□□□
鴨盧凡所攻破城六十四村一千四百守墓人烟戸売句餘民国烟二看烟三東海賈国烟三看烟五敦城
民四家尽為看烟亐城一家為看烟碑利城二家為国烟平穣城民国烟一看烟十訾連二家為看烟俳婁
人国烟一看烟卌三梁谷二家為看烟梁城二家為看烟安夫連廿二家為看烟□谷三家為看烟新城三
家為看烟南蘇城一家為国烟新来韓穢沙水城国烟一看烟一牟婁城二家為看烟豆比鴨岑韓五家為
看烟句牟客頭二家為看烟求底韓一家為看烟舎蔦城韓穢国烟三看烟廿一古須耶羅城一家為看烟
旲古城国烟一看烟三客賢韓一家為看烟阿旦城雑珍城合十家為看烟巴奴城韓九家為看烟臼模盧
城四家為看烟各模盧城二家為看烟牟水城三家為看烟幹弖利城国烟一看烟三弥鄒城国烟一看烟

第四面

七也利城三家為看烟豆奴城国烟一看烟二奥利城国烟二看烟八須鄒城国烟二看烟五百
残南居韓国烟一看烟五太山韓城六家為看烟農売城国烟一看烟七閏奴城国烟二看烟廿二古牟婁
城国烟二看烟八瑑城国烟一看烟八味城六家為看烟就咨城五家為看烟彡穣城廿四家為看烟散那
城一家為国烟那旦城一家為看烟句牟城一家為看烟於利城八家為看烟比利城三家為看烟細城三
家為看烟国岡上広開土境好太王存時教言祖王先王但教取遠近旧民守墓洒掃吾慮旧民転当羸劣
若吾万年之後安守墓者但取吾躬巡所略来韓穢令備洒掃言教如此是以如教令取韓穢二百廿家慮
其不知法則復取旧民一百十家合新旧守墓戸国烟卅看烟三百都合三百卅家自上祖先王以来墓上
不安石碑致使守墓人烟戸差錯唯国岡上広開土境好太王尽為祖先王墓上立碑銘其烟戸不令差錯
又制守墓人自今以後不得更相転売雖有富足之者亦不得擅買其有違令売者刑之買人制令守墓之

面が一三五センチである。

【解説】

広開土王碑文は、三つの段落から構成されている。

第一段は序論にあたり、冒頭から第一面六行目までである。始祖鄒牟《チュモ》の誕生および建国の伝説から、碑文の主人公である広開土王にいたるまでを語る。始祖の鄒牟は、天帝と河の神の娘から生まれた。もとは北夫餘《きたふよ》の出身であったが、南に逃れて忽本《ホルボン》で高句麗を建国した。王が黄龍に乗って昇天すると子の儒留王《ユリュワン》が後を継ぎ、一七世孫の広開土王にいたった。広開土王は一八歳で王位につき、四一二年に三九歳で亡くなり、四一四年に埋葬された。

第二・三段が本論にあたる。第二段は第一面七行目から第三面八行目までであり、八年八条にわたり王の勲功を述べる。永楽《えいらく》五（三九五）年、稗麗《ひれい》に親征して三つの部落、六・七百の営《えい》（聚落《しゅうらく》）をうち破った。永楽六（三九六）年、百残《ペクチャン》（百済《ペクチェ》）に親征して降服させ、五八城・村七〇〇を獲得し、王の弟と大臣一〇人を連行した。永楽八（三九八）年、将軍を粛慎《しゅくしん》に派遣して三〇〇人を掠めとった結果、朝貢してくるようになった。永楽九（三九九）年、百済が叛いて倭《わ》と通じたため、王は平壌《ピョンヤン》に巡り下った。新羅が使者を派遣してきて帰服した。永楽一〇（四〇〇）年、歩兵と騎兵五万を遣わして新羅《シルラ》を救援し、任那加羅《イムナカラ》の従伐城《チョンボルソン》（金海《キメ》）まで至り帰服させた。永楽一四（四〇四）年、倭が帯方《たいほう》地域まで攻めてきたため、王が親征してこれを討ち破った。永楽一七（四〇七）年、兵を（百済に？）派遣して勝利した。永楽二〇（四一〇）年、東夫餘に親征した。第二段の最後に、総括として「攻め破った城は六四、村は一四〇〇」と記す。

第三段は第三面八行目から末尾までであり、王墓を守る人びとについて規定する。まず、守墓人《しゅぼにん》の徴発に関する規定として、以前から高句麗に服属していた旧民一一〇戸および広開土王の治世に新たに獲得した韓《かん》・穢《わい》の民二二〇戸の合わせて三三〇戸を五〇の城邑《じょうゆう》から徴発して墓守にしたことを記す。そして、守墓人に関する法令について述べる。広開土王は旧民が疲弊することを怖れて新来の韓・穢の民だけを守墓人にあてようとしていたが、長寿王《チャンスワン》は新来の民が墓を守る方法を知らないことを考えて、旧民も加えることとした。祖先王の守墓人烟戸《えんこ》が入り乱れてしまっていたため、広開土王は墓のほとりに石碑を立てて守墓人を銘記した。そして、守墓人の売買を禁止して刑罰を定めた。

【参考文献】

武田幸男（二〇〇七）広開土王碑との対話、白帝社。

二. 集安高句麗《コグリョ》碑《ひ》

建立年は不明、広開土王～長寿王代か。二〇一二年、吉林省集安市麻線郷で発見された。現在、集安博物館が所蔵する。

花崗岩。上部が欠損しており、現存の高さ一七三センチ、幅六六・五センチ、厚さ二一センチ。碑石上部は圭《けい》頭《とう》と推定され、碑面は平らに加工されている。下部に高さ一九・五センチ、幅四二センチ、厚さ二一センチの枘《ほぞ》があり、本来は台座があったと思われる。裏面にも文字があったとみられるが、摩滅のため判読は困難である。

【釈文】

□□□□世必授天道自承元王始祖鄒牟王之創基也
日月之子河伯之孫神霊祐護蔽蔭開国辟土継胤相承
□□□□各墓烟戸以□河流四時祭祀然而世悠長烟
戸守□□烟戸□劣甚衰当買□転売数□守墓者以銘
□□□□□□国罡上太王□平□□王神亡□興東西
□□□□世室追述先聖功勲弥高烋烈継古人之慷慨
丁□□好太□王曰自戊子定律教内発令更脩復各於
先王墓上立碑銘其烟戸頭廿人名垂示後世自今以後
守墓之民不得擅買更相転売雖富足之者亦不得其買
売因若違令者後世継嗣□□看其碑文与其罪过

【注】

④全体的に異説が多い。

⑦4～5「好太」「丁卯」「癸卯」とする説あり。

⑦11「子」「申」「午」とも読まれる。

【解説】

釈読しがたい文字が多いため正確な文意はとりにくいが、おおよその内容は推測可能である。広開土王碑の第三段と同様、守墓人に関する規定が記された碑文である。一～二行目は始祖鄒牟王による高句麗の開国、神霊の保護による国の発展、王位継承について記される。三～六行目は、守墓制の施行と変遷について記され、守墓人が転売されて衰えてしまったが、それを立て直したことを記す。七～一〇行目は守墓制に関するさらなる規定について記しており、「律」を制定して碑を建立し、守墓人の売買禁止の規定を記している。

建立年代については、広開土王代から長寿王代までの諸説が出されている。七行目に干支年があり「戊」字は明らかであるが次の文字が「子」「申」「午」などの釈文が

あって確定しがたい。

【参考文献】

余昊奎（二〇一四）新発見〈集安高句麗碑〉の判読と内容検討，プロジェクト研究（早稲田大学総合研究機構）、九。

三　忠《チュン》州《ジュ》高句麗碑

建立年は不明、長寿王代か。一九七八年、忠清北道《チュンチョンブクト》忠州市（旧中原《チュンウォン》郡）中央塔面で発見された。現在、同地の忠州高句麗碑展示館が所蔵する。

高さ二〇三センチ、前面の幅は五五センチ、左側面の幅は三八センチの四角柱状である。本来は四面に文字が彫られていたと考えられるが、摩滅のため前面と左側面の一部以外はほとんど確認できない。

【釈文】

（前面）

五月中高麗太王祖王公□新羅寐錦世世為願如兄如弟
上下相知守天東夷之寐錦□太子共前部太使者多兮桓
奴主薄貴□□□□□□□去□□到至跪官大太子共諸
向□上共看節賜太□□教□□東夷寐錦之衣服建立□
用者賜之随□□□□奴客人□教諸位賜上下衣服教東
夷寐錦遝還来節教賜寐錦土内諸衆人□□□□王国土
大位諸位上下衣服来受教跪官之十二月廿三日甲寅東
夷寐錦上下至于伐城教来前部太使者多兮桓奴主薄貴
□□□□□募人三百新羅土内幢主下部抜位使者□奴
□□奴抜位□□蓋盧共□募人新羅土内衆人□□□□

（左側面）

□□□中□□□□□不□□村舎□□□□保□沙□□
□□□□□□□従□功□□射□□□□□節人□□□
□□□□□□□西□□□□十□□□□□太王国土□
□人□□□□□□□□□□□□□□□□□□□□□
□□□□□□□□□上有□□□□□□□東夷寐錦土
内□□□□□兮桓□□沙□斯色□□□□□共軍至于
伐城□于□古牟婁城守事下部大兄聡□

【解説】

建立年代は不明であるが、五世紀の長寿王代とする理解が一般的である。高句麗を優位とする新羅との関係について記されており、「高麗《コリョ》太王」に対して新羅王は「新羅寐錦」「東夷寐錦」とされ、「兄の如く弟の如く」という兄弟関係を結んでいるとされる。こうした上下関係は、新羅王以下に高句麗の衣服を賜与して身分秩序に包摂していることや、新羅領内に軍官である「新羅土内幢主《とうしゅ》」を派遣して新羅人を徴発するなど軍事的に影響下に置い

ていることに具体的にみられる。高句麗南進政策の実態を示す貴重な資料である。

【参考文献】
木村誠（二〇〇四）中原高句麗碑立碑年次の再検討．古代朝鮮の国家と社会、吉川弘文館。

四．長安城《チャンアンソン》城壁石刻

第一石

五六九（五八九？）年建立。一七六六年に発見された。劉喜海『海東金石苑』（一八三一年成立）に釈文が載るのみで、発見場所、所在は不明。

高さ二七センチ、幅一三〇センチほどという。

【釈文】

己丑
年五
月廿
八日
始役
西向
十一
里小
兄相
夫若
侔利
造作

【注】

①2「丑」「酉」の可能性あり。

【解説】

現在の平壌《ピョンヤン》市街には、北城・内城・中城・外城の四区画からなる平壌城があった。その城壁から、銘文のある石が五点発見されている。この城は、『三国史記』の陽原《ヤンウォ》王《ヌァン》八（五五二）年「長安城を築く」、平原王《ピョンウォヌァン》二八（五八六）年に「都を長安城に遷す」とある長安城に該当する。銘文には築城工事の年月日、分担区間、監督者が記されており、長安城築造の過程を知ることができる。また、現存しないが、北城から「本城四十二年畢役」と刻まれた石の発見されたことが尹游『平壌続志』（一七〇〇年成立）に記されている。これらを総合すると、五五二年に遷都が決定され、五六六年に内城の城壁を築き始め（第四石）、五八六年に遷都し、五八九年から全体をかこむ外城の城壁の築造が始まり（第一～三石）、五九三年に完工したことになる。

第一石は、「己丑（酉カ）年五月二八日に工事を始め、西に向かって十一里は、小兄の相夫若侔利が造作する」という内容である。高句麗の一里の長さは明確でないが、三〇〇歩＝一八〇〇尺＝四一五・八メートルとする推定がある（＊李宇泰「古代度量衡の発達」『講座韓国古代史』第六巻、駕洛国史蹟開発研究院、二〇〇二年）。これにしたがえば、一一里は四五七三・八メートルに達する。小《しょう》兄《けい》は、高句麗の官位一三等の第一一等である。相夫若牟利が人名であるが、相夫は職名である可能性がある。

【参考文献】

田中俊明（一九八五）高句麗長安城城壁石刻の基礎的研究・史林、六八（四）。

第二石

五八九年建立。一八二九年、平壌城外城の南端付近で発見された。現在、梨花女子大学校博物館が所蔵する。

高さ一八センチ、幅三六センチ、厚さ六センチ。発見されたときは完形であって拓本も現存するが、現状はいくつかの破片に砕けており、二行目部分が欠失している。

【釈文】

己酉年
[三]月廿一日
自此下向
東十二里
物苟小兄
俳須百頭
作節矣

【注】

①2「酉」以前は「丑」と読まれていた。

②1「[三]」現存しない部分で、五という釈文もある。

【解説】

「己酉年[三]月二一日、ここから東に向かって一二里は、物苟小兄である俳須百頭が造作を指揮監督する」という内容である。人名部分の解釈には諸説あり、「物苟」は人名あるいは官職、「百頭」は第三石にもみられるので職名とする解釈がある。「節」は吏読《りと》として使われる場合、時という意味と指揮監督という二つの意味があるが、ここでは後者である。

第三石

五六九（五八九？）年建立。一八二九年、第二石とともに平壌城外城で発見された。現在の所在は不明。

高さ四五センチ、幅五一センチという。

【釈文】

己丑年三月
廿一日自此下
向□下二里
内中百頭上
位使尒丈作
節矣

【注】

①2「丑」第二石と同じく「酉」の可能性あり。
④2「中」「卩」（部）の可能性あり。

【解説】

「己丑年三月二一日、ここから□に向かって二里は、内中（部カ）の百頭で上位使の尒丈が造作を指揮監督する」という意味である。「上位使」は、高句麗官位一三等の第九等である上位使者にあたる。

第四石

五六六年建立。一九一三年、当時の平壌府鏡斉里の大《テ》同江《ドンガン》畔城壁で発見された。現在、平壌の朝鮮中央歴史博物館が所蔵する。

高さ三〇・三センチ、横六六・七センチ、厚さ二〇・三センチ。

【釈文】

丙戌十
二月中
漢城下
後卩小
兄文達
節自此
西北行
渉之

【解説】

「丙戌一二月に、漢城下の後卩（部）の小兄である文達が監督し、ここから西北を受け持つ」という意味である。ここでの漢城《ハンソン》は、黄海南道《ファンヘナムド》新院郡《シヌォングン》峨洋里《アヤンニ》一帯を指す。

第五石

建立年不明。一九六四年、平壌市中区域南門洞の内城の南城壁で発見された。現在、平壌の朝鮮中央歴史博物館が所蔵する。

【釈文】

卦婁盖切小
兄加群自
此東廻上

里四
尺治

【注】

④1の上に「六」の字を推定する見解もある。

【解説】

「卦婁の盖切で小兄の加群が、ここから東に廻って上に里四尺を治す」。卦婁を桂婁部とする解釈もある。

五・龍吾里山城《ロンオリサンソン》磨崖石刻

建立年の「乙亥年」には、三七五年、五五五年説など諸説ある。一九五七年、平安北道《ピョンアンブクト》泰川郡《テチョングン》龍祥里《リョンサンニ》にある籠吾里山城の南門址から東北一〇〇メートル地点にある岸壁で発見された。

岸壁を縦七〇センチ、横五〇センチほど面取りして文字を刻んでいる。

【釈文】

乙亥年八月前部
小大使者於九婁治
城六百八十四間

【解説】

「乙亥年八月に、前部の小大使者である於九婁が城壁六八四間を築いた」という意味である。前部は、高句麗五部の一つである。小大使者は、高句麗官位第六等の大使者または第一〇等の小使者に相当する。

●百済《ペクチェ》

一・武寧王《ムニョンワン》誌石

五二五年建立。一九七一年、忠清南道《チュンチョンナムド》公州市《コンジュシ》熊津洞《ウンジンドン》の宋山里《ソンサルリ》古墳群武寧王陵の羨道《せんどう》で王妃誌石と並んで発見された。現在、国立公州博物館が所蔵する。国宝一六三号。

閃緑岩《せんりょくがん》。縦三五センチ、横四一・五センチ、厚さ五センチの板状であり界線《かいせん》を陰刻する。中央に穿孔がある。

【釈文】

（表）

寧東大将軍百済斯
麻王年六十二歳癸
卯年五月丙戌朔七
日壬辰崩到乙巳年八月
癸酉朔十二日甲申安厝

登冠大墓立志如左

（裏）

亥壬子癸丑

己

寅　甲　卯　乙　辰

戊

未丁午丙巳

【解説】

　表面は「寧東大将軍である百済斯麻《サマ》王は、六二歳となる癸卯年（五二三）五月七日に崩じ、乙巳（五二五）年八月十二日に大墓に埋葬した。このことを記録する」という内容である。寧東《ねいとう》大将軍は、五二一年に中国南朝の梁《りょう》より冊封《さくほう》されたものである。武寧王の諱《いみな》は、『三国史記』では「斯摩」と記される。王の生年は四六二年になる。亡くなってから埋葬されるまで殯《もがり》を行なっている。

　裏面には、十干と十二支を方位別に配列している。ただし、上側にくるべき西方の「申庚酉辛戌」は省略されている。

二. 武《ム》寧《ニョン》王《ワン》妃《ビ》誌石

　裏面の買地券は、武寧王誌石と同じ五二五年に作成されたもので、表面の王妃誌石は、五二九年に合葬された際に追刻されたものである。

　閃緑岩。縦三五センチ、横四一・五センチ、厚さ五センチの板状をしている。

【釈文】

（表）

丙午年十二月百済国王大妃寿
終居喪在酉地己酉年二月癸
未朔十二日甲午改葬還大墓立
志如左

（裏）

銭一万文右一件
乙巳年八月十二日寧東大将軍
百済斯麻王以前件銭詢土王
土伯土父母上下衆官二千石
買申地為墓故立券為明
不従律令

【解説】

表面の王妃誌石は「丙午年（五二六）一二月に百済国王大妃が天寿を全うし、西地（西方）で喪を行なって、己酉年（五二九）二月十二日にさらに大墓に埋葬した」という内容である。

裏面の買地券は「銭一万文、右一件。乙巳年（五二五）八月十二日、寧東大将軍たる百済斯麻王は、上記の銭をもって土王・土伯・土父母と上下二千石の諸官吏から申地（南西）の土地を購入して墓としたので、文書（券）を作って明証とする。律令に従わない」という内容である。なお、誌石の上に約一〇〇枚の五銖銭《ごしゅせん》が置かれており、銭一万文はこれをさすとみられる。

三、砂宅智積《サテクチジョク》碑

六五四年建立。一九四八年、忠清南道扶餘邑官北里《プヨウプクァンブンニ》で発見された。現在、国立扶餘博物館が所蔵する。

花崗岩。高さ一〇九センチ、幅三八センチ、厚さ二九センチ。左側が欠けており、現状は本来の碑の前半部分に相当する。右側面上部に直径二〇センチの円が描かれ、その中に鳳凰が陰刻されている。碑文は、一字ずつ界線で区画されている。

【釈文】
甲寅年正月九日奈祇城砂宅智積
慷身日之易往慨体月之難還穿金
以建珍堂鑿玉以立宝塔巍巍慈容
吐神光以送雲峨峨悲貇含聖明以

【注】
①1「甲」　文字の大部分が欠損するが残画より推定。
④10「貇」　字形は貇であるか、懇と解釈する説と、貌と解釈する説がある。

【解説】

甲寅（六五四）年正月九口に奈祇城《ナギソン》の砂宅智積が寺院を建立したという内容であり、文章の大意は、時の移ろいやすさを嘆き、金・玉をもって堂塔《どうとう》を建て、その威容を讃えるものである。奈祇城は扶餘邑の西方一五キロにある扶餘郡恩山面内地里《ウンサンミョンネジリ》に比定される。砂宅智積は、『日本書紀』皇極《こうぎょく》二（六四二）年の記事に百済からの使者としてみえる大佐平智積《だいさへいちしゃく》と同一人物とみられる。字体は欧《おう》陽詢《ようじゅん》体で、文章は四六駢儷体《しろくべんれいたい》である。

●新羅《シルラ》

一．浦項《ボハン》中城里《チュンソンニ》碑

五〇一年建立。二〇〇九年、慶尚北道《キョンサンブクト》浦項市北区《プクク》興海《フンヘ》邑《ウプ》中城里で発見された。現在、国立慶州文化財研究所が所蔵する。国宝三一八号。

黒雲母花崗岩。高さ一〇五・六センチ、幅四九・四センチ、厚さ一四・七センチ。碑面および裏面は扁平で板状であるが、全体は不定形である。

【釈文】

辛巳［　　］□折盧□［　　］
喙部習智阿干支沙喙斯徳智阿干支
教沙喙尓抽智奈麻喙部□智奈麻本牟子
喙沙利夷斯利白争人喙評公斯弥沙喙夷須牟旦
伐喙斯利壹伐皮末智本波喙柴干支弗乃壹伐金評
□□干支祭智壹伐使人奈蘇毒只道使喙念牟智沙
喙鄒須智世令干居伐壹斯利蘇豆古利村仇鄒列支
干支沸竹休壹金知那音支村卜□干支乞斤壹金知
珍□壹□言豆智沙干支宮曰夫智宮奪尓今更還
牟旦伐喙作民沙干支使人果西牟利白口若後世更
導人者与重罪典書与牟豆故記
沙喙心刀哩□

【注】

⑨2「□」　伐などと読む説がある。

⑨4「□」　昔・書・普・曹などと読む説がある。

⑨5「言」　云と読む説がある。

【解説】

冒頭の辛巳は、五〇一年に比定される。二行目までは教を下した主体である。一行目は、「折盧」の前後の碑文が欠損しているが、冷水里碑の「沙喙部至都盧葛文王」と同一人物で智証《チジュン》王（在位五〇〇～五一四年）とみられる。葛文《かつぶん》王を含む三名により教が下されている。二～四行目までの人名はさまざまに解釈されるが、④7「白」の主語であろう。四～六行目は「争人」の歴名である。訴訟の当事者とする説もあるが、紛争について議論する人びとと解釈される。牟旦伐喙は、六部のうちの牟喙部の異表記とみられる（表一）。

六～八行目は、命令を受けて派遣された使人の二人が、干居伐、古利村、那音支村の地方民に判決を言い渡している（表二）。九～一一行目がその判決の内容である。内

表一　中城里碑歴名表（1）

役名	出身	人名	官位	等級
（教主体）	（沙喙）	□折盧	（葛文王）	
	喙部	習智	阿干支	六
	沙喙	斯徳智	阿干支	六
（白主体）	沙喙	尓抽智	奈麻	一一
	喙部	□智	奈麻	一一
		本牟子		
		喙沙利		
		夷斯利		
争人	喙	評公		
		斯弥		
	沙喙	夷須		
	牟旦伐喙	斯利	壹伐	
		皮末智		
	本波	喙柴	干支	
		弗乃	壹伐	
	金評	□□	干支	
		祭智	壹伐	

表二　中城里碑歴名表（2）

役名	職名	出身	人名	官位
使人	奈蘇毒只道使	喙	念牟智	
		沙喙	鄒須智	
		干居伐	壹斯利	
			蘇豆	
		古利村	仇雛列支	干支
			沸竹休	壹金知
		那音支村	卜□	干支
			乞斤	壹金知
			珍□？	

容は二つに分けられ、まず「豆智沙干支宮・日夫智宮は奪ったものであるから、牟旦伐喙作民沙干支に返還せよ」とある。沙干支は新羅京位の第八等である。後半は、「使人果西牟利が、『もし今後、再度訴えたならば重罪にする』と述べた」となる。冷水里碑の二つ目の別教とほぼ同文である。一二行目は、碑文作成者についてであり、典書たる与牟豆が記した、とある。一三行目の沙喙部の人物については不明である。

【参考文献】

橋本繁（二〇一一）浦項中城里碑の研究．朝鮮学報、二二〇。

二．浦項冷水里《ネンスリ》碑

五〇三年建立。一九八九年、慶尚北道浦項市北区（旧迎日《ヨンイル》郡）神光面《シングァンミョン》冷水里で発見された。現在、神光面事務所に所在する。国宝二六四号。花崗岩。高さ六〇センチ、幅七〇センチ、厚さ三〇センチ。前面・後面・上面に文字がある。

【釈文】

（前面）

斯羅喙斯夫智王乃智王此二土教用珍而

麻村節居利為証尒令其得財教耳

癸未年九月廿五日沙喙至都盧葛文
王斯徳智阿干支子宿智居伐干支
喙尒夫智壹干支只心智居伐干支
本彼頭腹智干支斯彼暮斯智干
支此七王等共論教用前世二王教
為証尒取財物尽令節居利
得之教耳別教節居利若先
死後令其弟児斯奴得此財
教耳別教末鄒斯申支
此二人後莫更導此財
（後面）
若更噵者教其重罪耳
典事人沙喙壹夫
智奈麻到盧弗須仇
休喙耽須道使心訾公
喙沙夫那斯利沙喙
蘇那支此七人蹑踪所白了
　事煞牛抜誥故記
（上面）
村主臾支干
支須支壹
今智此二人世中
了事
故記

【注】
①4・④2・⑥11・⑪7の「斯」は異体字

【解説】
珍而麻村における「財物」について裁定した内容である。冒頭の二行は、本碑よりも以前に下された二王の教について記す。三行目の癸未年は五〇三年に比定され、七行目までの七人が裁定を下す「教」の主体である。冒頭に記される「沙喙部の至都盧葛文王」は智証王であり、合議（「共論」）により教を下している。

表三　冷水里碑歴名表（1）

出身	職名	人名	官位など	等級
喙		斯夫智	王	
		乃智	王	
沙喙		至都盧	葛文王	
		斯徳智	阿干支	六
		子宿智	居伐干支	九
喙		尒夫智	壹干支	二
		只心智	居伐干支	九
本波		頭腹智	干支	
斯彼		暮斯智	干支	

教は三条からなり、各教は、「教」で始まり「教耳」で終わる。第一は七～九行で、冒頭の二王の教に基づいて節居利に財物をとらせること、第二は九～一一行で、節居利の死後は弟の児斯奴（もしくは弟の児の斯奴）にとらせること、第三は一一～後面一行で、末鄒斯申支の二人が再び訴え出ることを禁止し、もし訴えたら重罪に処することとする。

後面には現地での処理を担当した「典事人」の七人が部ごとに列挙され、殺牛祭祀を行っている。上面には現地の有力者二人が記される。

表四　冷水里碑歴名表（2）

役名	出身	職名	人名	官位	等級
典事人	沙喙		壹夫智	奈麻	一一
			到盧弗		
			須仇休		
	喙	耽須道使	心訾公		
	喙		沙夫		
			那斯利		
	沙喙		蘇那支		
		村主	臾支	干支	
			須支	壹今智	

三．蔚珍《ウルチン》鳳坪《ポンピョン》里《ニ》碑

五二四年建立。一九八八年、慶尚北道蔚珍郡竹辺《チュクピョン》面《ミョン》鳳坪里で発見された。現在、発見場所近くの蔚珍鳳坪新羅碑展示館に所在する。国宝二四二号。

変成花崗岩。高さ二〇四センチ、幅五四・五センチ、厚さ七〇センチ。碑面は粗く平らに整えるが、全体は不定形である。

【注】

①33ここに「五」という文字があるとする説もある。
④32「耶」「所」とする説もある。
④33「思」「界」「恩」とする説もある。
④36「火」「大」とする説もある。
④39「城」「村」とする説もある。
⑤3「□」「行」とする説がある。
⑤7「□」「備」「侮」とする説がある。
⑤8「[士]」「主」「王」「七」とする説もある。
⑤9「寧」「尊」「専」とする説もある。
⑤14「貧」「負」「質」とする説もある。
⑤15「共」「其」とする説もある。
⑤17・18「[一]□」「三」「五」と一字に読む説もある。

【釈文】

甲辰年正月十五日喙部牟即智寐　錦王沙喙部従夫智葛文王本波部□夫智
干支岑喙部美斯智干支沙喙部而　粘智太阿干支吉先智阿干支一羞夫智一吉干支喙勿力智一吉干支
慎　宍智居伐干支一夫智太奈麻一　尒智太奈麻牟心智奈麻沙喙部十斯智奈麻悉尒智奈麻等所教事
別　教令居伐牟羅男弥只本是奴人雖　是奴人前時王大教法道俠阼隘尒耶思城失火遶城城大軍起若有
者一□為之人□土寧王大奴村貧共作一□其餘事稙稙奴人法
新羅六部煞斑牛□□□事大人喙部内沙智奈麻沙喙部一登智奈麻男次邪足智喙部比須婁邪足智居伐牟羅道
使卒波小舎帝智悉支道使烏婁次小舎帝智居伐牟羅尼牟利一伐弥宜智波旦部只斯利一令智阿大兮村使人
奈尒利杖六十葛尸条村使人奈尒利居□尺男弥只村使人異□杖百於即斤利杖百悉支軍主喙部□夫智奈
麻節書人牟珎斯利公吉之智沙喙部□文吉之智新人喙部述刀小烏帝智沙喙部牟利智小烏帝智
　立石碑人喙部博士于時教之若此者誓罪於天　居伐牟羅異知巴下干支辛日智一尺世中卒三百九十八

⑤22・23「稙稙」「種種」とする説もある。

【解説】

甲辰年は五二四年である。三行目にかけて「教事」の主体である一四人が列挙されている（表五）。「喙部の牟即智寐錦王」は法興王《ポプンワン》（在位五一四～五四〇年）であり、「沙喙部の従夫智葛文王」はその弟の立宗《イプチョン》である。

四～五行が教事の内容であり、本碑の核心部分にあたる。しかし、注に掲げたように釈文の分かれる文字が多く、解釈が非常に困難である。居伐牟羅の男弥只村は奴人村とされてきたが、反乱が起きて大軍をもって制圧するという事件が起きたため改めて奴人法を徹底させせよ、

表五　鳳坪里碑歴名表（1）

出身	人名	官位など	等級
喙部	牟即智	寐錦王	
沙喙部	従徙夫智	葛文王	
本波部	□夫智	干支	
岑喙部	美斯智	干支	
沙喙部	而粘智	太阿干支	五
	吉先智	阿干支	六
	一羞夫智	一吉干支	七
喙	勿力智	一吉干支	七
	慎宍智	居伐干支	九
	一夫智	太奈麻	一〇
	一尒智	太奈麻	一〇
	牟心智	奈麻	一一
沙喙部	十斯智	奈麻	一一
	悉尒智	奈麻	一一

と解釈される。

六〜八行目は、教事を現場で執行した階層の歴名と具体的な刑罰の内容である（表六）。執行にあたって、新羅六部人が殺牛して祭天する祭祀儀礼を行っている。これは冷水里碑と共通する。執行階層は一〇人で、王京人は六人、居伐牟羅の四人である。その次の受刑者は五人で、彼らは官位を剥奪されたうえで、三人が杖六〇、二人が杖一〇〇に処せられている。

八〜一〇行目は、立碑担当者である（表七）。悉支軍主は現場の最高責任者であり、悉支は東海岸沿いの要衝の江原《カンウォン》道《ド》三陟《サムチョク》市で、軍主は地方軍政のトップである。節書人・新人・立石碑人を指揮して碑を建立した。末尾の居伐牟羅の二人の有力者が三九八人の労役集団を率いて立碑作業を行った。

表六　鳳坪里碑歴名表（２）

職名	出身	人名	官位など	等級
大人	喙部	内沙智	奈麻	一一
	沙喙部	一登智	奈麻	一一
		男次	邪足智	
	喙部	比須婁	邪足智	
居伐牟羅道使		卒波	小舎帝智	一三
悉支道使		烏婁次	小舎帝智	一三
	居伐牟羅	尼牟利	一伐	⑧
		弥宜智	波旦	⑩
		部只斯利		
		一令智		
阿大兮村使人		奈尓利	杖六十	
葛戸条村使人		奈尓利		
		居□尺		
男弥只村使人		異□	杖百	
		於即斤利	杖百	

表七　鳳坪里碑歴名表（３）

役名	職名	出身	人名	官位など	等級
	悉支軍主	喙部	□夫智	奈麻	一一
節書人			牟珎斯利公	吉之智	一四
		沙喙部	□文	吉之智	一四
新人		喙部	述刀	小烏帝智	一六
		沙喙部	牟利智	小烏帝智	一六
立石碑人		喙部		博士	
		居伐牟羅	異知巴	下干支	⑦
			辛日智	一尺	⑨

【参考文献】
武田幸男（二〇〇三）新羅・蔚珍鳳坪碑の「教事」主体と奴人法、朝鮮学報、一八七。同（二〇〇四）新羅・蔚珍鳳坪碑の「教事」執行階層と受刑者．朝鮮学報、一九一。

四．蔚州《ウルチュ》川《チョン》前《ジョル》里《リ》刻石

原銘は五二五年、追銘は五三九年に記された。一九七〇年、蔚山《ウルサン》広域市蔚州郡斗東面川前里で発見された。現在、同地に所在する。国宝一四七号。

高さ約二・六メートル、幅約九・五メートルの岸壁の全面に画や紋様、文字が陰刻されている。銘文は、六～九世紀にかけての年紀を記したものから、名前のみ記したものなど数多く記されているが、ここでは最初に記された原銘と追銘のみを掲げる。

【釈文】

（原銘）

乙巳年
沙喙部葛
文王覓遊来始得見谷
之古谷旡名谷善石得造□
□以下為名書石谷字作書
幷遊愛妹麗慈光妙於史
鄒女郎主之
食多煞作功人尓利夫智奈麻
悉得斯智大舍帝智　作食人
宋知智壹吉干支妻居知尸奚夫人
真宍智沙干支妻阿兮牟弘夫人
作書人弟〃尓智大舍帝智

（追銘）

過去乙巳年六月十八日昧　沙喙
部従夫知葛文王妹於史鄒女郎
主共遊来以後□□八□年過去妹主考
妹主過人丁巳年王過去其王妃只沒尸兮妃
愛自思己未年七月三日其王与妹共見書石
川見来谷此時妃主之　另即知太王妃夫乇
支妃従夫知王子郎□□夫知共来此時□
作功臣喙部知礼夫知沙干支　泊六知
居伐干支□臣丁乙尓知奈麻　作食人真
宍知波珎干支婦阿兮牟呼夫人□夫知居伐干支婦
一利等次夫人居□知及干支婦沙爻功夫人　共作之

【注】

（原銘）

⑥3「愛」「友」とする説もある。
⑥6「慈」「徳」とする説もある。
⑦4「主」「三」とする説もある。

（追銘）

③1「主」「三」とする説もある。
③15「主」「王」とする説もある。
④5「丁」「乙」とする説もある。
⑥7～9「妃主之」「共三来」とする説もある。

【解説】

原銘冒頭の乙巳《いつし》年は五二五年である。二～七行目は葛文王家が遊来した事情について記す。葛文王と妹の「於史鄒女郎」がともに谷にやってきて、「書石谷」と名づけた。葛文王の名は記されないが、追銘で「沙喙部従夫知」と銘記されており、鳳坪里碑にもみられる立宗である。八行目以下はこれに随従した集団の歴名である。

追銘は己未《きび》年（五三九）の追記である。一～三行目は、原銘の遊来について記す。三～四行目に「過去」「過人」とあり、葛文王と於史鄒女郎はいずれも亡くなったとみられる。四～七行目は、今回の遊来について、己未年七月三日に葛文王妃の「只汶尸兮妃」と、「另即知太王」すなわち法興王の王妃である「大乇支妃」、葛文王の子である「□□夫知」のちの真興王の三人がともにきたと記す。八行目以降は、随従集団の歴名である。

表八　川前里刻石原銘・追銘歴名表

	職役名	部名	人名	官位	等級	関係	人名	
原銘	作功人		尓利夫智	奈麻	一一			
			悉得斯智	大舎帝智	一二			
	作食人		宋知智	壹吉干支	七	妻	居知尸奚	夫人
			真宍智	沙干支	八	妻	阿兮牟弘	夫人
	作書人		弟〃尓智	大舎帝智	一二			
追銘	作功臣	喙部	知礼夫知	沙干支	八			
			泊六知	居伐干支	九			
	□臣		丁乙尓知	奈麻	一一			
	作食人		真宍知	彼珎干支	三	婦	阿兮牟呼	夫人
			□夫知	居伐干支	九	婦	一利等次	夫人
			居□知	及干支	九	婦	沙爻功	夫人

原銘・追銘の随従集団において部名を銘記するのは「喙部」のみで他の人名には省略されているが、沙喙部であったと推測される。「作食人」として女性が四人（原銘の「阿兮牟弘夫人」と追銘の「阿兮牟呼夫人」は同一人物）登場する。

【参考文献】

武田幸男（一九九三）蔚州書石谷における新羅・葛文王一族―乙巳年原銘・己未年追銘の一解釈．東方学、八五。

五．永川《ヨンチョン》 菁堤《チョンジェ》碑・丙辰《へいしん》銘

五三六年建立。一九六九年、慶尚北道永川市道南洞にて発見された。現在、同地に所在する。宝物五一七号。花崗岩。高さ一三〇センチ、幅九三・五センチ、厚さ四五センチ。上部を圭頭に整えるが全体に整形は粗い。裏面に貞元銘が刻まれている。

【釈文】

丙辰年二月八日□□谷大

塢弘六十一潯鄧九十二潯□
廣卅二潯高八潯上三潯作人
七千人□二百八十□
使人喙安尺斯知大舍第
□□鄒小舍第烋利大烏第
尸支小烏末弥兮小烏一支
客人次斯尒利乃利内丁兮
使□□只弥巴伊即刀
衆□□只尸利干支徙尒利

【注】
①10「谷」　従来不明字とされてきた。
④4「□」　「剖」「剖」などの読みがある。
⑧1「客」　従来「舂」と読まれる。
⑨3「□」　「人」もしくは「尺」か。
⑩9「徙」　「徒」とする説もある。

表九　菁堤碑・丙辰銘歴名表

役職名	出身	人名	官位	等級
使人	喙	安尺斯知	大舍第	一二
		□□鄒	小舍第	一三
		烋利	大烏第	一五
		尸支	小烏	一六
		末弥兮	小烏	一六
一支客人		次斯尔利		
		乃利内丁兮		
使□□		只弥巴		
		伊即刀		
衆□□		只尸利	干支	⑦
		徙尔利		

【解説】
丙辰年二月八日に「□□谷」に「大塢」を作った際の碑である。塢は砦などの意味で使われることもあるが、ここでは堤防を意味する。発見場所のすぐ近くに菁池という貯水池がある。二～三行目は堤防の大きさである。詳しくは本文参照。工事に「作人七千人」が動員され、五行目以降はそれを指導・監督した人物である。「使人」は中城里碑にもみられ、何らかの特定任務を果たすために派遣されたものとみられる。他の役職名については未詳であるが、「一支客人」の客は、磨雲嶺《マウルリョン》碑の堂来客・裏来客・外客に通じると考えられる。一一人中九人が王京から派遣されており、水利施設が国家的に重視されていたことがわかる。

【参考文献】
＊橋本繁（二〇一七）永川菁堤碑の再検討．史林、六〇。

付・貞元《ていげん》銘

七九八年建立。丙辰銘の裏面に記される。

【釈文】

貞元十四年戊寅四月十三日菁堤
治記之謂状堤傷故所内使
以見令賜矣弘長卅五歩岸
立弘至深六歩三尺上排堀里
十二歩此如爲二月十二日元四月十三
日此間中了治内之都合斧尺
百卅六法功夫一万四千百卌人
此中典大ホ角助□切火押梁二
郡各百人尓起使内之
節所内使上干年乃末
史湏大舎
賀音頓梁玉純乃末

【注】

②5「状」「洑」とする説もある。
⑧8「□」従来「役」と読まれている。
⑨3「百」従来不明字とされてきた。

【解説】

貞元一四（七九八）年に堤防を修理した際の碑である。二〜三行目は、堤防が傷ついているために「所内使」を派遣して視察させたことを記す。所内は、王有・王室直轄を意味するとみられる。三〜五行目は修理した堤防の大きさである。五〜六行目は作業日程で、二月一二日〜四月一三日までの六一日間である。六〜九行目は動員規模で斧尺一三六人、法功夫一万四一四〇人が動員されている。典大等は執事省の次官で、切火・押梁の二郡から百人ずつ動員したのである。一〇〜一二行目は工事担当者である。

【参考文献】

＊橋本繁（二〇一七）永川菁堤碑の再検討．史林、六〇。

六．丹陽赤城碑《タニャンチョクソン》

五四五年頃建立。一九七八年、忠清北道《チュンチョンブクド》丹陽郡丹城面下坊里の赤城で発見された。現在、同地に所在する。国宝一九八号。

花崗岩。上端は欠損しており、現存で高さ九三センチ、幅一〇七センチである。碑面は平滑に整えられる。

【釈文】

□□年□月中王教事大衆等喙部伊史夫智伊干
支□□部豆弥智彼珎干支喙部西夫叱智大阿干
支□□夫智大阿干支内礼夫智大阿干支高頭林
城在□主等喙部比次夫智阿干支沙喙部武力智
阿干支鄒文村幢主沙喙部導設智及干支勿思伐
城幢主喙部助黒夫智及干支節教事赤城也尓次
□□□□中作善通懐懃力使作人是以後其妻三
□□□□□□□□妾□□許利之四年小女師文
□□□□□□□□□公兄鄒文村巴珎婁下干支
□□□□□□□□□者更赤城烟去使之後者公
□□□□□□□□□異葉耶国法中分与雖然伊
□□□□□□□□□子刀只小女烏礼兮撰干支
□□□□□□□□使法赤城佃舎法為之別官賜
□□□□□弗兮女道豆只又悦利巴小子刀羅兮
□□□□□合五人之別教自此後国中如也尓次
□□□□□□懐懃力使人事若其生子女子年少
□□□□□□□兄弟耶如此白者大人耶小人耶
□□□□□□□□喙部奈弗耽郝失利大舎鄒文
村□□□□□□□□勿思伐城幢主使人那利村
□□□□□□□□□人勿支次阿尺書人喙部
□□□□□□□□□人石書立人非今皆里村
□□□□□□□□智大烏之

【注】

④3「□」「軍」とする説がある。

⑦13「作」「死」とする説もある。

【解説】

冒頭の年次が欠けているが、碑文の人名と当時の情勢から、五四五年頃の建立と推定される。「王」は真興王である。王の教事を、当時の政治組織の中枢であった「大衆等」が実行に移している。一～六行目に列挙される高官のうち半数以上が、史書に名を残す人物である（表一〇）。伊史夫智は『三国史記』に列伝（異斯夫《イサブ》伝）があり、国史の編纂や于山島《ウサンド》（鬱陵島《ウルルンド》）・加耶《カヤ》の攻略で知られる。

六～一八行までが教の内容で、前半は赤城への新羅の進出に際して功績のあった也尓次という人物に対する恩典について記している。三つの部分に分けられ、まず、「妻」（および「妾」）への恩典があり、つぎに「四年小女」ら子女に対して土地制度・労役編制上の保障と考えられる「赤城佃舎法」を適用することを記し、一三行目「別官賜」以下では、弗兮ら五人に対して何らかの賜物を与

表一〇　赤城碑歴名表（1）

職名	出身	人名	官位	等級
大衆等	喙部	伊史夫智	伊干支	二
	□□部	豆弥智	彼珎干支	四
	喙部	西夫叱智	大阿干支	五
		□□夫智	大阿干支	五
		内礼夫智	大阿干支	五
高頭林城在□主等	喙部	比次夫智	阿干支	六
	沙喙部	武力智	阿干支	六
鄒文村幢主	沙喙部	導設智	及干支	九
勿思伐城幢主	喙部	助黒夫智	及干支	九

表一一　赤城碑歴名表（2）

役名	職名	出身	人名	官位	等級
［　］		［ ］喙部	奈弗耽郝失利	大舎	一二
	鄒文村□□□□		□□	□□	
	勿思伐城幢主使人	那利村	□□□□	□□	
□□□人			勿支次	阿尺	⑪
書人		喙部	□□□	□□	
石書立人		非今皆里村	□□	□□	
		□□	□□智	大烏	一五

える。後半は一五行目の「別教」以下で、今後もし也尓次のように新羅のために尽力する者があれば、赤城でのやりかたを全国に適用することを宣布する。

一八行目以下は、立碑関係者の歴名である（表一一）。欠損した部分が多いが、王京人と地方人の両方がみられる。「勿思伐城幢主の使人」は軍司令官である幢主に直属する者であり、出身地である那利村は、勿思伐城に統率された村落の一つということになる。

【参考文献】

武田幸男（一九七九）真興王代における新羅の赤城経営．朝鮮学報、九三。

七．明活山城《ミョンファルサンソン》碑

五五一年建立。一九八八年、慶尚北道慶州市普門洞の明活山城の北側城壁で発見された。現在、国立慶州博物館が所蔵する。

花崗岩。高さ六六・八センチ、幅三一センチ、厚さ一六・五センチ。長方形の板状に整え、文字は鮮明である。

【釈文】

辛未年十一月中作城也上人邏頭本波部
伊皮尓利吉之郡中上人烏大谷仇智支下干支
匠人比智休波日并二人抽兮下干支徒作受長四歩
五尺一寸立叱兮一伐徒作受長四歩五尺一寸為尖
利波日徒受長四歩五尺一寸合高十歩長十
四歩三尺三寸　此記者古他門中西南回
行其作石立記　衆人至十一月十五日
作始十二月廿日了　積卅五日　也

書写人　須欣利阿尺

【注】

③9「二」「工」とする説もある。

【解説】

辛未《しんび》年は五五一年である。一～五行目まで工事を監督、担当した人物の歴名が記される。抽兮・立叱兮・為尖利の三人がそれぞれ「四歩五尺一寸」ずつを担当し、全体として一四歩三尺三寸＝二六・一九メートルの築城を担当している。詳細については本文参照。

城壁の高さは一〇歩＝一八メートルであり、築城作業を一一月一五日から一二月二〇日までの三五日間で行なっている。

【参考文献】

橋本繁（二〇一三）中古新羅築城碑の研究，韓国朝鮮文化研究、一二。

八．雁鴨池《アナプチ》出土明活山城碑

五五一年建立。一九七五～七六年、慶尚北道慶州市仁《イ》旺洞《ヌァンドン》にある雁鴨池の発掘で護岸石築から出土した。発見当初は南山新城《ナムサンシンソン》碑とみなされたが、明活山城碑が発見されたことで、内容上の類似から明活山城碑の一つと推定された。現在、国立中央博物館が所蔵する。

碑文全体の右下部分にあたると推定され、護岸石に転用される際に加工されたとみられる。現状で高さ三〇センチ、幅二〇センチほどである。

【釈文】

村道使喙部
干支大工尺侊兮之
□尺豆婁知干支
一伐徒十四歩

【解説】

碑文前半の歴名部分に該当する。三行目冒頭の「□尺」を、外位の「一尺」や技術者の「匠尺」とする推定もあるが、受作距離の一部であろう。明活山城碑を参照すると、一四歩□尺ずつを三集団が担当したと考えられ、全体では五二歩＝九三・六メートル以上を担当したことになる。明活山城碑の三倍以上にもなるが、山上などで城壁を高く築く必要のない場所であったのだろう。

【参考文献】

橋本繁（二〇一三）中古新羅築城碑の研究，韓国朝鮮文化研究、一二。

九．昌寧《チャンニョン》真興王《チヌンワン》拓境《たくきょう》碑

五六一年建立。一九一四年、慶尚北道昌寧郡昌寧邑末屹里で発見された。現在、昌寧邑橋上里《キョサンリ》に所在する。国宝三三号。

花崗岩。高さ約三〇〇センチ、幅一七五・七センチ、厚さ五一・五センチ。丸みを帯びた平たい石の表面を整えて文字を刻む。碑文全体が枠線で囲まれている。

【釈文】

辛巳年二月一日立　　寡人幼年承基政委輔弼□智　　行悉
事末□□立□□□赦□□□□□四方□改囚□後地土□陝也
古□□□不□□□□□□□□□□□□□□人普□山□心□
□□除林□□□□□□□□□□□□□□□□□此□卌□□
而已土地彊時山林□□□□□□□□□也大等与軍主幢主道
使与外村主審□故□□□□□□□□□□海州白田畓□□与
山□河川□教以□□□□□□□□□□□□□□□□□□人
　□之雖不□□□□□□□□□□心□□河□□□□□于之
其余少小事知古□□□□□□□者□□以上大等与古奈末典
法□□人与上□□□□□□□□□□□□此以□□看其身受
□　于時□□大□□□□□□智葛文王□□□□者漢只□□
屈珎智大一伐干□喙□□智一伐干□□折夫智一尺干□□□
□智一尺干喙□□夫智迊干沙喙另力智迊干喙小里夫智□□
干沙喙都設智沙尺干沙喙伐夫智一吉干沙喙忽□智一□□□
珎□□次公沙尺干喙尒亡智沙尺喙□述智沙尺干喙□□□□
沙尺干喙比叶□□智沙尺干本波末□智及尺干喙□□智□□□
　沙喙刀下智及尺干沙喙□□智及尺干喙鳳安智□□□□
　等喙居七夫智一尺干□一夫智一尺干沙喙甘力智□□干□
　　大等喙末得智□尺干沙喙七聰智及尺干四方軍主比子伐
　　軍主沙喙登□□智沙尺干漢城軍主喙竹夫智沙尺干碑利
　　　城軍主喙福登智沙尺干甘文軍主沙喙心麦夫智及尺干
　　　上州行使大等沙喙宿欣智及尺干喙次叱智奈末下州行
　　　　使大等沙喙春夫智大奈末喙就舜智大舍于抽悉□□
　　　　西阿郡使大等喙北尸智大奈末沙喙須仃夫智奈□□
　　　　　為人喙徳文兄奈末比子伐停助人喙覓薩智大
　　　　　奈末書人沙喙導智大舍村主奀聰智述干麻叱
　　　　　　智述干

【注】

③25・27　それぞれ「海」「谷」とする説がある。
⑤6　「時」「域」とする説もある。
⑦25　「□」「道」とする説もある。
⑨6・7　「知古」「如士」とする説もある。
⑪1　「□」「罰」「爵」などとする説がある。

表一二　昌寧碑歴名表（1）

職名	部名	人名	官位	等級
□□大□	□□	□□□智	葛文王	
□□□□者	漢只□□	屈珎智	大一伐干	
	□喙	□□智	一伐干	一
	□□	折夫智	一尺干	二
	□□	□□智	一尺干	二
	喙	□□夫智	迊干	三
	沙喙	另力智	迊干	三
	喙	小里夫智	□□干	
	沙喙	都設智	沙尺干	
	沙喙	伐夫智	一吉干	七
	沙喙	忽□智	一□□	七
	□	珎□□次公	沙尺干	八
	喙	尓亡智	沙尺	八
	喙	□述智	沙尺干	八
	喙	□□□□	沙尺干	八
	喙	比叶□□智	沙尺干	八
	本波	末□智	及尺干	九
	喙	□□智	□□□	
	沙喙	刀下智	及尺干	九
	沙喙	□□智	及尺干	九
	喙	鳳安智	□□□	
□□等	喙	居七夫智	一尺干	二
		□一夫智	一尺干	二
	沙喙	甘力智	□□干	
□大等	喙	末得智	□尺干	
	沙喙	七聡智	及尺干	九

表一三　昌寧碑歴名表（2）

職名	部名	人名	官位	等級
四方軍主				
比子伐軍主	沙喙	登□□智	沙尺干	八
漢城軍主	喙	竹夫智	沙尺干	八
碑利城軍主	喙	福登智	沙尺干	八
甘文軍主	沙喙	心麦夫智	及尺干	九
上州行使大等	沙喙	宿欣智	及尺干	九
	喙	次叱智	奈末	一一
下州行使大等	沙喙	春夫智	大奈末	一〇
	喙	就舜智	大舍	一二
于抽悉□□西阿郡使大等	喙	北尸智	大奈末	一〇
	沙喙	須仃夫智	奈末	一一
□為人	喙	徳文兄	奈末	一一
比子伐停助人	喙	覓薩智	大奈末	一〇
書人	沙喙	導智	大舍	一二
村主		奀聡智	述干	②
		麻叱智	述干	②

【解説】

冒頭に辛巳（五六一）年二月一日に建立とする。一一行一字目までが本文、一一行三字目から末尾までが歴名部分である。本文冒頭の「幼くして王位に即いた（寡人幼年承基）」とあるのは、真興王が『三国史記』には七歳、『三国遺事』には一五歳で即位したとあることに合致する。それ以下は判読がほとんどできず正確な内容は不明であるが、「土地」「山林」「田畓」などの単語がみられ、五行目から六行目にかけて「大等と軍主・幢主・道使と外村主」と地方官名が羅列されていることから、主に地

方統治について述べているものと考えられる。

一一行目からの歴名部分は、前半は「大等」階層であり新羅王に直属する中核勢力である（表一二）。一方、一九行目の「四方軍主」以下は、地方統治の職務を担当した外官階層、石碑建立の担当者、地方人の村主と続く（表一三）。

翌五六二年に大加耶（高霊《コリョン》加耶）を滅ぼして加耶諸国の併合を完了することになる新羅が、支配層を昌寧に結集して政治的軍事的な勢力を誇示したものである。

一〇．北漢山《ブカンサン》真興王巡狩碑

五六八年以降の建立と推定される。一八一六年、ソウル市鍾路《チョンノ》区旧《ク》基洞《ギドン》の北漢山の碑峰で発見された。現在、国立中央博物館が所蔵する。

花崗岩。高さ一五五・一センチ、幅七一・五センチ、厚さ一六・六センチの板状の碑身であり、碑峰の頂上の岩が趺座《ふざ》として加工されていた。碑身の上部には碑蓋を載せるための枘《ほぞ》があるが、蓋石は発見されていない。

【釈文】

真興太王及衆臣等巡狩□□之時記
□言□令甲兵之仿□□□□□覇主設□賞□□
之所用高祀西□□□□□相戦之時新羅□王□
□徳不□兵故□□□□□□建文大得人民□□□
□是巡狩□□□□民心　欲労賚如有忠信精誠□
□可加□□□以□□□□□□□路過漢城陟□
　見道人□居石窟□□□□刻石誌辞
尺干内夫智一尺干沙喙另力智迊干南川軍主沙
夫智及干未智大奈□□□□沙喙屈丁次奈
□□指□空幽則水□□□□劫初立所造非□
　□狩見□□□□□□□□歳記井□□□

【注】

②12「□」「年」とする説がある。
③20「□」「太」とする説がある。
⑤6・7「□□」「管境」とする説がある。
⑥3「□」「徒」とする説がある。
⑥6〜8「□□□」「賞爵物」とする説がある。
⑥16「□」「衆」とする説がある。
⑪6「□」「巡」とする説がある。

【解説】

本来は一二行、三二字前後あったと思われるが、風化により上部はほとんど読み取れず、一二行目も不明である。

表一四　北漢山碑歴名表

役職名	部	人名	官位	等級
			×尺干	
		内夫智	一尺干	二
	沙喙	另力智	迊干	三
南川軍主	沙×			
		×夫智	及干	九
		未智	大奈□	一〇
□□□	沙喙	屈丁次	奈×	

建立年代について、一行目「真興太王」の上に記されていたはずであるが摩滅のため不明である。ただ、八行目に「南川軍主」という官職がみられ、軍主は州の長官で、『三国史記』真興王二九（五六八）年一〇月条に「北漢山州を廃して南川州を置く」とあることから、五六八年一〇月以降の建立と推定される。一方で、『三国史記』真興王一六（五五五）年一〇月条に「王が北漢山に巡幸した」とあることに基づいて、五五五年の建立とする主張もある。

二～七行目には巡狩の内容について、八行目以降は随駕した人の歴名が記されているものであろう。随駕者の「内夫智」「另力智」「未智」は磨雲嶺・黄草嶺碑にもみられる。

一一・黄草嶺《ファンチョリョン》真興王巡狩碑

五六八年建立。もとは咸鏡南《ハムギョンナム》道《ド》咸興《ハムフン》郡下岐川面の黄草嶺にあった。一七世紀頃から知られていて、一八五二年に麓に遷された。一九三一年に碑の下端部が下岐川面隠峰里の渓流で発見され接合された。現在、咸興歴史博物館が所蔵する。

花崗岩。上端部が欠けており、現存の高さ一三八・二センチ、幅約五〇センチ、厚さ三二センチ。

【注】

②16「邪」「耶」と読まれるが邪の異体字である。

⑪27「裏」「衆」「哀」とする読みもある。

【解説】

欠失した部分が大きいが、磨雲嶺碑との比較により復元が可能である。一～六行目の途中までは、磨雲嶺碑とまったく同じ文章であったと推定される。六～七行目の「廻駕顧行」以下の文章は、磨雲嶺碑とは異なる。七行目「于時随駕」以下は、真興王に随った人物の歴名である（表一五）。残存する部分にみられる人名は、磨雲嶺碑とほぼ共通する。

【釈文】

太昌元年歳次戊子八月廿一日癸未真興太王巡狩管境刊石銘記也
夫純風不扇則世道乖真玄化不敷則邪為交競是以帝王建号莫不脩己以安百姓然朕
歴数当躬仰紹太祖之基纂承王位競身自慎恐違乾道又蒙天恩開示運記冥感神祇応
苻合算因斯四方託境広獲民土隣国誓信和使交通府自惟忖撫育新古黎庶猶謂道化
不周恩施未有於是歳次戊子秋八月巡狩管境訪採民心以欲労賚如有忠信精誠才超
察厲勇敵強戦為国尽節有功之徒可加賞爵物以章勲効　廻駕顧行□□□十四□□
□者矣　于時随駕沙門道人法蔵慧忍　大等喙部居柒夫
知迊干喙部服冬知大阿干比知夫知及干未知大奈末
兮大舎沙喙部另知大舎裏内従人喙部没兮次
人喙部与難大舎薬師沙喙部蔦兄小舎奈夫
典喙部分知吉之裏公欣平小舎□末買
喙部非知沙干助人沙喙部尹知奈末

※□で囲んだ部分は、磨雲嶺碑による復元

一二．磨雲《マウル》嶺《リョン》真興王巡狩碑

五六八年建立。一九二九年、咸鏡南道利原《リウォン》郡東面寺洞の雲施山（雲霧山）で発見された。現在、咸興歴史博物館が所蔵する。

花崗岩。碑身は高さ一四六・九センチ、幅四四・二センチ、厚さ三〇センチであり、上下端に九センチの枘がある。碑蓋は現存するものの、碑趺は不明である。

表一五　黄草嶺碑歴名表

役職名	部	人名	官位	等級
沙門道人		法蔵		
		慧忍		
大等	喙部	居柒夫	×	
		×知	迊干	三
	喙部	服冬知	大阿干	五
		比知夫知	及干	九
		未知	大奈末	一〇
		×兮	大舎	一二
	沙喙部	另知	大舎	一二
裏内従人	喙部	没兮次	×	
×人	喙部	与難	大舎	一二
薬師	沙喙部	蔦兄	小舎	一三
奈夫×				
×典	喙部	分知	吉之	一四
裏公		欣平	小舎	一三
×	喙部	非知	沙干	八
助人	沙喙部	尹知	奈末	一一

【釈文】

（表面）

太昌元年歳次戊子□□廿一日□□□興太王巡狩□□刊石銘記也

夫純風不扇則世道乖真玄化不敷則邪為交競是以帝王建号莫不修己以安百姓然朕歴数当躬仰紹太祖之基纂承王位競身自慎恐違乾道又蒙天恩開示運記冥感神祇応苻合算因斯四方託境広獲民土隣国誓信和使交通府自惟忖撫育新古黎庶猶謂道

化不周恩施未有於是歳次戊子秋八月巡狩管境訪採民心以欲
労賚如有忠信精誠才超察厲勇敵強戦為国尽節有功之徒可加
賞爵□以章勲労
引駕日行至十月二日癸亥向渉是達非里□広□因諭辺堺矣

（裏面）

于是随駕沙門道人法蔵慧忍　太等喙部居柒夫智伊干内夫
智伊干沙喙部另力智迊干喙部服冬智大阿干比知夫知及干
未知大奈末及珎夫知奈末執駕人喙部万兮大舎沙喙部另知
大舎裏内従人喙部没兮次大舎沙喙部非尸知大舎騶人沙喙
部為忠知大舎占人喙部与難大舎薬師蔦支次小舎奈夫通典
本彼部加良知小舎□□本彼部莫沙知吉之及伐斬典喙部夫
法知吉之裏内□□□□□□□名吉之堂来客裏内客五十外
客□□□□□□□□□□□□智沙干助人沙喙部舜知奈末

【注】

裏面⑧2・3「□□」「五十」とする説がある。
⑧13「□」「悲」とする説がある。

【解説】

表面の一～二行目が題記であり、「太昌元年」は真興王の年号で五六八年にあたる。三～九行目が巡狩記事であり、黄草嶺碑と共通する。以下のような内容である。「純風は扇がなければ世の道は真にもとり、徳化は敷かなければ邪が競うこととなる。そのため、帝王は建号して己れを修め、人民を安んじる。しかし、朕が太祖の基を嗣いで王位を継承するに当たり、自ら身を慎しんで天道に違うことを恐れる。また、天恩を蒙って運記を開示

表一六　磨雲嶺碑歴名表

役職名	部	人名	官位	等級
沙門道人		法蔵		
		慧忍		
太等	喙部	居柒夫智	伊干	二
		内夫智	伊干	二
	沙喙部	另力智	迊干	三
	喙部	服冬智	大阿干	五
		比知夫知	及干	九
		未知	大奈末	一〇
		及珎夫知	奈末	一一
執駕人	喙部	万兮	大舎	一二
	沙喙部	另知	大舎	一二
裏内従人	喙部	没兮次	大舎	一二
	沙喙部	非尸知	大舎	一二
騶人	沙喙部	為忠知	大舎	一二
占人	喙部	与難	大舎	一二
薬師		蔦支次	小舎	一三
奈夫通典	本彼部	加良知	小舎	一三
□□	本彼部	莫沙知	吉之	一四
及伐斬典	喙部	夫法知	吉之	一四
裏内□□□□□□□名			吉之	一四
堂来客・裏内客五十、外客□□				
□□□□□□□□□□智			沙干	八
助人	沙喙部	舜知	奈末	一一

し、神祇に冥感して天命に応じる。こうして広く民や土地を獲て、隣国は信を誓い、和使が通じている。自ら思うに、新旧の民を撫育してもいまだ王道の徳や恩恵が行き渡っていない。

そこで、戊子《ぼし》年（五六八）八月に管境を巡狩して民心を訊ねてねぎらい施そうとした。もし、忠信精誠、才能が優れ災難を察し、勇敢に敵と戦い、国のために忠節を尽くして功績のあるものがいれば、官職や物品をもって褒賞し功績を明らかにする。」

一〇行目では、巡狩を続けて一〇月二日にいたり、辺境を諭したと記す。

裏面は、真興王に随った人物の歴名である（表一六）。

一三．大邱《テグ》戊戌《ぼじゅつ》塢作《うさく》碑

五七八年建立。一九四六年、大邱広域市中区《チュング》大安洞《テアンドン》で発見された。朝鮮戦争で一時行方不明となるが、一九五七年に再発見される。現在、慶北大学校博物館が所蔵する。宝物五一六号。

花崗岩。高さ一〇三センチ、幅六五センチ、厚さ一二センチ。全体に整形は粗い。

【釈文】

戊戌年十一月朔廿四日另冬里村具□塢作記之此成在
人者都唯那宝蔵□□□都唯那慧蔵阿尼
大工尺仇利支村壹利刀兮貴干支上□豆尔利□
道尺辱生之□村□□夫作村筆令一伐奈生一伐
居毛村代丁一伐另冬里村沙等乙一伐弥得所利村也温失利一伐
烏弥叱只村□□□一尺小工尺另所兮一伐伊叱等利一尺
伊助只啓此塢大広廿歩高五歩四尺長五十歩此作
起数者三百十二人功夫如十三日了作事之
文作人壹利兮一尺

【注】

①22「在」　下端が欠損しており、この下にさらに文字があったとする推定もある。

②17「尼」　従来「尺干」と読まれてきた。

⑥11~13「小工尺」　従来「□□一尺」と読まれてきた。

【解説】

戊戌（五七八）年一一月二四日、另冬里村に塢を作った際の記録である。另冬里村をはじめとする村名の現地比定は不明である。

冒頭にみえる二人の都唯那が工事を主導したとみられる。当初、僧名に続く箇所が「阿尺干」と読まれ、京位

を保持していることから中央僧官とも解釈された。しかし、そのようには読みがたく、在地の寺院に所属するとみられる。三～七行目は工事に参加した地方民の歴名であり、大工尺・道尺・小工尺の三種の役職名がみられる。大工尺は雁鴨池出土碑にもみられ、小工尺に対してより高いレベルの責任者であろう。道尺については不明であるが、道路や水路担当の技術者か。小工尺および文作人の人物に出身地名が記されていないが、道尺最後の人物と同じ烏珎叱只村の出身とみられる。

表一七　塢作碑歴名表

役職名	出身地	人名	官位等	等級
都唯那		宝蔵	□□□	
都唯那		慧蔵	阿尼	
大工尺	仇利支村	壹利刀兮	貴干支	④
		上□豆尓利□		
道尺	辱生之□村	□□		
	夫作村	筆令	一伐	⑧
		奈生	一伐	⑧
	居毛村	代丁	一伐	⑧
	另冬里村	沙等乙	一伐	⑧
	珎得所利村	也温失利	一伐	⑧
	烏珎叱只村	□□□	一尺	⑨
小工尺		另所兮	一伐	⑧
		伊叱等利	一尺	⑨
		伊助只	彼日	⑩
文作人		壹利兮	一尺	⑨

七行目は塢の大きさである。本文を参照。八行目は動員された役夫で、三一二人が一三日間働いた。九行目は碑文の撰者であり、これも烏珎叱只村の出身である。

【参考文献】

橋本繁（二〇一五）戊戌塢作碑釈文の再検討．国立歴史民俗博物館研究報告，一九四。

一四．南山新城《ナムサンシンソン》碑

五九一年建立。一九三四年に第一碑が発見されて以降、現在までに一〇碑知られている。

碑文は、誓約文・工事担当者・工事担当距離の三段落で構成されている。誓約文はすべての碑文で共通しており、「辛亥年（五九一）二月二六日、南山の新城を作りし節、法の如く以て作る。後三年、崩破する者は罪せしめられる事と聞かせられ、誓はしむる事なり。」と書かれている。歴名部分については、本文参照。

受作距離は、第一碑で一一歩三尺八寸、第二碑で七歩四尺、第三碑で二一歩一寸、第九碑で六歩とあり、平均すると一一歩三尺五寸（約二〇・八五メートル）となる。城壁の長さについて『三国史記』真平王《チンピョンワン》一三年条には周二八五四歩とあるので、計算すると約二四六の分団によ

り築城されたことになる。石碑は分団ごとに建てられたと考えられるため、今後も発見される可能性がある。

第一碑

一九三四年、慶尚北道慶州市塔正洞の識恵谷の民家で発見された。現在、国立慶州博物館が所蔵する。

花崗岩。高さ九一センチ、幅四四センチ、厚さ一四センチ。正面からみて卵形をしており表面は平らに粗く整える。

【釈文】

辛亥年二月廿六日南山新城作節如法以作後三
年崩破者罪教事爲聞教令誓事之阿良邏頭沙喙
音乃古大舍奴含道使沙喙合親大舍營坫道使沙
喙□□倣知大舍郡上村主阿良村今知撰干柒吐
□□知尔利上干匠尺阿良村末丁次干奴含村次
□叱礼干文尺□文知阿尺城徒上阿良沒奈生上
干工尺阿叱兮次干文尺竹生次一伐面捉上珎巾
□胸捉上知礼次不捉上首尔次小石捉上辱兮次
」受十一歩三尺八寸

【注】

⑥13「徒」　従来「使」と読まれてきた。
⑧2「胸」　従来「門」「面」と読まれてきた。
⑧14「小」　従来「干」と読まれてきた。

第二碑

一九五六年に下半分、一九六〇年に上半分が、慶尚北道慶州市塔洞の伝逸聖王陵付近の同じ場所で発見された。現在、国立慶州博物館が所蔵する。

花崗岩。高さ一二一センチ、幅四七センチ、厚さ一四センチ。文字のある上部は四角く整えるが、下部は自然石のままに近い。

【釈文】

阿大兮村
辛亥年二月廿六日南山新城作節如法以後三
年崩破者罪教事爲聞教令誓事之阿旦兮村
道使沙喙勿生次小舍仇利城道使沙喙級知小舍
荅大支村道使牟喙所叱□知大烏郡中上人沙
尸城本西利之貴干久利城首□利之撰干匠
尺沙尸城可沙里知上干文尺美叱□之一伐阿大
兮村作上人所本之上干工尺可尸□之一伐文尺
得毛□之一尺面石捉人仁尔之一伐胸石捉人□
□叱兮之一尺不石捉人□安尔之彼日小石捉人
兮利之彼日受作七歩四尺

【注】

⑤7「牟」従来「沙」と読まれてきた。

⑥1・⑦3「尸」それぞれ「刀」「尸」と読まれてきた。

⑨14「胸」従来「面」「回」と読まれてきた。

⑩6「不」従来読まれてこなかった。

第三碑

一九六〇年、慶尚北道慶州市排盤洞《ペバンドン》の四天王寺付近で発見された。現在、国立慶州博物館が所蔵する。

花崗岩。高さ八〇・五センチ、幅三〇センチ、厚さ一〇センチ。全体を四角く整えるが、上端が幅広く下端がやや狭い。

【釈文】

辛亥年二月廿六日南山新城作節如法以作
後三年崩破者罪教事爲聞教令誓事之喙
部主刀里受作廿一歩一寸部監□□次大舍
仇生次大舍文尺仇□小舍里作上人只冬大舍文□知
小舍文尺久匠吉士面石捉人□□□□□□□
大烏胸石捉人□下次大烏小石捉上人□□小烏

【注】

⑥2「胸」従来、不明字もしくは「面」とされた。

第四碑

一九六〇年、慶尚北道慶州市塔洞の伝逸聖王《イルソンワン》陵付近において第二碑の上半分と一緒に発見された。現在、国立慶州博物館が所蔵する。

花崗岩。現存の高さ五一センチ、幅三四センチ、厚さ三・九センチ。上部は欠損しているが、もとは長方形に整えていたとみられる。

【釈文】

辛亥年二月廿六日南山新城作節如法以
作後三年崩破者罪教事爲聞教令誓事
之
邏頭沙喙弩
□大舍一善支
古生村珎
利上干匠尺
古一伐古生□上
只一尺書尺夫
次□不石捉上人
次□小石捉上人

【注】

③16「弩」「奴」とする読みもある。

⑨13「不」　従来不明字とされた。

第五碑

一九七二年、慶尚北道慶州市沙正洞《サジョンドン》の興輪寺《フンリュンサ》域の推定中門址付近で発見された。現在、国立慶州博物館が所蔵する。

花崗岩。現存の高さ二二センチ、幅二〇センチ、厚さ九・二センチ。碑の上端部分の一部のみ残る。

【釈文】

辛亥年二月廿六日南山新城作節如法以作後三年
崩破者罪教事爲聞教令誓事之
道使□□喙部□文□
向村□□上干同□
□城徒上人□
文尺一利上干
另□

【注】

③3・4「□□」「幢主」と読む説もある。
⑤3「徒」　従来「作」と読まれる。
⑥1・2「文尺」　不明字とする場合もある。

第六碑

一九七四年、慶尚北道慶州市塔正洞の識恵谷で収拾された。現在、国立慶州博物館が所蔵する。

花崗岩。現存の高さ一八センチ、幅八センチ。

【釈文】

工尺同□□
尺豆婁□
□□

【注】

①1「工」　従来読まれてこなかった。
②3「婁」　従来読まれてこなかった。

第七碑

一九八五年、慶尚北道慶州市拝洞の南山新城の南側城壁内で発見された。現在、国立慶州博物館が所蔵する。

花崗岩。現在の高さは二五センチ、幅一八・五センチ、厚さ五・五センチ。

【釈文】

辛亥年二月廿六日南山新城作
節如法以作後三年崩破者罪教
事爲聞教令誓事之
舎

第八碑

慶尚北道慶州市拝洞南山新城の北門址で収拾された。

花崗岩。現存の高さは二二・五センチ、幅二二・二センチ、厚さ五・二センチ。

【釈文】

奈日

第九碑

一九九四年、慶尚北道慶州市拝洞の南山新城の西側城壁で発見された。現在、国立慶州博物館が所蔵する。

花崗岩。高さ九〇センチ、幅三九センチ、厚さ二三・五センチ。正面から見ると、左側が長く右側が短い台形をしている。

【釈文】

辛亥年二月廿六日南山新城作節如
法以作後三年崩破者罪教事爲聞教
令誓事之仇伐郡中伊同城徒受六歩
郡上人曳安知撰干生伐□文上干工
尺同村内丁上干□答村另利支尺文尺
生伐只次支伐城徒上人伊同村□尸兮
上干工尺指大公村入夫□伐文尺伊同
村□次兮阿尺面促伯干支村支刀尺□
捉同村西□阿尺不捉人伊同村□□小石捉人
伯干支村戊七

【注】

③5「仇」　従来「伋」と読まれてきた。

⑥8「徒」　従来「促」と読まれてきた。

第一〇碑

二〇〇〇年、慶尚北道慶州市排盤洞で発見された。現在、国立慶州文化財研究所が所蔵する。

花崗岩。現在の長さ二七センチ、幅一六・五センチ、厚さ一三センチ。碑の冒頭部分にあたる。

【釈文】

辛亥年二月廿六日南山新城作
節如法以作後三年崩破者罪教
事爲聞教令誓事之

一五．関門城石刻

建立年代は不明である。一九八〇年、慶尚北道慶州市外東面《ウェドンミョン》にある関門城の南門址付近の城壁外側で最初に発見された。その後の調査によって、南門址から北に約三五〇メートル離れた水口との間の城壁で、計一〇基が確認されている。

関門城という呼び方は、朝鮮時代以降のものである。鵄述嶺《チスルリョン》と毛火里《モファリ》の山との間約一二キロを結ぶ長城と、南《ナ》

陽面新垈里《ミャンミョンシンデリ》の山を囲む一・八キロの山城の二つの部分からなる。長城は、聖徳王二一（七二二）年に日本の侵入を防備するために築いた毛伐郡城とみられるが、石刻がみつかった新垈里の山城は、長城とは別に七世紀後半に造られたと推定される。そのため、山城は関門城ではなく、現在地名から新垈里城、あるいは付近の烽火台の名から大岾城と呼ぶべきという主張がある。

　銘文の内容は、「地名＋南界」と「地名＋北界＋受地距離」という組合せからなっている。第一・二石のように一つの石に書かれることもあれば、第七・八石のように二つの石に分けて書かれる場合もある。南山新城碑と同様に、郡や県を単位として城壁の築造が課せられ、担当区域の南北境界にそれぞれの郡県名を銘記した銘文が刻まれたのである。石刻にみられる郡県名は、いずれも統一新羅の良州《ヤンジュ》に所属する地域である。担当距離を平均すると六歩三尺となり、山城城壁の長さ一・八キロ＝約一〇〇〇〇歩を割ると一五〇〇ほどの分団が動員された計算になる。この数は、旧来の新羅領に相当する良州・尚州・康州の郡県数とほぼ同じであるので、この三州から動員されたと推定される。

第一石

　現在の南門址の東側で発見された。
花崗岩。縦二八センチ、横三七センチ。

【釈文】

骨估南界
居七山北界
受地七歩一尺

【解釈】

　「骨估」は他史料にみえず現在地は不明だが、骨浦県《コルポ》（慶尚南道馬山《マサン》）または骨火県（慶尚北道永川付近）とする推定がある。「居七山」は『三国史記』地理志の居柒山郡で、現在の釜山《プサン》市東莱《トンネ》区一帯である。

第二石

　第一石から約七・四メートルの地点で発見された。
泥岩系。縦三〇センチ、横五二センチ。

【釈文】

熊南界
骨估北界
受地四歩一尺
八寸

【解釈】

「熊」は熊只県で、現在の慶尚南道昌原《チャンウォン》市鎮海《チネ》区熊《ウン》川洞《チョンドン》一帯か。

第三石

第二石から約一三〇メートルの地点で発見された。第四石と並んでいる。

花崗岩。縦三三センチ、横四六センチ。

【釈文】

□□北界
□□□□
□□□□

第四石

第三石と並んでいる。

花崗岩。縦三〇センチ、横三七センチ。

【釈文】

押啄南界

【解釈】

「押啄」は押梁郡、現在の慶尚北道慶山郡である。

第五石

第四石から四八・五メートルの地点で発見された。

花崗岩。縦三二センチ、横六三センチ。

【釈文】

金京元千毛主作
北界
受作五歩五尺

【解釈】

「金京」は、金城とも呼ばれた新羅の王京を指す。現在の慶尚北道慶州である。「元千毛主」は、王京内の里とする説と、貴族の人名とする解釈がある。

第六石

第五石から約二〇・五メートルの地点で発見された。

縦三三センチ、横五五センチ。

【釈文】

金京道□
作北堺
五歩五尺

第七石

第六石から約五一・五メートルの地点で発見された。第八石と並んでいる。

花崗岩。縦三二センチ、横四二センチ。

【釈文】

切火郡北界

受地十歩
二尺七寸

【解釈】

「切火郡」は切也火郡であり、現在の慶尚北道永川郡である。

第八石

第七石と並んでいる。

花崗岩。縦三二センチ、横四八センチ。

【釈文】

退火
南界

【解釈】

「退火」は退火郡であり、現在の慶尚北道浦項《ボハン》市北区興《フン》海邑《ヘウプ》付近である。

第九石

第八石から約四一メートルの地点で発見された。

縦二六センチ、横七七センチ。

【釈文】

西良郡

【解釈】

「西良」は生西良郡であり、現在の蔚山《ウルサン》地域である。

第一〇石

第九石から約二六メートルの地点で発見された。

花崗岩。縦三三センチ、横五七センチ。

【釈文】

□□郡
受地五歩□
尺北界

【参考文献】

＊朴方龍（一九八二）新羅関門城の銘文石考察，美術資料，三一。

一六．武烈王《ムヨルアン》陵碑片

建立年は不明だが、文武王《ムンムワン》代（六六一～六八一年）と推定される。亀趺《きふ》と螭首《ちしゅ》は朝鮮時代から知られており、現在、慶尚北道慶州市西岳洞《ソアクトン》の武烈王陵に所在する。碑身は失われていたが、一九三五年、破片が西岳洞で発見された。現在、国立慶州博物館が所蔵する。

螭首は高さ一一〇センチ、幅一四五・四センチ、厚さ三三・三センチ。碑片は高さ八・一センチ、幅七・五センチである。

【釈文】

（螭首）

太宗武烈
大王之碑
（碑片）
中礼

【解釈】
太宗《テジョン》武烈王は、金春秋《キムチュンチュ》（在位六五四～六六一年）の廟号・諡《おくりな》である。唐と連合して六六〇年に百済を滅ぼしたが、翌六六一年になくなった。

一七．文武王陵碑

六八一または六八二年建立。一七九六年に碑片二つが発見されたが、その後行方不明となった。一九六一年に下部の碑片が、二〇〇九年に上部の碑片が、慶尚北道慶州市東部洞で発見された。現在、国立慶州博物館が所蔵する。

火成岩。下部の碑片は、高さ五二センチ、幅六四センチ、厚さ二四センチ。

【解釈】
断片的なため内容の理解は困難であるが、文武王の業績を称揚したものである。表面一八行目「熊津道行軍大総管」は唐の百済遠征軍の総司令官であり、蘇定方が任じられた。一九行目「列陣黄山」は黄山原《ファンサンボル》における新羅、百済の決戦をいうのであろう。二一行目の「龍朔元年」（六六一）は文武王の即位年である。裏面の三行目「寝時年五十六」は、文武王が六八一年に五六歳で亡くなったことをいい、計算すると生年は六二六年となる。五行目に火葬の遺言があり、六行目の「天皇大帝」は高宗《こうそう》である。

【釈文】
（表面）
国新羅文武王陵之碑　　及飡国学少卿臣金□□奉 教撰
通三□兵殊□□□匡□配天統物画野経□積徳　匡時済難応神　　霊命
派鯨津氏映三山之□東拒開梧之境南隣□桂之　接黄竜駕朱蒙　　承白武仰
問尽善其能名実両済徳位兼隆地跨八夤勲超三　巍蕩蕩不可得而称者　　我新
君霊源自敻継昌基於火官之后峻構方隆由是克　枝載生英異□侯祭天之胤伝七葉以
焉　　十五代祖星漢王降質円穹誕霊仙岳肇臨　以対玉欄始蔭祥林如観石紐坐金輿而

大王思術深長風姿英抜量同江海威若雷霆□地
簡□之徳内平外成光大之風迩安遠粛□功盛
□□舎誨乃聖哲之奇容恩以憮人寛以御物
□□□峰而□幹契半千而誕命居得一以
恬□輔質情源湛湛呑納□於襟□
詩礼之訓姫室拝橋梓之

（裏面）

方巻跡停烽罷候万里澄気克勤開
於将来畳粋凝貞垂裕於後裔
知其際承徳者咸識其隣声溢間河
照惟幾於丹府義符性興洞精鑑
握話言成範容止加観学綜古
大唐太宗文武聖皇帝応鴻社
宮車晏駕遏密在辰以
舜海而霑有截懸尭景以燭無垠
著□□□而光九列掌天府以
感通天使息其眚蘋安然利渉
□違隣好頻行首鼠之謀外信
熊津道行軍大総管以　君王
列陣黄山蝟聚張欲申距
至賊都元悪泥首轅門佐吏
三年而已至龍朔元年
所宝惟賢為善最楽□仁
朝野懽娯縦以無為□
既更興秦伯之基徳
之風北接挹婁蜂□
詔君王使持節
軍落於天上旌
之謀出如反手巧
丸山有紀功之将以
直九合一匡東征西
□宮前寝時年五十六
牧歌其上狐兎穴其傍

侍星精
道徳像棲梧
九伐親命三軍
欽風丹甑屡出黄□鎮空
命凝真貴道賎身欽味釈典葬以積薪
鴻名与天長兮地久
廿五日景辰建碑　　大舎臣韓訥儒奉

一八．金仁問《キムインムン》墓碑

六九五年頃の建立と推測される。一九三一年、慶尚北道慶州市西岳洞の西岳書院《ソアクソウォン》で発見された。現在、国立慶州博物館が所蔵する。

花崗岩。上半分が欠失している。高さ五八センチ、幅九四センチ、厚さ一八センチ。

焼葬即以其月十日火
妣　天皇大帝
王礼也　君王局量
国之方勤恤同於八政
実帰乃百代之賢王寔千
清徽如士不仮三言識駿
而開沼髣彿濠梁延錦石以
之賓聆嘉声而霧集為是朝多
即入昴忘帰射熊莫返太子鶏
丹青洽於麟閣竹帛毀於芸台
余下拝之碣廼為銘曰
域千枝延照三山表色盛徳遥伝
允武允文多才多芸憂入呑蛭尊
□威恩赫奕茫茫沮穢聿来充役蠢
雄赤烏呈災黄熊表崇俄随風燭忽
滅粉骨鯨津嗣王允恭因心孝友冈

【釈文】

□□□□□則□□□□□□□棟梁之材存
□□師之兵符作其□爪□龍薫孤之経史
五之君少□□墟分星于而超碧海金天命
□太祖漢王啓千齢之　聖臨百谷之
□□彊漢将孫策限三江而則土
其日　　祖文興大王知機其神多

□□号之験本枝□盛垂裕後昆
□駭目貞観廿一年　詔授特進栄高
用儀左貂右蝉定中国之行礼奏聞
　高宗大皇大帝遣派□曰惟金特進而量沖
羅王公乃遵月□而別幹発星河以派原戚
標志尚遠渉滄沢□朝絳闕無虧藩職載未
□□鴻河□以千□之雉堞高墉似錦越夫
　太宗大王歓美其功特授食邑三百戸
之所□被□就之□公乃聚不成図以開八陳
□背詔大軍憑怒□肯陵以載駆公義勇冠時
百済而□撃□豪□□面縛於轅門兇党土崩
□□□途違事大之礼　大帝赫然発憤
□　王授公為副大捴管盛発師徒運糧
□□其本国兵軍□虜境以横行返于瓠盧水
三之糧挙三□之□□之□日至于河岸公乃
万余及此時如雲猛将仰公龍豹之韜若雨謀
在国　詔曰□譲忠果幹力公強式遵賞
□之□□□六□之禊紀徳刺登村之礼是知
□□□□□順動□□□□□□接天人之
乾封元年加授□□□□□□衛□□開国□

【解釈】

金仁問（六二九～六九四年）は、金春秋の二番目の息子である。将軍として対百済・高句麗戦で活躍するとともに、唐に長年宿衛して外交面で兄・文武王を支えた。『三国史記』に列伝がある。

六行目「祖文興大王」は、祖父にあたる金龍春《キムヨンチュン》（真智王の子）を指す。八～九行目は、貞観《じょうがん》二一（六四七）年に唐に使臣として遣わされた父・金春秋（武烈王）が「特進」を授かったこと、中国式衣冠を新羅が採用したことを述べる。一〇～一二行目は、唐の高宗が金春秋を新羅王に冊封したことを、一三～一四行目は、金仁問が唐での宿衛から帰国した後、築城の功績をもって食邑《しょくゆう》三〇〇戸を賜ったこと、一五～一七行目は百済攻略、一八行目以降は高句麗遠征について述べる。一九行目に軍糧を運んだ（「発師徒運糧」）と記すのは、六六二年に平壌の唐軍に軍糧を運んだことをいう。二六行目の「乾封元年」（六六六）は、高宗による泰山《たいざん》での封禅《ほうぜん》に随って官爵を授けられたことを述べているのであろう。

一九．四天王寺碑片

七世紀後半の建立。四天王寺址は慶尚北道慶州市排盤

洞に位置し、碑身のない亀趺《きふ》二基が残っている。四天王寺址からは、碑片が七片みつかっている。碑片1は、一九一五年に四天王寺址で発見され、現在、国立慶州博物館が所蔵する。碑片2は、植民地時代に四天王寺址で発見され、現在、国立慶州博物館が所蔵する。碑片3は、一九七六年に幢竿《とうかん》支柱の東側で発見され、現在、東国大学校博物館が所蔵する。碑片4・5の発見年は不明であるが、碑片4は東国大学校慶州キャンパス、碑片5は国立慶州博物館が所蔵する。碑片6・7は二〇一一年の四天王寺の発掘で出土したもので、碑片6は東側亀趺前の基壇石列で、碑片7は西側石橋で発見された。

　碑片1は高さ六・二センチ、幅一二・三センチ。碑片2は高さ一四・五センチ、幅一三センチ。碑片3は高さ一四センチ、幅一〇・七センチ。碑片4は高さ一八・一センチ、幅八・八センチ。碑片5は高さ七センチ、幅九・四センチ。碑片6は高さ一一センチ、幅五五センチ、厚さ一四センチ。碑片7は高さ二九センチ、幅一三・五センチ、厚さ三・五センチ。

【釈文】

（1）

□
書

（2）

□遠雅志
□蘭而□
□□

（3）

年□
次壬辰
凶□悼
□

（4）

表舍
恢弘
穸寒
銘曰

（5）

（表面）

勿未判
□之并

（裏面）

之碑

（6）
□
英
津而迴
徹挺志
相巨嶽
神将
帝之魚
蓮疆特
一道
郊波達
効款宜
十六日
大王
時顕
月

（7）
之無窮其徳十也
於公孫威震一
保質

【解釈】

これらの碑片は、文字の彫り方や罫線の間隔などから、もとは三つの碑であったと考えられる。まず、碑片1は文武王陵碑の一部であった可能性が高い。碑片2・3・4・7は同一の碑であり、碑片6は別の碑であったとみられる。なお、碑片5は、裏面「之碑」が篆書体《てんしょたい》で大きく書かれていて題額《だいがく》であることが明らかで、再利用された可能性がある。

【参考文献】

＊チェチャンミ（二〇一二）四天王寺出土碑片の形態学的検討．歴史と経済、八五。

二〇．癸酉銘全氏阿弥陀仏碑像《きゆうめいぜんしあみだぶつひぞう》

六七三年建立。一九六〇年、世宗《セジョン》特別自治市（旧忠《チュン》清南《チョンナム》道《ド》燕岐《ヨンギ》郡）全東面多方里の碑巌寺において、己丑銘阿弥陀仏像とともに調査され知られるようになった。現在、国立清州博物館が所蔵する。国宝一〇六号。

高さ四三センチ、幅二六・七センチ、厚さ一七センチ。元来は屋蓋と座台があったと思われる。四面に仏や紋様が刻まれている。

【釈文】

（左側面。一行目は五〇字あるものを編集の都合上二行に分けて示している）

□□癸酉年四月十五日兮乃末首□□道□発願敬□供為□
弥次乃□□正乃末全氏三□□等□五十人知識共国王大臣
及七世父母含霊発願敬造寺知識名記
達率身次願
真武大舎
□□大舎願

（後面）

上次乃末　大舎願　乃末願　夫乃末願
三久知乃末　夫信大舎　久大舎願　林乃末願
兎大舎願　大□　恵信師　恵明法師
道師

（向右側面）

歳□□□年四月十五
日為諸□敬造此石
諸仏□□
道作公願
使真公□
□□願

（正面）

全氏□□
述況□□
二兮□木
同心敬造
阿弥陀仏
像観音大
世至像□
□道□□
上為□□
願敬造□
仏像□□
此石仏像
内外十方
十六□□

【解釈】

本碑の内容は、左側面・後面の造寺記と、右側面・正面の造像記の二つに分けられる。

左側面・後面には、癸酉年（六七三年）四月一五日に兮乃末らが発願《ほつがん》し五〇人が「知識」となって、国王・大臣および七世父母のために寺を造ったとある。乃末は新

羅京位の第一一等、大舎は第一二等であるが、「達率」のみは百済官位で、第二等である。新羅官位を持つ人々も、百済滅亡後に新羅に仕えた人物と考えられる。

　右側面・正面には、不明年の四月一五日に諸□のために阿弥陀仏像・観音大世至像を造ったとある。

二一・癸酉銘《きゆうめい》三尊《さんぞん》千仏《せんぶつ》碑像《ひぞう》

　六七三年建立。世宗特別自治市（旧忠清南道燕岐《チュンチョンナムドヨンギ》郡）鳥致院《チョチウォン》邑近郊の瑞光庵《ソグァンアム》にあったものである。現在、国立公州《コンジュ》博物館が所蔵する。国宝一〇八号。

　高さ九一センチ、幅四七・五センチ、厚さ一五センチ。碑の前面に阿弥陀三尊像があり、その左右に銘文が彫られている。全面の上部と後面、左右側面に千仏を表した多数の如来座像が彫られている。蓋石《ふたいし》がある。

【釈文】

（右側）

歳在癸酉年四月十五日香

徒釈迦及諸仏菩薩像造

石記□□是者為国王大

臣及七世父母法界衆生故敬

（左側）

造之　香徒名弥次乃真

牟氏大舎上生大舎□仁次大舎□

宣大舎賛不小舎武使小舎□□

□小舎□□等二百五十人

【解釈】

　全氏阿弥陀碑像と同じ癸酉年（六七三）四月十五日とあり、仏像様式も酷似しているため、両者には密接な関係があると考えられる。「国王・大臣及び七世父母、法界の衆生」のために信徒の結社である香徒《こうと》が像を造った。香徒には、新羅京位第一二等の大舎、一三等の小舎以下、二五〇人が参加したという。「真牟氏」は百済人であり、造像主体は百済遺民であったとみられる。

二二・世宗《セジョン》市蓮花寺《ヨンファサ》戊寅銘《ぼいんめい》仏碑像

　六七八年建立。一九六一年、世宗特別自治市（旧忠清南道燕岐郡）燕西面蓮花寺で発見され、現在も奉安されている。宝物六四九号。

　高さ五二・四センチ、幅二一・五センチ、厚さ一六センチ。四面に仏像を彫り、石の台座の上に置かれている。前面には阿弥陀仏を中心とした五尊像、後面には半跏思《はんかし》惟《い》像を中心とした三尊像が彫られている。銘文は、左右

側面に四行ずつ刻まれているが、左側面はほとんど読むことができない。

【釈文】

（右側面）

戊寅年七月七日

其家

□□□□一切衆生□阿弥陀仏

□□

二三．清州《チョンジュ》雲泉洞《ウンチョンドン》事蹟碑

六八六年建立と推定される。一九八二年、忠清北道清州市雲泉洞で発見された。現在、国立清州博物館が所蔵する。

花崗岩。碑の上部が欠損しており、残存の高さ九五センチ、幅九二センチ、厚さ一五センチ。

【釈文】

（前面）

沙門　寸

無　趣皎皎而生

河洛霊図

天徳長流於四海義心宣揚於万邦

路蘭香風而長流貸宝繹而無絶

善根具足門　而行廻

豎鼓之場精霊所起交兵深林之地

伐耶　民合三韓而広地居滄海而振威

仁寺倉府充溢民免飢寒之憂水土

丹穴委羽之君太平大蒙之長奉玉帛

者沙門普慧之所造也文海生知行之

寿拱二年歳次丙戌茅茨不剪僅庇経伝

化主弟子海心法師世近明敏清涼

（裏面）

三宝　六代之徽経

国主大王

降

六

亦

寿

善天寿山長

陰陽　上下

（側面）

阿干

主聖大王炤亦為十方檀越及道場法界

亦

【解釈】

上部の欠損と碑面の摩滅によって文章を読み取ることは難しい。前面では、まず仏法を称揚し王の徳を讃えている。八行目の「三韓を合わす」という表現は、新羅の三韓一統意識を示す早い例として注目される。一一行目の「沙門普慧」が寺院の創建者と思われる。一二行目の「寿拱二年」は唐・武則天《ぶそくてん》の垂拱《すいきょう》と通じて六八六年にあたり、この頃に寺が創建されて本碑も立てられたと推定される。裏面二行目の「国主大王」という表現は、甘山《カムサン》寺《サ》造像記にもみられ建立時の新羅王をさす。

二四．己丑《きちゅう》銘《めい》阿弥陀仏碑像

六八九年建立。一九六〇年、世宗特別自治市（旧忠清南道燕岐郡）全東面多方里の碑巌寺において、癸酉銘全氏阿弥陀碑像とともに調査され知られるようになった。現在、国立清州博物館が所蔵する。宝物三六七号。

高さ五七・五センチ、幅三一・五センチ、幅八・五センチ。前面中央の蓮の花に阿弥陀仏が結跏趺坐しておりその周囲に菩薩像、羅漢像などが表現されている。銘文は、後面の上部に刻まれている。

【釈文】

己丑年二月十五日
此□七世父母及□□□
阿弥陀仏及諸仏菩薩像
□□

【解釈】

己丑年は六八九年である。七世父母らのために阿弥陀仏および菩薩像を造る、という内容である。

二五．断石山《タンソクサン》神仙寺《シンソンサ》磨崖仏像群

建立年不明。仏像様式から七世紀前半頃と推定される。慶尚北道慶州市乾川邑《コンチョンウプ》断石山にあり、古くから知られていたが、銘文全体は一九六九年に調査されて明らかになった。

コの字形の石室に一〇躯の磨崖仏が彫られており、南側の岩面に銘文が刻まれている。

【釈文】

夫□道者凝抱有跡之所従□□□□□恨路之
能与□真約妙法□坊□□右也念□乎花易而
□□□□□難明日□佳有菩薩戒弟子岑珠□
□□□□□□□□□母君□□弥□□□□

□□□□□□□□□□□□□□上□王法父
□□□□陽□□□□□□三□年□□□□□
□□□□□□　　　有□□□□□□□□
□相勧以道弁罪福報兪如歎響故共議曰若泛
宝舟超登彼岸法門不二如理唯一赤霞迫僉沢
□□□道因□表□□□□□□□地皆成仏□
□□□□□□□□□隠西□□□□□□□□
□□□□□□□□□□□□□□□□□□□
金沙飛鳥共来儀□為吟新曲祈覲誓懺心府村
□□□□□□□□又如□愛□□□□□□□
己罪仍於山巌下創造伽藍因霊虚名神仙寺作
弥勒石像一区高三丈菩薩二区明示微妙相相
端厳銘曰□□常楽□□□□□話六道功　八
山□曰无形而於□□□□禾仏侈千万行方丈
□□□材現□□度金□之□水貴法若路深真
路深真如理□道錬□禔名由善慶六途新興庵

【解釈】

判読できない文字が多いため内容は判然としないが、三行目に発願者と思われる「菩薩戒弟子岑珠」がみられる。また、一五～一六行目にかけて「山巌の下に伽藍を創造し、霊虚によって神仙寺と名作け、高さ三丈の弥勒石像一躯と菩薩二躯を作る」とあり、神仙寺と呼ばれたことがわかる。北側の岩に高さ八・二メートルの如来立像、東側の岩に高さ六メートルの菩薩像、南側の岩に菩薩像があり、銘文に対応している。

二六. 甘山《カムサン》寺《サ》石造弥勒菩薩立像造像記

七一九年建立。一九一六年、慶尚北道慶州市内東面薪《シン》溪《ゲ》里《リ》の甘山寺址で阿弥陀仏立像とともに発見された。現在、国立中央博物館に所在する。国宝八一号。

光背の裏面に銘文がある。光背は高さ一八九・四センチ、幅一〇七・六センチ。

【釈文】

開元七年己未二月十五日重阿飡金志誠奉
為亡考仁章一吉飡亡妣観肖里敬造甘
山寺一所石阿弥陀像一軀石弥勒像一軀
蓋聞至道玄微不生不滅能仁真寂無去無来
所以顕法応之三身随機拯済表天師之十号
有願咸成弟子志誠生於聖世歴任栄班
無智略以匡時僅免罹於刑憲性諧山水慕荘
老之逍遥志重真宗希無著之玄寂年六十有
七致王事於清朝遂帰田於間野披閲五

千言之道徳棄名位而入玄窮研十七地之法
門壊色空而倶滅尋復降旌命於草廬典
迩都之劇務雖在官而染俗塵外之心無捨罄
志誠之資業建甘山之伽藍伏願以此微誠上
資国主大王履千年之遐寿延万福之鴻
休愷元伊飡公出有漏之罾埃証無生之妙果
弟良誠小舎玄度師姉古巴里前妻古老里後
妻阿好里兼庶兄及漢一吉飡一憧薩飡聡敬
大舎妹首肸買里及無辺法界一切衆生同出
六塵咸登十号縦使誠□有尽此願无窮劫石
巳消尊容不□无求不果有願咸成如有順此
心願者庶同営其善因也亡妣官肖里夫人
年六十六古人成之東海欣支辺散之

【解釈】

一～三行目は、開元七（七一九）年二月一五日に「重阿飡金志誠」が亡き父と母のために甘山寺、阿弥陀像、弥勒像を造ったことを記す。阿飡は新羅官位第六等であり、新羅の骨品制では六頭品はこれ以上官位を上がることができないため、重阿飡から四重阿飡までの四階級が設けられた。したがって、金志誠は六頭品身分であったことになる。四～六行目は仏の教えを讃える。六～一三行目は金志誠の生涯であり、六七歳で官職から退き「五千言之道徳」すなわち老子の『道徳経』と「十七地之法門」すなわち『瑜伽師地論』を併せて学んだという。一三～二一行目は発願の内容で、「国主大王」「愷元伊飡公」、そして近親者の名を列挙して、仏の功徳のあることを願っている。愷元《ケウォン》は、太宗金春秋の第六子であり、六六七・六六八年に将軍として高句麗遠征に参加し、六九五（孝王四）年には上大等となっている。伊飡は官位第一等である。二一～二二行目では、母の官肖里夫人が六六歳で亡くなり東海の海辺に散骨したと述べる。

二七．甘山寺石造阿弥陀仏立像造像記

七二〇年建立。一九一六年、慶尚北道慶州市内東面薪渓里の甘山寺址で弥勒菩薩立像とともに発見された。現在、国立中央博物館が所蔵する。国宝八二号。

光背の裏面に銘文がある。光背は高さ二〇六センチ、幅一〇九・一センチ。

【釈文】

若夫至道者不生不滅猶表跡於周宵能仁者若去若
来尚流形於漢夢濫觴肇自西域伝灯及至東土遂乃
仏日之影奄日域以照臨貝葉之文越浿川而啓発竜

宮錯峙雁塔駢羅舍衛之境在斯極楽之邦密爾有重
阿飡金志全誕霊河岳降徳星辰性叶雲霞情友山水
藴賢材而命代懐智略以佐時朝鳳闕而銜綸則授尚
舍奉御逡鶏林而曳綬則任執事侍郎年六十七懸車
致仕避世閑居侔四皓之高尚辞栄養性同両疎之見
機仰慕無著真宗時時読瑜伽之論兼愛荘周玄道日
日覧逍遥之篇以為報徳慈親莫如十号之力酬恩
聖主無過三宝之因故奉為国主大王伊飡愷
元公亡考亡妣亡弟小舍梁誠沙門玄度亡妻古路
里亡妹古宝里又為妻阿好里等捨其甘山荘田建此
伽藍仍造石阿弥陀像一軀伏願託此微因超昇
彼岸四生六道並証菩提
　開元七年歳在己未二月十五日奈麻聡
　撰奉教沙門釈京融大舍金驟源□□□
　亡考仁章一吉飡年卌七古人成之東海
　欣支辺散也後代追愛人者此善助在哉
　金志全重阿飡敬生已前此善業造歳□
　十九庚申年四月廿二日長逝為□之

【解釈】

一～四行目は仏教が中国を経て新羅にまで伝わったことを述べる。四～一一行目は金志全の生涯であり、唐において尚舎奉御《しょうしゃほうぎょ》の職を授けられ、帰国して執事省の次官である執事侍郎（典大等とも）に至ったという。一一～一五行目は阿弥陀像造成により「国主大王、伊飡愷元公」はじめ近親者への功徳を願う。一六～一七行目は銘文を作った人名、一八～二一行目は父「仁章一吉飡」が四七歳で亡くなって東海の海辺に散骨したこと、金志全が「庚申年（七二〇）」の四月二二日に死去したことを述べる。

なお、発願者がそれぞれ金志誠と金志全となっているが、文字が異なるのみで同一人物である。近親者の表記も、弥勒菩薩像と阿弥陀仏像で少しずつ異なっている。

表一八　甘山寺弥勒菩薩・阿弥陀仏造像記歴名表

弥勒菩薩				阿弥陀仏		
関係	人名	官位	等級	関係	官位	人名
弟	良誠	小舍	一三	亡弟	小舍	梁誠
	玄度師			沙門		玄度
姉	古巴里			亡妻		古路里
前妻	古老里			亡妹		古宝里
後妻	阿好里			妻		阿好里
庶兄	及漢	一吉飡	七			
	一幢	薩飡	八			
	聡敬	大舍	一二			
妹	首肹買里					

二八．壬申誓記石《じんしんせいいきせき》

建立年代には、五五二年、六一二年、六七二年、七三二年など諸説ある。一九三五年、慶尚北道慶州市見谷《ヒョンゴン》面《ミョン》金丈《クムジャン》里《ニ》の錫杖《ソクチャン》寺《サ》址付近で発見された。現在、国立慶州博物館が所蔵する。宝物一四一一号。

粘板岩。高さ三四センチ、幅一二・五センチ、厚さ二センチ。上部の幅が広く、下がやや狭い自然石。

【釈文】

壬申年六月十六日二人幷誓記天前誓今自
三年以後忠道執持過失无誓若此事失
天大罪得誓若国不安大乱世可容
行誓之又別先辛未年七月廿二日大誓
詩尚書礼伝倫得誓三年

【解釈】

この碑文は、新羅の青年二人が個人的な誓約を記したものである。新羅語の語順のままに漢字を記す独特の文体によって書かれており、「壬申年六月十六日、二人幷びに誓い記す。天の前に誓う。今自り三年以後、忠道を執持して、過失无きことを誓う。若し此の事失すれば、天の大罪を得んことを誓う。若し国不安にして大乱世となるも、……を誓う。又た別に先の辛未年七月廿二日、大いに誓いし詩・尚書・礼・伝、倫に得んことを誓う、三年」と解釈できる。詩は『詩経』、尚書は『書経』、礼は『礼書』、伝は『春秋』の諸伝をさす。

年代については不明であるが、習得することを誓った『詩経』『書経』などが、新羅の国学で教授する内容と合致することから、国学の整備される六五一年以降であるとする推定がある。一方、花郎《かろう》と関連づけて真興王代の五五二年や真平王代の六一二年とする推定もある。しかし、いずれも年代を限定する根拠としては確実ではない。

二九．蔚珍聖留窟《ソンニュクル》巌刻銘文

建立年は五四三年、六六三年など諸説ある。二〇一五年、慶尚北道蔚珍郡近南面九山里の聖留窟と呼ばれる洞窟の出入口付近で発見された。

岩壁の縦三〇センチ、幅二〇センチほどに文字を刻んでいる。

【釈文】

癸亥年三月
八日壧主荷智
大奈麻末□疋

此京□□斤大□大
□□五十□□
知人大息食
刀人□□

【注】
②1「壧」「窟」とする説もある。
④2「京」「時」とする説もある。

【解釈】

冒頭の「癸亥年」を五四三年とする説もあるが、部名を称していないことから六六三年説も出されている。

「壧主」は、職名で聖留窟一帯の管轄者を意味するか。「荷智」は人名と推定され、「大奈麻」は京位第一〇等である。窟神への祭祀を行ったことの記録か。「刀人」は銘文を刻んだ人物とみられる。


【参考文献】
＊李永鎬（二〇一六）蔚珍聖留窟巌刻銘文の検討．木簡と文字、一六。

資料編2　古代日本の石碑

三上喜孝

本資料編は、日本列島に現存する古代の石碑（原碑が現存せず拓本のみが残っているものも含む）の釈文と解説を編年順に示したものである。必要に応じて、読み下し文や現代語訳を加えた。墓誌や造像銘については、ここでは取り上げていない。

釈文の字体は、石碑の字体を極力尊重したが、一部常用漢字にあらためたところもある。

各石碑に関する参考文献は最小限にとどめた。全体にかかわる参考文献は、以下の通りである。

木崎愛吉編（一九七二）大日本金石史第一、歴史図書社。

群馬県立歴史博物館編（一九九四）第四八回企画展図録 日本三古碑は語る、群馬県立歴史博物館。

国立歴史民俗博物館編（一九九七）企画展示 古代の碑—石に刻まれたメッセージ（展示図録）、国立歴史民俗博物館。

東北歴史博物館編（二〇〇一）ふるきいしぶみ　多賀城碑と日本古代の碑（展示図録）、東北歴史博物館。

国立歴史民俗博物館編（二〇〇二）古代日本　文字のある風景（展示図録）、朝日新聞社。

東野治之（二〇〇四）日本古代金石文の研究、岩波書店。

研究代表者・佐藤信（二〇一一）二〇〇八年度～二〇一〇年度科学研究費補助金研究成果報告書：古代日本列島における漢字文化受容の地域的特性の研究—日本古代金石文資料集成。

国立歴史民俗博物館編（二〇一四）文字がつなぐ　古代の日本列島と朝鮮半島（展示図録）、歴史民俗博物館振興会。

一・宇《う》治《じ》橋《ばし》断《だん》碑《ぴ》　大化二年（六四六）

【釈文】（囲み部分は寛政五（一七九三）年の復元碑による）

浼浼横流　其疾如箭　修修征人　停騎成市　欲赴重深　人馬亡命　従古至今　莫知航葦
世有釈子　名曰道登　出自山尻　恵満之家　大化二年　丙午之歳　構立此橋　済度人畜
即因微善　爰発大願　結因此橋　成果彼岸　法界衆生　普同此願　夢裏空中　導其苦縁

【読み下し文】

浼浼たる横流は、其の疾きこと箭の如し。修々たる征人は、騎を停めて市を成す。重深に赴かんと欲れば、人馬命を亡う。古より今に至るまで、航葦を知るなし。世に釈子有り。名を道登と曰う。山尻の恵満の家より出たり。大化二年丙午の歳、此の橋を構立し人蓄を済度す。即ち微善に因り爰に大願を発すらく、「因を此橋に結んで果を彼岸に成さん。法界の衆生、普く此の願に同じく、夢裏空中に其の苦縁を導かんことを」と。

【解説】

宇治橋架橋の由来を刻す石碑で、寛政三（一七九一）年に橋寺放生院《はしでらほうじょういん》の境内で発見された。碑の首部のみが発見され、その碑文が『帝王編年記』大化二年条にみえる碑文と一致することから、寛政五（一七九三）年に尾張藩の有志により欠損部分が復元された。一九六五年に「宇治橋断碑」として重要文化財に指定された。

原碑に残る文字は、第一～第三行目の第一～第九字目までで、それより下が復元部分である。寛政五年の復原の際には、『詩経』の文言などから、『帝王編年記』の原文である第一行第八句の「竿」を「葦」に、第三行第八句の「昔」を「苦」に改めている。第一行第六句の「亡」を「忘」とする別伝もある。

碑文には、大化二（六四六）年に僧道登《どうとう》が宇治橋を架橋したことが記されている。

【参考文献】

藪田嘉一郎（一九四九）宇治橋断碑．日本上代金石叢考、河原書店。守屋茂（一九七二）宇治橋の紀功碑と道登・道昭．史迹と美術、四二（七）。寺西貞弘（一九八五）宇治橋架橋をめぐる問題．日本書紀研究、一三。和田萃（一九九〇）道昭と宇治橋．藤井寺市史紀要、一一。

二．山上碑《やまのうえひ》　辛巳年（六八一）

【碑文】

辛己歳集月三日記
佐野三家定賜健守命孫黒賣刀自此
新川臣児斯多々弥足尼孫大児臣娶生児
長利僧母為記定文也　放光寺僧

【読み下し文】

辛己歳集月三日記す。佐野三家を定め賜える健守命の孫黒売刀自、此れ新川臣の児斯多々弥足尼の孫大児臣と娶いて生める児長利僧、母の為に記し定むる文也。放光寺僧。

【現代語訳】

辛己《しんし》（＝辛巳）歳（六八一）集月（一〇月）三日に記す。佐野三家《さののみやけ》をお定めになった健守命《たけもりのみこと》の子孫の黒売刀《くろめと》自《じ》、これが、新川臣《にっかわのおみ》の子の斯多々弥足尼《したたみのすくね》の子孫である大《おお》児臣《ごのおみ》と夫婦になり生まれた長利僧《ちょうりのそう》が、母の為に記し定めた文である。放光寺《ほうこうじ》の僧。

【解説】

上野三碑《こうずけさんぴ》の一つ、山上碑は、群馬県高崎市山名町《やまなまち》に所在する。古代の上野国《こうずけのくに》片岡郡山部里にあたり、和銅四（七一一）年の多胡《たご》郡設置によって多胡郡山部里（後に山部郷）となり、延暦《えんりゃく》四（七八五）年、桓武《かんむ》天皇の諱《いみな》を避けるために山字郷となった。山上碑のすぐ東側には山上古墳があり、この古墳の墓碑であるとも考えられている。碑文にみえる「放光寺」は、『上野国交替実録帳』に定額寺として記載される放光寺であると考えられ、群馬県前橋市総社《そうじゃ》町総社に所在する山王《さんのう》廃寺に比定されている。台石の上に、高さ一一一センナ、幅四七センチ、厚さ五二センチの自然石の碑身を立てている。石材は碑身、台石ともに輝石安山岩である。

【参考文献】

尾崎喜左雄（一九九〇）上野三碑の研究、尾崎先生著書刊行会。平野邦雄監修・あたらしい古代史の会編（一九九九）東国石文の古代史、吉川弘文館。東野治之（二〇〇四）上野三碑、日本古代金石文の研究、岩波書店。前沢和之（二〇〇八）古代東国の石碑、山川出版社。

三．采女氏塋域碑《うねめしえいいきひ》　己丑年（六八九）

【釈文】

飛鳥浄原大朝廷大弁
官直大貳采女竹良卿所
請造墓所形浦山地四千
代他人莫上毀木犯穢
傍地也

　己丑年十二月廿五日

【読み下し文】

飛鳥浄原大朝廷の大弁官、直大弐采女竹良卿が請いて造る所の墓所、形浦山の地の四千代なり。他の人が上りて木を毀ち、傍の地を犯し穢すことなかれ。

己丑年十二月廿五日。

【解説】

もとは河内国石川郡春日村の帷子村にあり、のちの妙顕寺境内に移されたと伝えられている。原碑は失われ、拓本のみが伝えられている。拓本からは、原碑が圭首《けいしゅ》状に成形されていたことがわかる。碑文にみえる「飛鳥浄原大朝廷」「大弁官」「直大貳」などの記載から、己丑《きちゅう》年は持統《じとう》三（六八九）年と考えられる。「四千」を「四十」と読む説もある。

【参考文献】

近江昌司（一九八四）采女氏塋域碑について．日本歴史、四三二。
三谷芳幸（一九九七）采女氏塋域碑考．東京大学日本史学研究室紀要、創刊号。

四．那須国造碑《なすこくぞうひ》　庚子年（七〇〇）

【釈文】

永昌元年己丑四月飛鳥浄御原大宮那須国造
追大壹那須直韋提評督被賜歳次康子年正月
二壬子日辰節殄故意斯麻呂等立碑銘偲云尓
仰惟殞公廣氏尊胤国家棟梁一世之中重被貳
照一命之期連見再甦砕骨挑髄豈報前恩是以
曽子之家无有嬌子仲尼之門无有罵者行孝之
子不改其語銘夏尭心澄神照乾六月童子意香
助坤作徒之大合言喩字故無翼長飛无根更固

【読み下し文】

永昌元年己丑四月、飛鳥浄御原大宮の那須国造・追大壱那須直韋提、評督を賜わる。歳次康子年正月二壬子の日、辰節に殄す。故に意斯麻呂等碑銘を立てて偲びて云う。仰ぎ惟んみるに、殞公は広氏の尊胤にして、国家棟梁たり。一世の中に重ねて弐照せられ、一命の期に連ねて再甦せらる。骨を砕き髄を挑ぐとも、豈に前恩に報いんや。是を以て曽子の家に嬌子有ることなく、仲尼の門に罵る者有ることとなし。孝を行うの子は其の語を改めず。夏の尭が心を銘じて神を澄まし乾を照らさん。六月の童子は、意香しくして坤を助けん。徒を作すこと之れ大にして、言を合わせ字に喩らかにす。故、翼無くして長く飛び、根なくして更に固からん。

【現代語訳】

永昌元《えいしょう》（持統三＝六八九）年四月、持統天皇の代に那須国造を務めた追大壱《ついだいいち》那須直《なすのあたい》韋提《いで》が、評《こおり》の長宮に任ぜられた。その後、庚子《こうし》（文武四＝七〇〇）年正月二日に亡くなった。そこで、意斯麻呂《おしまろ》らが那須直韋提を偲んで、

次のように述べる。
思い返してみると、亡くなった韋提は広氏の末裔であり、国家を支えた人物であった。一生の内に国造と評督《ひょうとく》に任ぜられるという二度の栄誉にあずかり、生涯を終えてもその業績は子孫に引き継がれた。粉骨砕身して、必ずや韋提の業績と恩に報いなければならない。孝行の家門に驕る者はなく、孔子の門弟に罵る者はない。孝を重んじる韋提の子である我々は、その格言に背くことはない。孝で知られる堯《ぎょう》の心を銘じ、心を澄まして父を顕彰しよう。孝の心ある子は、母を助けるものである。立碑のために多くの者が集い、言葉を紡いで碑文を記す。我々の功績は、翼はなくとも広く知れ渡り、根はなくとも強固なものになるだろう、と。

【解説】

栃木県大田原市湯津上の笠石《かさいし》神社に所在する。碑身は角柱状で、頂部には宝形造りの笠石が乗る。碑身と笠石は花崗岩、後設された台石は凝灰岩である。総高一四八センチ。延宝《えんぽう》四（一六七六）年に発見されたことが契機となりその存在が知られ、水戸藩主光圀が佐々木介三郎宗淳に調査を命じた。さらに碑堂を建設するなどして、石碑の保護に尽くした。現在は国宝に指定されている。

内容は、那須国造であった那須直韋提の生前の事蹟を顕彰したもので、碑文中には唐の永昌年号が使用されたり、儒教思想が垣間見られるなど、撰文に渡来人がかかわった可能性が示唆される。

【参考文献】

田熊信之（一九九四）那須国造碑—その碑形と刻書、文辞に関して．日本三古碑は語る、群馬県立歴史博物館。東野治之（二〇〇四）那須国造碑．日本古代金石文の研究、岩波書店。

五．多胡碑《たごひ》　和銅四年（七一一）

【碑文】

弁官符上野國片罡郡緑野郡甘
良郡并三郡内三百戸郡成給羊
成多胡郡和銅四年三月九日甲寅
宣左中弁正五位下多治比真人
太政官二品穂積親王左太臣正二
位石上尊右太臣正二位藤原尊

【読み下し文】

弁官符す、上野国片岡郡・緑野郡・甘良郡、三郡の内の三百戸を并せて郡に成し、羊に給い、多胡郡と成せ。和銅四年三月九日甲寅に宣る。左中弁正五位下多治比真人、

太政官二品穂積親王、左太臣正二位石上尊、右太臣正二位藤原尊。

【現代語訳】

弁官《べんかん》が命ずる。上野国《こうずけのくに》の片岡《かたおか》郡・緑野《みどの》郡・甘良《かんら》郡、三郡のうち三〇〇戸をあわせて郡となし、羊に給い、多胡郡となせ。和銅四年三月九日甲寅に命ずる。左中弁正五位下多治比真人、太政官二品穂積親王、左太臣正二位石上尊、右太臣正二位藤原尊。

【解説】

上野三碑の一つ、多胡碑は、群馬県高崎市吉井町の北部、鏑川《かぶらがわ》南岸近くの旧稲荷明神社境内の、高さ九〇センチの土壇上にある。律令制導入当初は上野国甘楽郡であったが、和銅四（七一一）年に多胡郡となった。碑文には多胡郡が成立した経緯が書かれており、この碑文の性格は一般に建郡碑と呼ばれている。高さ一二九センチ、幅六〇センチ程度の方柱状の碑身の上に、幅九五センチ、高さ二七センチの方形の笠石を載せる。石材は、碑身、笠石ともに牛伏《うしぶせ》砂岩《さがん》である。

【参考文献】

尾崎喜左雄（一九八〇）上野三碑の研究．尾崎先生著書刊行会。平野邦雄監修・あたらしい古代史の会編（一九九九）東国石文の古代史．吉川弘文館。東野治之（二〇〇四）上野三碑．日本古代金石文の研究、岩波書店。東野治之・佐藤信編（二〇〇五）古代多胡碑と東アジア．山川出版社。前沢和之（二〇〇八）古代東国の石碑．山川出版社。土生田純之・高崎市編（二〇一二）多胡碑が語る古代日本と渡来人．吉川弘文館。

六．超明寺碑《ちょうみょうじひ》　養老元年（七一七）

【釈文】

養老元年十月十日石柱

立　超明僧

【現代語訳】

養老元（七一七）年十月十日に石柱を立てる。超明僧

【解説】

滋賀県大津市月輪《つきのわ》の超明寺本堂で木製の箱に納め奉安されている。大萱《おおがや》新田の開発に伴う貯水池工事により延宝四（一六七六）年に発見されたと伝えられる。石柱が納められている箱の蓋裏の墨書によれば、天保三（一八三二）年、発見者の子孫により寺へ寄進されたことが記される。石柱は、高さ約四一センチ、幅約一八・五センチ、厚さ約一四・二センチで、水成岩様の堅い岩石よりできている。頭部を圭頭状に整形している。

【参考文献】
東野治之（二〇〇四）滋賀県超明寺の「養老元年」碑．日本古代金石文の研究、岩波書店。

七．元明《げんめい》天皇陵碑　養老五年（七二一）

【釈文】（『東大寺要録』巻八裏書による推定釈文）

大倭国添上郡平城
之宮馭宇八洲
太上天皇之陵是其
所也
養老五年歳次辛酉
冬十二月癸酉朔十
三日乙酉葬

【読み下し文】

大倭国添上郡平城之宮に馭宇八洲太上天皇之陵、是れ其の所なり。養老五年歳次辛酉冬十二月癸酉朔十三日乙酉に葬る。

【解説】

元明天皇陵碑は、現在元明天皇陵に治定《じじょう》されている奈《な》保山《ほやま》東《ひがしの》陵《みささぎ》上にあり、かつては「函石《はこいし》」と呼ばれていた。碑文は、院政期に成立した東大寺の寺誌である『東大寺要録』巻八裏書に、「奈保山太上天皇山陵碑文」として形状とともに釈文の記載がみられる。高さ九四センチほどの直方体をした花崗岩で、側面上部に刻まれた方眼のマス目に碑文が記されている。内容は、養老五（七二一）年十二月十三日に元明天皇をこの場所に埋葬した、という簡素なものである。江戸時代に現在地付近の山崩れにより出土し、幕末に陵上に移された。現碑は摩滅が著しくほとんど判読できない。宮内庁書陵部による調査によれば、高さ九三・三センチ、幅六六・〇センチ、奥行四六・〇センチの方形、材質は細粒花崗岩で、銘文のうち「之」「五」「次辛酉」の五文字が判読できたほかは、風化や摩耗等により判読が不可能であったという。

【参考文献】
福山敏男（一九八三、初出一九七一）元明天皇陵碑．福山敏男著作集6 中国建築と金石文の研究、中央公論美術出版。宮内庁書陵部陵墓調査室（二〇〇〇）元明天皇陵内陵碑・那富山墓内「隼人石」・桧隈墓内「猿石」の保存処理及び調査報告．書陵部紀要、五一。

八．阿波国造碑《あわこくぞうひ》　養老七年（七二三）

【釈文】

（正面）

阿波国造
名方郡大領正□〔七カ〕位下
粟凡直弟臣墓
（側面）
養老七年歳次癸亥
年立

【読み下し文】

阿波国造。名方郡大領正□〔七カ〕位下粟凡直弟臣の墓。養老七年歳次癸亥年に立つ。

【解説】

徳島県名西《みょうざい》郡石井《いしい》町《ちょう》の中王子《なかおうじ》神社の宮司によって、神社周辺から発見されたと伝わり、一九五二年に再発見された。現在は同神社のご神体とされている。正確には石碑ではなく土製で、須恵《すえ》器《き》質に焼いたものである。総高約二九センチ、幅約一三センチ、厚さ一〇センチ前後で、四角柱状の身正面と左側面に銘文を刻んでいる。上下に刀子《とうす》などで切り出した柄《つか》状の突出部があることから、本来は台石と笠石がセットになっていたと推定される。

【参考文献】

東野治之（二〇〇四、初出一九七九）古代の墓誌．日本古代金石文の研究、岩波書店。

九．金井沢碑《かないざわひ》　神亀《じんき》三年（七二六）

【碑文】

上野國羣馬郡下賛郷高田里
三家子□為七世父母現在父母
現在侍家刀自他田君目頬刀自又兒加
那刀自孫物部君午足次𩣆刀自次乙𩣆
刀自合六口又知識所結人三家毛人
次知万呂鍛師礒マ君身麻呂合三口
如是知識結而天地誓願仕奉
石文
神龜三年丙寅二月廿九日

【読み下し文】

上野国群馬郡下賛郷高田里の三家子□、七世父母現在父母の為に、現在家刀自に侍る他田君目頬刀自、又兒の加那刀自、孫の物部君午足、次に𩣆刀自、次に乙𩣆刀自の合せて六口、また知識として結ぶところの三家毛人、次に知万呂、鍛師の礒部君身麻呂の合せて三口、是の如く知識結びて天地誓願し奉る石文。神亀三年丙寅二月廿九日。

【現代語訳】

上野国群馬郡下賛郷高田里《しもさぬごうたかだのさと》の三家子□が、七世父母と現在父母のために、現在侍る家刀自の他田君目頬刀自《おさだのきみめづらとじ》、又児の加那《かな》刀自、孫の物部君午足《もののべのきみうまたり》、次に馸刀自、次に乙馸刀自の合せて六口、また知識として結ぶところの三家《みやけの》毛人《えみし》、次に知万呂、鍛師《かぬち》の礒部君身麻呂《いそべのきみみまろ》の合わせて三口、このように知識を結んで天地誓願したてまつる石文。神亀三年丙寅二月二九日。

【解説】

上野三碑の一つ、金井沢碑は、高崎市山名町金井沢に所在する。山間を流れる金井沢川にそった谷間から、ゆるい斜面をのぼった丘陵の中腹に南向きに立てられている。上野国多胡郡山部郷にあたる場所である。高さ一一〇センチ、幅七〇センチ、厚さ六五センチの自然石を使用し、碑面は若干調整されている。石材は輝石安山岩である。

【参考文献】

尾崎喜左雄（一九八〇）上野三碑の研究、尾崎先生著書刊行会。平野邦雄監修・あたらしい古代史の会編（一九九九）東国石文の古代史、吉川弘文館。東野治之（二〇〇四）上野三碑．日本古代金石文の研究、岩波書店。前沢和之（二〇〇八）古代東国の石碑、山川出版社。

一〇．竹野王多重塔《たけのおうたじゅうとう》　天平勝宝《てんぴょうしょうほう》三年（七五一）

【釈文】

（東面）

昔阿育寶□〔塔カ〕八萬四□〔千カ〕
塔遍閻□〔浮カ〕□□□□
□□〔玉金カ〕弥□〔貨カ〕□□□□
□□□□□□□□
□□□□□□□□
其来尚□〔乎カ〕□□□□
号曰朝風南□〔畢カ〕□□

（南面）

之峯北□〔跨カ〕□田之谷
□□□□□□〔色カ〕□□
□□之□□□□□
□□□□□□□□
□□□□□□□□
□□□□□□□□
□□□□□□□□
□□□□□□□□

（西面）

□〔道カ〕斷□非虚非有□〔因カ〕
縁即□□□□〔起値遇必カ〕□□〔式カ〕
□□□□□□〔伽藍之形日カ〕□□
□□〔二カ〕□□□□□〔代カ〕□
□□□□□□□□
□之長□□□□□
同遊
（北面）
天平勝寶三年歲次
辛卯四月廿四日丙
子
　従二位竹野王

【解説】

奈良県明日香《あすか》村稲淵《いなぶち》にある龍福寺《りゅうふくじ》境内にある多重塔。石塔は、現在四層分を残しており、もとは五重の方塔である。銘文は第一層軸部にのみあり、四面に刻まれているが、風化がはげしく、釈文は読み取りにくい。天平勝宝三（七五一）年に竹野王が造立したことが記されているが、これは『続日本紀』や長屋王家木簡にみえる「竹野王」（竹野女王、竹野王子、竹野皇子）と同一人物で、おそらく長屋王《ながやおう》の近親の女性であったと考えられる（従二位を従三位とする説もある）。冒頭には、古代インドの阿育《アショーカ》王が仏舎利《ぶっしゃり》を分けた八万四千の塔を全世界に立てさせた故事が記されており、この故事が中国、朝鮮半島、日本などに広く伝わっていたようすがうかがえる。総高は約一九〇センチで、材質は凝灰岩である。

【参考文献】

鬼頭清明（一九九三、初出一九九〇）長屋王家木簡二題．古代木簡の基礎的研究、塙書房。東野治之（二〇〇四）薬師寺仏足石記と龍福寺石塔銘．日本古代金石文の研究、岩波書店。

一一．仏足石碑《ぶっそくせきひ》　天平勝宝五年（七五三）

（正面）

釋迦牟尼佛跡圖

案西域傳云令摩揭陁國昔阿育王方精舍中有一大⊓
有佛跡各長一尺八寸廣六寸輪相花文十指各異是佛
欲涅槃北趣拘尸南望王城足所蹈處近為金耳國商迦⊓
不信正法毀壞佛跡鑿已還生文相如故又捐□□
中尋復本處今現圖寫所在流布觀佛三昧⊓
若人見佛足跡内心敬重无量衆罪由此而滅今□〔又カ〕值⊓
非有幸之所致乎又北印度鳥〔烏〕仗那國東北二百六十里

入大山有龍泉河源春□〔夏カ〕含□凍晨夕飛雪有暴悪
龍常雨水災如来往化令金剛神以杵撃□〔岸カ〕龍聞出
怖歸依於佛恐悪心起留跡示之於泉南大石上現其□
跡随心淺深量有長短今丘慈國城北四十里寺佛堂
中玉石之上亦有佛跡齋日放光道俗至時同往□慶
依觀佛三昧經佛在世時若有衆生見佛行者及
見千輻輪相即除千劫極重悪罪佛去世後想
佛行者亦除千劫極重悪業雖不想行見佛迹者見
像行者歩歩之中亦除千劫極重悪業觀如来
足下平満不容一毛足下千輻輪相轂輞具足魚鱗相次
金剛杵相足跟亦有梵王頂相衆蠢之相不遇諸悪
是為休祥
（左側面）
大唐使人王玄策向中天竺鹿
野薗中轉法輪□〔處カ〕因見
跡得轉寫搭是第一本
日本使人黄書本實向
大唐国於普光寺得轉
寫搭是第二本此本在
右京四條一坊禪院向禅
院壇披見神跡敬轉寫
搭是第三本従天平勝
寶五年歳次癸巳七月十五日盡
廿七日并一十三箇日作□檀
主従三位智努王以天平勝
寶四年歳次壬辰九月七日
改王字成文室真人智努
畫師越田安万書寫
神石手□□□□□人足
近仕□□□□人
（左側面右下）
知識家口男女大小
（左側面方画外石）
三國眞人浄足
（左側面第一〇行方画外下）
三國眞人浄足
（背面）
至心發願為
亡夫人従四位下
茨田郡主法
名良式敬寫
釋迦如来神

跡伏願夫人
之霊駕遊
无勝之妙邦
受□□□之
聖□永脱有
漏高證无為同
霑三界共契一真
（右側面）
諸行无常
諸法无我
涅槃寂静
（正面右端下方）
観（横位置）

【解説】

　仏足石は、奈良市西ノ京町の薬師寺大講堂に安置されている。伝来は不明だが、寛永年間（一六二四～一六四四）頃より薬師寺における仏足石の存在が確認される。上面に仏足跡が彫られ、正面・左側面・右側面・背面に銘文が方画内に刻まれている。角礫岩製で高さ六九・〇センチ、奥行七四・五センチ、幅一〇八・〇センチである。

　側面銘文のうち正面には、「西域伝」や『観仏三昧海経』を引用し、仏足跡の信仰と功徳が綴られる。左側面には、唐人王玄策《おうげんさく》が中天竺《ちゅうてんじく》の鹿野薗《ろくやおん》にて転写した仏足跡図を第一本とし、日本使人黄書本実《きぶみのほんじつ》が唐都長安の普光寺《ふこうじ》にて転写し、平城京右京四条一坊の禅院に伝来する仏足跡図を第二本として、これを写した第三本により天平勝宝五年七月に一二か日かかって仏足石が彫られたと記す。檀主は文室真人智努《ふんやのまひとちぬ》、画師は越田安万呂《こしだのやすまろ》、書写は神石手であった。背面には、智努の亡妻茨田女王のため発願されたことが述べられ、右側面には三法印《さんぽういん》の偈《げつ》が彫られる。

　左側面右下に「知識家口男女大小」、方画外右および第一〇行方画外下の二か所に「三國眞人浄足」といった協力者と考えられる人々の名前も刻まれている。当時における仏足跡信仰を示す遺品として貴重である。国宝に指定されている。

【参考文献】

東野治之（二〇〇四）薬師寺仏足石記と龍福寺石塔銘．日本古代金石文の研究、岩波書店。蔵中しのぶ（二〇〇六）薬師寺「仏足石記」所引「西域伝」攷．東洋研究、一六一。廣岡義隆（二〇一五）佛足石記佛足跡歌碑歌研究、和泉書院。

一二、仏足石跡《ぶっそくせきあと》歌碑《かひ》　天平勝宝五年（七五三）

【釈文】
（上段）
恭仏跡
美阿止都久留　伊志乃比鼻伎波　阿米尓伊多利
　都知佐閇由須礼　知々波々賀多米尓　毛呂比
止乃多米尓
弥蘊知阿麻利　布多都乃加多知　夜蘊久佐等
曽太礼留比止乃　布美志阿止々己呂　麻礼尓母
阿留可毛
与伎比止乃　麻佐米尓美祁牟　美阿止須良乎
和礼波衣美須弖　伊波尓恵利都久　多麻尓恵利
都久
己乃美阿止　夜与呂豆比賀利乎　波奈知伊太志
　毛呂毛呂須久比　和多志多麻波奈　須久比多
麻波奈
伊可奈留夜　比止尓伊麻世可　伊波乃宇閇乎
都知止布美奈志　阿止乃祁留良牟　多布刀久毛
阿留可
麻須良乎乃　須々美佐岐多知　布賣留阿止乎
美都々志乃波牟　多太尓阿布麻弖尓　麻佐尓阿

【読み】
（上段）
みあとつくる　いしのひびきは　あめにいたり
　つちさへゆすれ　ちちははがために　もろひ
とのために
みそちあまり　ふたつのかたち　やそくさと
そだれるひとの　ふみしあとどころ　まれにも
あるかも
よきひとの　まさめにみけむ　みあとすらを
われはえみずて　いはにゑりつく　たまにゑり
つく
このみあと　やよろづひかりを　はなちいだし
　もろもろすくひ　わたしたまはな　すくひた
まはな
いかなるや　ひとにいませか　いはのうへを
つちとふみなし　あとのけるらむ　たふとくも
あるか
ますらをの　すすみさきたち　ふめるあとを
みつつしのはむ　ただにあふまでに　まさにあ

布麻弖尓
麻須良乎乃　布美於祁留阿止波　伊波乃宇閇尓
　伊麻毛乃己礼利　美都々志乃覇止　奈賀久志
乃覇止
己乃美阿止乎　多豆祢毛止米弖　与岐比止乃
伊麻須久尓々波　和礼毛麻胃弖牟　毛呂毛呂乎
為弖
一十七首舎加乃美阿止　伊波尓宇都志於伎　宇夜麻比弖
　乃知乃保止氣尓　由豆利麻都良牟　佐々義麻
宇佐牟
己礼乃与波　宇都利佐留止毛　止己止婆尓　佐
乃己利伊麻世　乃知乃与乃多米　麻多乃与乃□〔多
□〔米カ〕
麻須良乎能　美阿□〔止カ〕
（下段）
佐伎波比乃　阿都伎止毛加羅　麻為多利弖　麻
佐米尓弥祁牟　比止乃止毛志□〔佐カ〕　宇礼志
久毛阿留可
乎遅奈伎夜　和礼尓於止礼留　比止乎於保美
和多佐牟多米止　宇都志麻都礼利　都加閇麻都
礼利

ふまでに
ますらをの　ふみおけるあとは　いはのうへに
　いまものこれり　みつつしのへと　ながくし
のへと
このみあとを　たづねもとめて　よきひとの
いますくにには　われもまゐでむ　もろもろを
ゐて
しゃかのみあと　いはにうつしおき　うやまひて
　のちのほとけに　ゆづりまつらむ　ささげま
うさむ
これのよは　うつりさるとも　とことはに　さ
のこりいませ　のちのよのため　またのよのた
め
ますらをの　みあと
（下段）
さきはひの　あつきともがら　まゐたりて　ま
さめにみけむ　ひとのともしさ　うれし
くもあるか
をぢなきや　われにおとれる　ひとをおほみ
わたさむためと　うつしまつれり　つかへまつ
れり

舎加乃美阿止　伊波尓宇都志於伎　由伎米具利
　宇夜麻比麻都利　和我与波乎閇牟　己乃与波
乎閇牟
久須理師波　都祢乃母阿礼等　麻良比止乃　伊
麻乃久須理師　多布止可理家利　米太志可利鶏
利
己乃美阿止乎　麻婆利麻都礼婆　阿止奴志乃
多麻乃与曽保比　於母保由留可母　美留期止毛
阿留可
於保美阿止乎　美尓久留比止乃　伊尓志加多
知与乃都美佐閇　保呂夫止曽伊布　乃曾久止叙
伎久
呵嘖生
比止乃微波　衣賀多久阿礼婆　乃利乃多能　与
須加止奈礼利　都止米毛呂毛呂　須々賣毛呂母
呂
与都乃閇美　伊都々乃毛乃々　阿都麻礼流　伎
多奈伎微乎婆　伊止比須都閇志　波奈礼須都倍
志
死
伊加豆知乃　比加利乃期止岐　己礼乃微波　志
尓乃於保岐美　都祢尓多具覇利　於豆閇可良受
夜

しゃかのみあと　いはにうつしおき　ゆきめぐり
　うやまひまつり　わがよはをへむ　このよは
をへむ
くすりしは　つねのもあれど　まらひとの　い
まのくすりし　たふとかりけり　めだしかりけ
り
このみあとを　まばりまつれば　あとぬしの
たまのよそほひ　おもほゆるかも　みるごとも
あるか
おほみあとを　みにくるひとの　いにしかた
ちよのつみさへ　ほろぶとぞいふ　のぞくとぞ
きく
ひとのみは　えがたくあれば　のりのたの　よ
すかとなれり　つとめもろもろ　すすめもろも
ろ
よつのへみ　いつつのものの　あつまれる　き
たなきみをば　いとひすつべし　はなれすつべ
し
いかづちの　ひかりのごとき　これのみは　し
にのおほきみ　つねにたぐへり　おづべからず
や

□都□□□　□□□□比多留　比□乃多尓　久
須理師毛止乍　与伎比止毛止无　佐麻佐乍我多
米尓

【解説】

仏足石跡歌碑は、奈良県薬師寺金堂に仏足石とともに安置されている。薬師寺東方の柏木町付近で溝の橋として使用されていたという。一七世紀末頃には薬師寺金堂西方に置かれていた。高さ一八八センチ、幅四七センチ、厚さ二八センチで、材質は粘板岩である。

上段一一行、下段一〇行で、合計二一首の和歌を万葉仮名を用いて刻んでいる。上段の一一首と下段の六首の合計一七首は、「恭仏跡」とあるように仏石をたたえる歌が書かれ、下段後半にみえる四首は、「呵嘖生」「死」とあることから、生死を責めさいなむ歌である。和歌五・七・五・七・七・七の三一文字の後に、さらに七字一句の繰り返しがつくいわゆる「仏足石歌体」であり、仏足石をめぐる行道の際に唱和したと考えられる。

□つ□□□　□□□□ひたる　ひ□のたに　く
すりしもとむ　よきひともとむ　さまさむがた
めに

一三．多賀城碑《たがじょうひ》　天平宝字《てんぴょうほうじ》六年（七六二）

【釈文】

去京一千五百里
多賀城　去蝦夷国界一百廾里
去常陸国界四百十二里
去下野国界二百七十四里
去靺鞨国界三千里
西　此城神亀元年歳次甲子按察使兼鎮守将
軍従四位上勲四等大野朝臣東人之所置
也天平寳字六年歳次壬寅参議東海東山
節度使従四位上仁部省卿兼按察使鎮守
将軍藤原恵美朝臣朝獦修造也
天平寳字六年十二月一日

【読み下し文】

多賀城。京を去ること一千五百里、蝦夷国の界を去るこ

と一百廿里、常陸国の界を去ること四百十二里、下野国の界を去ること二百七十四里、靺鞨国の界を去ること三千里。

此の城は神亀元年歳次甲子、按察使兼鎮守将軍従四位上勲四等大野朝臣東人の置く所なり。天平宝字六年歳次壬寅に、参議東海東山節度使従四位上仁部省卿兼按察使鎮守将軍藤原恵美朝臣朝獦が修造するなり。

天平宝字六年十二月一日

【解説】

多賀城碑は、特別史跡多賀城跡の南、多賀城南門が築かれた標高約一七メートルほどの小高い丘陵の北斜面に位置する。現在は西面して立てられている。高さ一九六センチ、幅は最大で九二センチ、厚さは最大で約七〇センチである。長大な自然石を半分に割り、その一面を削り平坦にし、磨き仕上げの加工を施して、その面に文字を彫り込んでいる。背面は自然石のままである。碑の縦断面は半月状、横断面は三角状をなす。碑の上部が円首状を呈している。石材はアルコース（花崗岩質）砂岩。

内容は、前段部で多賀城の位置を都をはじめとする各地からの里数で示す。後段部では、多賀城が神亀元（七二四）年に大野東人《おおののあずまびと》により創建され、天平宝字六（七六二）年に藤原朝獦《ふじわらのあさかり》によって修築されたことを記している。

古くから歌枕の「つぼのいしぶみ」として登場したが、一七世紀後半になり、その存在が広まり、松尾芭蕉の『おくのほそ道』にも登場するなど、多くの学者や文人の関心を呼んだ。近世から近年に至るまで偽作説が唱えられたこともあったが、現在では偽作説は否定されている。一九九八年に重要文化財となった。

【参考文献】

安倍辰夫・平川南編（一九八七）多賀城碑―その謎を解く、雄山閣出版。

一四．宇智川磨崖碑《うちがわまがいひ》　宝亀《ほうき》九年（七七八）

【釈文】

大般涅槃経

諸行无常　□□〔是生〕滅法　生滅滅巳　寂滅為樂

如是偈句　乃是過去　未来現在　諸佛所説　開空法道

如來證涅槃　永断於生死　若有至心聴

常得无量樂

若有書寫讀誦為他能説一經其身於刧後七刧不堕悪道

寶龜九年二月四日工少□〔玄〕□□
　　知識□□

【解説】

奈良県五條市小島町・今井四丁目・今井五丁目の宇智川左岸の断崖下の河床に露出した三角形の岩塊に刻まれている。碑面は上下約一メートル、左右約七四センチで、文字面の左側に蓮花座上に立つ観音菩薩あるいは雪山童《せっせんどう》子《じ》とおぼしき一体の像が刻まれている。

内容は、冒頭に『大般涅槃経』と経題を記し、ついでその一部である「聖行品」「高貴徳王菩薩品」の一部を引用して記している。年紀部分については、年を「宝亀七年」と読んだり、月日を「七月四日」と読んだりする説もある。

作成の目的は不明だが、近くにある栄山寺の僧侶や寄進者らによる仏教信仰に基づいて刻まれた可能性がある。

【参考文献】

福山敏男（一九八三、初出一九七〇）「古碑」経碑．福山敏男著作集6　中国建築と金石文の研究、中央公論美術出版。

一五．浄水寺《じょうすいじ》南大門碑《なんだいもんひ》　延暦《えんりゃく》九年（七九〇）

【釈文】

（正面）
南大門并碑文開
夫不人獨登々者法々不獨弘々者人然玄奘法
師早苞四忍先悟三空智通無累神測未形超六
塵而逈出掩千古以無對悲正法々陵遅慨深文
之訛謬遠渉百州千餘國□従萬里之山川積雪
失地驚砂迷天西域□□八藏五乗之教梵本經
論一千夾六百五十七部乎　　　　尓仍奘善
骸乞浄水寺治田壹拾所益城与宇土郡間四宮
河椅料栗林七所〈益城三所／宇土四所〉寧問料内典外書合六
千四百□巻　　以前若尊親□等濫犯用者妙見
廾及一千七百善神□玆知□成者僉□令道理
名寺矣　　　延暦九年二月廿三日
（裏面）
北弥勒寺廥之院
（右側面）
東佛像經塔并妙見之院
（左側面）

西佛塔并燈樓之院

【読み下し文】

（正面）

南は大門ならびに碑文の開。

夫れ人は独り登るにあらず。登る者は法なり。法は独り弘まるにあらず。弘むる者は人なり。然れば玄奘法師、早に四忍を苞み、先に三空を悟り、智は無累に通じ、神は未形を測り、六塵を超えて逈かに出でて、千古を掩いて対無し。正法の陵遅を悲しみ、深文の訛謬を慨き、遠く百州・千余国に渉り、□万里の山川に従りき。積雪、地を失い、砂に驚きて天に迷う。西域の□□、八蔵五乗の教え、梵本の経論、一千夾、六百五十七部なるかな。尓れば仍ち奘善、骸ら浄水寺に治田壱拾所、益城と宇土の郡の四宮河の椅料、栗林七所〈益城三所、宇土四所〉、寧問料の内典・外書、合せて六千四百□巻。以前、若し尊親□等、濫りに犯用せば、妙見菩薩及び一千七百の善神、□茲を知りて□成者□僉□令道理名寺なり。　延暦九年二月廿三日

（裏面）

北は弥勒寺廟之院

（右側面）

東は仏像経塔ならびに妙見之院

（左側面）

西は仏塔ならびに燈楼之院

【解説】

熊本県宇城《うき》市豊野町《とよのまち》に所在する浄水寺の石碑の一つ。八世紀後半にこの地に浄水寺を開いた奘善《そうぜん》によって、延暦九（七九〇）年に建てられた碑である。碑名を「浄水寺南大門碑」とするが、この碑は、方角に合わせて碑の四面にそれぞれ寺域四至《しいし》の目安を明示した性格のものと考え得られることから、冒頭部分は「南は大門ならびに碑文の開」と読むべきであろう。すなわちこれは、寺の由緒と四至、財産などを記し、あわせて造寺に中心的な役割を果たした奘善を顕彰した内容を持つ石碑である。

碑文の前半では『大唐三蔵聖教序《だいとうさんぞうせいきょうじょ》』を引用し、中国唐代（七世紀前半）の玄奘三蔵《げんじょうさんぞう》がインドに赴き仏教を学び、唐に万巻の経巻《きょうかん》をもたらした故事を述べている。次いで後半では、奘善が浄水寺に、治田《はりた》（墾田《こんでん》）一〇か所、益城《ましき》郡と宇土《うと》郡の間に寺料として栗林七（益城三・宇土四）か所、および仏典とそれ以外の書籍合わせて六四〇〇余巻を得て、寺領ならびに寺院の内実が整ったさまを述べる。

高さ一二三センチ、幅（正面）約五六センチ、（側面）約三九センチで、方柱状に成形し、四面は研磨し平滑にしている。南面に輪郭線と罫線を引き、一行一九字の碑文を彫る。

【参考文献】

平川南（一九九九）古代碑文の語るもの．歴博ブックレット7　よみがえる古代の碑、歴史民俗博物館振興会。熊本県豊野町教育委員会編（二〇〇四）肥後国浄水寺古碑群、熊本県豊野町教育委員会。熊本県宇城市教育委員会編（二〇一二）肥後国浄水寺古碑群Ⅱ、熊本県宇城市教育委員会。

一六．浄水寺灯籠竿石《とうろうさおいし》　延暦二〇年（八〇一）

【釈文】

奘善和上
御願造奉
燈樓一基
延暦廿年
七月十四日
真上日乙
肥公馬長
化僧藥蘭

【解説】

熊本県・浄水寺に所在する石碑の一つ。全体が円柱状の灯籠の竿石部分で、上部には二条の節を持つ。高さ約八五センチ、上部径約四五センチ。露盤《ろばん》を転用した台石があり、一辺約一〇五センチ、高さ三〇センチ。材質は溶結凝灰岩である。

内容は、かつて奘善和上《わじょう》が発願した灯籠一基を、延暦二〇（八〇一）年七月一四日に真上日乙・肥公馬長・化僧薬蘭らが造り、浄水寺に奉納したことが刻まれている。

【参考文献】

平川南（一九九九）古代碑文の語るもの．歴博ブックレット7　よみがえる古代の碑、歴史民俗博物館振興会。熊本県豊野町教育委員会編（二〇〇四）肥後国浄水寺古碑群、熊本県豊野町教育委員会。熊本県宇城市教育委員会編（二〇一二）肥後国浄水寺古碑群Ⅱ、熊本県宇城市教育委員会。

一七．山上多重塔《やまがみたじゅうとう》　延暦二〇年（八〇一）

【釈文】

	（南面）	（西面）	（北面）	（東面）
（上層）	如法経坐	奉為朝庭	神祇父母	衆生含霊
（中層）	小師道	輪延暦	廿年七	月十七日
（下層）	為□〔丞カ〕无間	受苦衆生	永得安楽	令登彼岸

※銘文は塔身の上層、中層、下層に分けて南面から西面、北面、東面へと横書きに刻まれている。

【読み下し】

如法経を坐す。朝庭・神祇・父母・衆生・含霊の奉為《おおんため》なり。小師道輪。延暦廿年（八〇一）七月十七日。無間の苦を受く衆生を丞け、永く安楽を得て、彼岸に登らしめんが為なり。

【解説】

山上多重塔は、群馬県桐生市新里町《にいさとちょう》山上《やまがみ》にあり、古代の上野国《こうずけのくに》勢多《せた》郡の地域である。この付近には「相窪」（僧ヶ窪）、「ごまんどお」（護摩堂）、「しゃかどう」（釈迦堂）など、寺院の存在を思わせる地名が残るが、発掘調査ではそれらしい遺跡は確認されていない。

塔身は、高さ約一〇三センチ、幅約六〇センチ、厚さ約六〇センチで、屋蓋《おくがい》の高さ約二四センチ、軒幅六〇センチ前後となっている。石材は多孔質の輝石安山岩である。銘文は、塔身各層の四面に左回りの横書きで四ないし三字ずつ、計四五字が楷書体で刻まれている。塔身頂部には、径三三センチ、深さ約二〇センチの円形の穴があり、本来はここに法華経を安置して供養したものとみられる。銘文冒頭の「如法経坐」はそのことを示している。法華経をこの石塔に安置することで、「朝庭・神祇・父母・衆生・含霊」のために、無間地獄の苦を受ける衆生を救うことを目的として記す。願主は道輪という僧侶で、延暦二〇（八〇一）年七月十七日に発願された。

【参考文献】

小池浩平（一九九七）山上多重塔建立の社会背景、国立歴史民俗博物館編、企画展示 古代の碑―石に刻まれたメッセージ（展示図録）、国立歴史民俗博物館。
前沢和之（二〇〇八）古代東国の石碑、山川出版社。

一八. 浄水寺寺領碑《じりょうひ》

天長三年(八二六)

【釈文】

第1面

1　宇宙風　□□□
2　□□□□□□□□□雙日光騰□拭□柬田貝□□況乎遊
3　□无身飛風為命輩誰人存一代□何類免畢册明□□是
4　僧藥蘭□□聖朝之弘誓逆然抽一世之俗諦韜戒□明珠師具
5　□□□聞□歎哲明□徳□祖流皇朝光惶非報四恩芳徳朝夕慇懃
6　□□□□□是蔵者痩身□余命非□□□□如草命催勸怯
7　□□□□□□□□□□□□□□□□□□□□料□行者料
（余白）　矣

第2面

1
2　〔　　〕七〔　〕□
　松岡田一町四段此者故僧□□師所進
3　料田□(三又は五)町七段二百〔　　〕段
　十二条苗瀬里七山田七段七十二歩田　所進
　十一条苗瀬里六山田□□
4　會料之代十二条荒佐里　六「山田」七段一百冊四歩見開五段百冊四歩
　七□□十三条□□里四加和良　田八段
5　□一段
　十一条荒佐里一山田
　問料田一町一段
　十二条荒佐里一山田

6　二条苗瀬里二山田
　　盂蘭瓫會料四段二百十六歩

7　諫染郷□《東》十五□《条》□里四岡田[ ][ ]

（余白）

第3面

1　又十二条苗瀬里卌五[ ][ ]

2　□蘭瓫會料之代十二条上瀬田里九山田相替有

3　十□条苗瀬里一山田一町右定吉生悔過料五段修理料五□

4　十四条三家里二師田□段同里四墓門田一段七十二歩

5　山家里三□三百八十八歩定浄水寺布薩田如件

6　寂岡院者僧藥蘭之私伽監地成如件

7　天長三年二月三日

（余白）

【解説】

熊本県・浄水寺に所在する石碑の一つ。高さ一〇一センチ、幅・厚さは四〇センチ弱。材質は阿蘇溶結凝灰岩。方柱形で、天保一二（一八四一）年に後補《こうほ》（後世の補修）の蓋石を載せる。碑文は西面→北面→東面の三面にわたり、各七行の界線を引くなど、紙の文書を意識した体裁をとっている。内容は、浄水寺の寺領についての記載である。末尾に「僧薬蘭之私伽藍地成如件」とあることから、この碑文が僧薬蘭により建立されたことがわかる。寺領を石に刻むことでその存在をより強固に主張したものか。この二年後の天長五（八二八）年、浄水寺は定額《じょうがく》寺《じ》に列せられた。

【参考文献】

平川南（一九九九）古代碑文の語るもの、歴博ブックレット7 よみがえる古代の碑、歴史民俗博物館振興会。
熊本県豊野町教育委員会（二〇〇四）肥後国浄水寺古碑群。
熊本県宇城市教育委員会（二〇一二）肥後国浄水寺古碑群Ⅱ。

一九．浄水寺如法経碑《にょほうきょうひ》　康平《こうへい》七年（一〇六四）

【釈文】

願主道人
南无如法妙法蓮華経
康平七年十一月十日辛未
甲辰

【解説】

熊本県・浄水寺に所在する石碑の一つ。方柱状に成形され、上に笠石が載る。高さ一二三センチ、幅約四〇センチ、厚さ三二センチ。内容は、仏僧が妙法蓮華経を写経した経典を、康平七（一〇六四）年に埋納したことを記している。

【参考文献】

平川南（一九九九）古代碑文の語るもの．歴博ブックレット7　よみがえる古代の碑、歴史民俗博物館振興会。熊本県豊野町教育委員会（二〇〇四）肥後国浄水寺古碑群。熊本県宇城市教育委員会（二〇一二）肥後国浄水寺古碑群Ⅱ。

（参考）伊予道後温湯碑《いよどうごおんとうひ》　法興《ほうこう》六年（五九六）

【釈文】

法興六年十月、歳在丙辰、我法王大王与恵慈法師及葛城臣、逍遥夷与村、正観神井、歎世妙験、欲叙意、聊作碑文一首。

惟夫、日月照於上而不私。神井出於下無不給。万機所以妙応、百姓所以潜扇。若乃照給無偏私、何異于寿国。随華台而開合、沐神井而瘳疹。詎舛于落花池而化弱。窺望山岳之巖崿、反冀子平之能往。椿樹相廕而穹窿、実想五百之張蓋。臨朝啼鳥而戯哢、何暁乱音之聒耳。丹花巻葉映照、玉菓弥葩以垂井。経過其下、可優遊、豈悟洪灌霄庭。意与才拙、実慚七歩。後定君子、幸無蚩咲也。

【読み下し文】

法興六年十月、歳は丙辰に在る。我が法王大王と恵慈法師、及び葛城臣と、夷与の村に逍遥す。正に神井を観、世に妙験なるを歎ず。意を叙べんと欲して、聊に碑文一首を作る。

惟《おも》みれば夫れ、日月は上に照らして私せず、神井は下に出でて給わずということなし。万機は所以《ゆえ》に妙応し、百姓は所以に潜《とお》く扇ぐ。若乃《すなわ》ち照給に偏私無し、何ぞ寿国に異ならむ。華台に随いて開け合い、神井に沐して疹《やまい》を瘳す。詎《なん》ぞ花池に落ちて弱きに化ることに舛わん。窺いて山岳の巖崿を望み、反《さら》に子平の能く往きしことを冀《こいねが》う。椿樹相廕《あいおお》いて穹窿《まが》り、実に五百の蓋を張れるかと想

う。朝に臨めば鳥啼《な》きて戯れ哢《さえず》り、何ぞ乱ぐ音の耳に聒《かま》しきことを暁《さと》らん。丹花葉を巻きて映え照り、玉菓葩《はなびら》に弥ちて井に垂る。其の下を経過し、優遊すべし。豈《あ》に悟らぬや、洪《おお》いに霄庭に灌ぐことを。意と才と拙く、実に七歩に慚ず。後の君子、幸いに蚩咲《ししょう》するなかれ。

【解説】

伊予道後温泉の効能をたたえた碑。すでに原碑は失われ、鎌倉時代後期に成立した卜部兼方《うらべのかねかた》の『釈日本紀』巻一四と、仙覚（一二〇三～？）の『万葉集注釈』巻三に引用された『伊予国風土記』逸文《いつぶん》にのみみえる。温泉の効能をたたえて碑を立てること自体は、すでに中国でも例があり、『芸文類聚《げいもんるいじゅう》』巻九泉の条には、北周時代の逸文がある。

『伊予国風土記』逸文によれば、法興六（五九六）年十月に聖徳太子が高句麗僧恵慈《えじ》や葛城臣《かつらぎのおみ》とともに道後に来浴したとあり、このとき湯岡「伊佐邇波《いさにわ》岡」に登り、明媚な風光と温泉を讃え、これを記念するためにこの岡に温泉の碑を建立したとする。釈文は『釈日本紀』（新訂増補国史大系本）による。

サ　行

タ　行

ナ　行

ハ　行

マ　行

事項索引

ア　行

カ　行

サ　行

タ　行

ナ　行

ハ　行

マ　行

ヤ　行

ラ・ワ行

人名索引

ナ 行

ハ 行

マ 行

ヤ 行

ラ 行

編者略歴

小《お》倉《ぐら》慈《しげ》司《じ》

1995年　東京大学大学院人文社会系研究科博士課程単位取得退学

現　在　国立歴史民俗博物館研究部准教授

博士（文学）

三《み》上《かみ》喜《よし》孝《たか》

1998年　東京大学大学院人文社会系研究科博士課程単位取得退学

現　在　国立歴史民俗博物館研究部教授

博士（文学）

国立歴史民俗博物館研究叢書 4

古代日本と朝鮮の石碑文化　　定価はカバーに表示

2018年3月25日　初版第1刷

編　者　小　倉　慈　司
　　　　三　上　喜　孝

発行者　朝　倉　誠　造

発行所　株式会社　朝　倉　書　店

東京都新宿区新小川町 6-29
郵便番号　162-8707
電　話　03（3260）0141
FAX　03（3260）0180
http://www.asakura.co.jp

〈検印省略〉

教文堂・渡辺製本

ISBN 978-4-254-53564-8　C 3321　Printed in Japan

◈ 国立歴史民俗博物館研究叢書〈全6巻〉 ◈

歴博の最新の研究成果を広く伝える

歴博 藤尾慎一郎編　山田康弘・松木武彦・
吉田　広・高瀬克範・上野祥文著
国立歴史民俗博物館研究叢書 1

弥生時代って，どんな時代だったのか？

53561-7 C3321　A 5 判 184頁 本体3400円

農耕社会が成立し広がったと考えられている弥生時代。しかし，北では続縄文文化が，南では貝塚後期文化が米作を選択することなく並行して続いていくなど，決して一様ではなかった弥生時代を歴博の最新の研究をもとに生き生きと描き出す。

歴博 関沢まゆみ編　新谷尚紀・武井基晃著
国立歴史民俗博物館研究叢書 2

民俗学が読み解く　葬儀と墓の変化

53562-4 C3321　A 5 判 176頁 本体3400円

近年，土葬に火葬，ホール葬の広がり，身内が行なっていた葬儀を第三者が行なうなど，葬送墓制が大きく変化してきた。それは，遺体，遺骨，死に対する日本人の観念まで変えつつある。その多様な変化を，歴博の最新の研究をもとに示す。

歴博 齋藤　努編著　増田浩太・高田貫太・
澤田秀実・高橋照彦著
国立歴史民俗博物館研究叢書 3

青銅器の考古学と自然科学

53563-1 C3321　A 5 判 168頁 本体3400円

考古学研究での自然科学の役割を青銅器の化学分析から究明。〔内容〕日韓の青銅器と原料の産地推定／青銅祭器の自然科学分析／古墳出土製品からみた日朝関係／国産銅鉛原材料の産出地と使用開始時期／理化学的分析からみた日本の銭貨生産。

鴻池新田会所 松田順一郎・首都大 出穂雅実他訳

ジ オ ア ー ケ オ ロ ジ ー

―地学にもとづく考古学―

53018-6 C3020　A 5 判 352頁 本体6400円

層序学や古土壌学をはじめとする地球科学の方法を考古学に適用する「地考古学」の決定版入門書。〔内容〕ジオアーケオロジーの基礎／沖積環境／風成環境／湧泉，湖，岩陰，その他の陸域環境／海岸環境／遺跡の埋没後擾乱／調査研究

文虫研 三浦定俊・東文研 佐野千絵・九博 木川りか著

文 化 財 保 存 環 境 学（第2版）

10275-8 C3040　A 5 判 224頁 本体3500円

好評テキストの改訂版。学芸員資格取得のための必修授業にも対応し，自主学習にも最適。資格取得後も役立つ知識や情報が満載。〔内容〕温度／湿度／光／空気汚染／生物／衝撃と振動／火災／地震／気象災害／盗難・人的破壊／法規／倫理

くらしき作陽大 馬淵久夫・前東芸大 杉下龍一郎・
九州国立博物館 三輪嘉六・国士舘大 沢田正昭・
文虫研 三浦定俊編

文 化 財 科 学 の 事 典

10180-5 C3540　A 5 判 536頁 本体14000円

近年，急速に進展している文化財科学は，歴史科学と自然科学諸分野の研究が交叉し，行き交う広場の役割を果たしている。この科学の広汎な全貌をコンパクトに平易にまとめた総合事典が本書である。専門家70名による 7 編に分けられた180項目の解説は，増加する博物館・学芸員にとってハンディで必須な常備事典となるであろう。〔内容〕文化財の保護／材料からみた文化財／文化財保存の科学と技術／文化財の画像観察法／文化財の計測法／古代人間生活の研究法／用語解説／年表

元アジア・アフリカ図書館 矢島文夫総監訳
前東大 佐藤純一・元京大 石井米雄・前上野大 植田　覺・
元早大 西江雅之監訳

世 界 の 文 字 大 事 典

50016-5 C3580　B 5 判 984頁 本体39000円

古今東西のあらゆる文字体系を集大成し歴史的変遷を含めて詳細に解説。〔内容〕文字学／古代近東（メソポタミア，エジプト他）／解読（原エラム，インダス他）／東アジア（中国，日本，朝鮮他）／ヨーロッパ（フェニキア，ギリシア他）／南アジア（ブラーフミー，デーヴァナーガリー他）／東南アジア（ビルマ，タイ，クメール他）／中東（ユダヤ，アラム，イラン他）／近代（チェロキー，西アフリカ他）／諸文字の用法と応用／社会言語学と文字／二次的表記体系（数，速記，音声他）／押印と印刷

上記価格（税別）は 2018 年 2 月現在